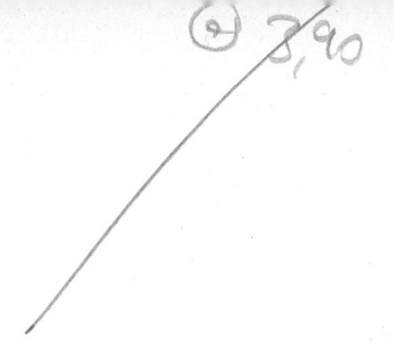

Fledermausland

Diverse Wahrheiten über Wasserstände,
Paranoia, Journalismus und
Hunter S. Thompson

Miriam Spies (Hrsg.)
Fledermausland
Diverse Wahrheiten über Wasserstände,
Paranoia, Journalismus und
Hunter S. Thompson

Erste Auflage
© gONZoverlag 2014
Die Rechte an sämtlichen Texten liegen bei den jeweiligen Autoren

Cover: Thomas Reimann
Satz: Paula Kemp
Druck & Bindung: Alisa Group
www.alisagroup.com
ISBN: 978-3-944564-09-8

www.gONZoverlag.de

Inhaltsverzeichnis

It never got weird enough for me

Susann Klossek: Frühstück mit Hunter	18
Marcus Mohr: New Journalism	26
Jan Off: Terrier fernab jeder Fährte	28
Florian Vetsch: Stele für den, dem es nie abgedreht genug zu- und herging	30
Hollow Skai: Angst und Schrecken auf der Buchmesse	31
Hermann Borgerding: Fear and Loathing in Bochum	34
Marcus Mohr: Relax – this won't hurt	39
Matthias Penzel: Der liebe Doktor und das Vieh	41
Florian Günther: Gespannte Ruhe	46

... which is only fun for amateurs

Mara Braun & Alexander Pfeiffer: gONZo loves you	50
Pablo Haller: Leda	68
Jürgen Ploog: Tristeza & der Matrose	77
Stefan Gaffory: 54	84
Simona Turini: Barfly	87
Kersten Flenter: Das literarische Leben – eine Selbstanzeige	90
Klaus Bittermann: Die Wahrheit über die Buchmesse 2012	95
Marco Kerler: Fahrt zum Literaturfestival	101

We can't stop here - this is bat country

Kersten Flenter: Der richtige Zeitpunkt	104
Florian Günther: Der Allergiker	109
Pablo Haller: Panik in den Straßen Mitrovicës	110
Benedikt Maria Kramer: All Voodoo Shit	113
Hadayatullah Hübsch: Es ist Sonntag	117
Florian Vetsch: Nana	123
Patrick Hegglin: Pitkin County, 1972	124
Marco Kerler: Langsteckenbomber	129
Max Schober: Kaktuseis	131
Lutz Steinbrück: Urbane Fotostrecke	137
Max Beckmann: Tag der digitalen Einheit	138
Florian Günther: Blind	145
Stanley Deschle: Nachtmar	146
Marco Kerler: ClubGeschichte	155

Tales from a strange time
REPORTAGEN I

Robsie Richter: Anthropophagus	158
Beatpoeten: Zumindest nicht so scheiße wie gestern	165
Klaus Bittermann: Erinnerungen eines Flüchtlings	170
Atman Schopenhauer: Deutscher Nasenzyklus	172
Florian Günther: Eine Frage der Chemie	176
Steve Blame: Zwischen Rotwein, Filetsteak und Popstar-Neurosen	178
Marcus Mohr: Selbstmord	182
Andrea Mohr: Der Weltuntergang und wie man ihn täglich aufs Neue überlebt	183
Marco Kerler: Heile Welt	193
Peter Frömmig: Zwischen Verweigerung und Übertreibung	194
Marvin Chlada: Rausch der Utopie – Eine ernüchternde Begegnung mit Karola Bloch	199
Werner Pieper: To live outside the law you must be honest	203

like falling down an elevator shaft ...
REPORTAGEN II

Till Frommann: Über die Wahrheit, den Ich-Journalismus und den ganzen Rest	210
Eva Szulkowski: Kozlowska besucht eine Ausstellung	217
Mara Braun: Früher war mehr ~~Lametta~~ Rum – oder: Lieber Journalismus, was hat dich bloß so ruiniert?	227
Hollow Skai: Ein Mann sieht grün	234
Florian Günther: Schade eigentlich	237
Miss Gonzo im Gespräch mit Tom Kummer: Wir müssen uns Thompson als einen glücklichen Menschen vorstellen	238
Susann Klossek: Das Ende der Fahnenstange	245
Eric Ahrens im Gespräch mit Florian Günther: Eine Welt ohne Pornohefte wäre nicht erstrebenswert	248
Konstantin Wecker: Bomben, die nie geworfen wurden	253
Andrea Mohr: Eigentlich nur Gedankenfetzen	255
Hadayatullah Hübsch: Fiktion	259

Miss Gonzo
Präludium

Gottverdammte Scheiße, es ist schon Ende April. Ich sitze im Schneidersitz auf dem kleinen rosa Teppich in meinem Büro, um mich herum jede Menge Papierstapel mit diversen bunten Klebezettelchen mit wirren Nachrichten drauf. Dabei hatte ich eigentlich gesagt, Abgabetermin sei Ende April und nun ist Ende April und 90 % der Textbeiträge sind da. Autoren sind auch nicht mehr das, was sie mal waren. Saufen nicht mehr, rauchen nicht mehr und schicken ihre Texte fristgerecht. Wo soll das nur enden? Ich stehe auf, gehe zum Schnapsschrank (der eigentlich ein Badezimmerschrank ist), suche vergeblich nach Schnaps und finde stattdessen ein Post-it an der Spiegeltür: »Schreib endlich das beschissene Vorwort! Paula«. Gehe zurück auf meinen Teppich und starre die Papierstapel an. Vielleicht bringen sie sich von alleine in die richtige Reihenfolge, wenn ich sie nur lange genug anstarre. Als sich nach einer halben Stunde nichts, aber auch gar nichts bewegt hat, stehe ich auf, um den Ventilator einzuschalten. Und den Fernseher. Man muss sich selbst nur zu triggern wissen. Und das richtige Fernseh-Hintergrund-Programm hat mich noch immer in eine äußerst meditative Stimmung versetzt, die ich mal mit kontemplativem Hutschnurriss umschreiben will. Das ist genau die Stimmung, die ich jetzt brauche. Schreibe Paula eine SMS: »Bring Schnaps.« Schicke eine zweite hinterher: »Den Rum mit der Fledermaus.« Vielleicht wirkt diese provozierte Koinzidenz gegen Ende der Flasche wie eine tatsächliche und gibt mir etwas Wind unter die Flügel. Man fällt auf so viel Scheiße rein, warum nicht auf sich selbst.

Dann kann's ja losgehen. Am anderen Ende der Nacht muss hier ein einziger Stapel mit den Texten in der richtigen Reihenfolge und ein Vorwort liegen. Sollte zu machen sein.

Entschließe mich dazu – um in Stimmung zu kommen –, die grenzdebilsten Antworten durchzugehen, die ich auf meine Anfrage hin erhalten habe. Bis ich die Texte zusammengesammelt habe, ist aber schon wieder der halbe Abend rum – wer soll hier auch irgendwas finden in diesem unsäglichen Chaos umhergewehter Blätter. Finde sie schließlich und beschließe sie ihrer Bescheuertheit nach zu sortieren.

Platz fünf, SMS, 06. April 2014: »Bei Gelegenheit musst du mir mal erklären, was eigentlich der Titel *Fledermausland* bedeuten soll. Wie bist du denn darauf gekommen?« Nehme eine Broschüre des Fledermauszentrums Hannover aus dem Regal, unterstreiche mit einem Lineal den Satz: »Sie möchten die Zukunft der Fledermäuse in Hannover und der Region aktiv mitgestalten und sich im Fledermausschutz engagieren?«, stecke sie in einen an die Fragerin adressierten Umschlag und abonniere in ihrem Namen den kostenlosen Newsletter des Fledermauszentrums. Denke die Frage damit ausreichend beantwortet zu haben.

Platz vier, Mail, 18. Oktober 2013: »Klar mach ich da gerne mit. Nur hilf mir mal kurz auf die Sprünge: Wer war noch mal Thompson?« Zücke mein Notizbuch und setze den Absender dieser Mail auf meine Schepper-Liste. Eines schönen Tages, es wird vermutlich ein Sonntag sein, werde ich auf einem alten rosa Moped durch die Republik tuckern, um diese List abzuarbeiten. Ich werde bei jedem darauf Befindlichen klingeln, werde ihm wortlos lächelnd eine scheuern, dass es nur so scheppert, mich umdrehen, auf mein Moped setzen und zum nächsten fahren.

Platz drei, Mail, 14. Februar 2014: »Lange nichts von dir gehört. Wegen der Thompson-Anthologie: Ich hab nie viel von Burroughs gehalten, und am Mainstream abarbeiten mag ich mich zur Zeit auch net.« Frage mich kurz, ob das nun eine Absage oder der eingereichte Text ist. Verwerfe den Gedanken, dies beim Autor zu erfragen. Wäre allerdings in höchstem Maße peinlich, einen eventuellen literarischen Geniestreich nicht als solchen erkannt zu haben. Wer will schon als Putzfrau, die artifizielle Fettcken aus der Kloschüssel des Kulturbetriebs entfernt, in die Literaturgeschichte eingehen? Beschließe, die Zeilen unauffällig in die Anthologie einfließen zu lassen. Mögen andere darüber urteilen.

Platz zwei, SMS, 25. März 2014: »Bin gekidnappt in Bus, nach DesignerEssen, voll in den Klauen der PR Agentur oder Gecken Brooklyn Bros. Nähern uns dem Airfield, auf dem ein paar Weltmeister mit LuxusSportwagen durchs Schwarz der Nacht rasen, auf d. Suche nach d. Runway, nehme ich an. […] oh, Check. in, müssen noch ein Geheimhaltungsabkommen unterzeichnen, sonst werfen sie einen hier raus. In der DDR. Dem Koreaner ist das Lachen im Hagel d. Nacht schon gefroren.« Leuchtet mir ein, dass er unten den Umständen keinen Text schicken konnte.

Platz eins, facebook PM, 27. Januar 2014: »Super, eine Thompson-Anthologie! Wenn der alte Hurenbock mal kein Heiliger war! Huren, (Hells-)Angels, Outlaws und die Vertreibung der Ketzer aus dem Tempel. Finde man müsste versuchen, ihn in Rom heiligsprechen zu lassen. Wir sollten dringend telefonieren!« Um Himmels willen, Spinner gibt's! Ziehe vorsichtshalber die Gardinen zu. Nehme einen alten Duden, streiche darin das Wort »Panama« an und nehme mir vor, ihn dem Wirrkopf zu schicken. [Vorsprung durch Irritation.]

An der Tür klingelt irgendein Vollidiot Sturm. Dafür kann es eigentlich nur zwei Gründe geben. Entweder sind's die ehemals Grünen, weil irgendeiner der senilen Nachbarn mal wieder vergessen hat sein Hörgerät auszuschalten und einen Anruf wegen Lärmbelästigung getätigt hat. Aber wenn ich leise Fernseh höre, erfüllt das einfach seinen Zweck nicht. Oder es ist Paula, die auf dem Weg hierher die Flasche Rum leergesoffen hat und beim Versuch die Klingel zu betätigen vornüber gegen selbige gekippt ist, wo sie jetzt eingeschlafen ist.

Bin dann irgendwie doch beruhigt, dass es nur Paula ist, die mir meine Flasche Rum in die Hand drückt. Die Flasche Chivas, die sie in der andern Hand hält, will sie aber partout nicht hergeben. Wir setzen uns erst mal auf den Teppich und starren in den Fernseher. Auf meiner Flasche Rum klebt ein Post-it: »*I have a theory that the truth is never told during the nine-to-five hours.* Paula«

Paula nimmt einen Schluck aus ihrer Flasche, angelt sich die Fernbedienung und schaltet um. Über die Scheibe flimmert Putin, der sich grade einer Fragerunde hingibt. Fragen darf auch Snowden und das tut er und zwar, wie das mit der Überwachung in Russland so aussieht. Die gäbe es zwar, aber nicht so flächendeckend wie in den Vereinigten Staaten, *kontrollierter*. Während er starr in die Kamera sieht, krieche ich auf allen Vieren zum Fernseher. Nein, auch aus der Nähe ist da kein Grinsen zu entdecken. Also grinse ich für ihn. Paula schaltet um und wo eben noch Vladi die Wirklichkeit wegzuhypnotisieren versuchte, schaut mir nun Obama sehr bedeutungsschwanger in die Augen und verkündet, dass er es für falsch und bedenklich hält, sich einfach in die Belange eines fremden Landes einzumischen. Ich habe gerade genug Zeit mit Sicherheit und einem noch breiteren Grinsen festzustellen, dass auch er nicht grinst, als Paula wieder umschaltet und bei Lars Reichow hängenbleibt, der seltsamer Weise just in diesem Moment die Frage aufwirft, ob Afghanistan an der Ost- oder Westküste Amerikas liegt. Reichow grinst. Ich jetzt nicht mehr. Unheimlich, der Typ. Frage mich kurz, wieso der meine Gedanken lesen kann, rappel mich auf, um mir in der Küche ein Nudelsieb zu holen, das ich mir auf den Kopf setze. Sicher ist sicher. Kein allumfassender Schutz, aber so kann man meine Gedanken wenigstens nur in Form von Spaghetti aus meinem Gehirn ziehen und in der Form dürfte es schwierig genug sein, ihnen einen Sinn zu entlocken.

Paula fängt an, in den Texten zu lesen.

Im Fernsehn läuft irgendwas Comedymäßiges. Ich schalte um.

»Man, was ist das denn für irres Zeug?«, fragt Paula, als sie kopfschüttelnd und mit einem delacroixmäßigen Faltenwurf auf der Stirn ein paar Textseiten überflogen hat.

»Fledermausland-Anthologie«, nuschle ich, als ich ihre Unaufmerksamkeit genutzt habe, um einen großen Schluck aus ihrer Flasche zu nehmen.

»Entertainment ist halt das Wichtigste«, sagt Jan Delay, als er bei aspekte gefragt wird, ob man als Künstler unpolitisch sein könne.

»Is' da auch dieser Typ dabei, der seine Socken immer paarweise aufhängt?«, will Paula wissen.

»Mhm«, nicke ich.

Und mit einem »Aha« finalisiert Paula diesen Jahrhundertdialog. Prost!

Paula greift nach den Post-its, schreibt in etwas, was sie vermutlich für Schönschrift hält »*Yesterday's weirdness is tomorrow's reason why*. Paula« drauf und klebt es an die Seite meines Schreibtischs. Sie zieht einen aufgerissenen Briefumschlag aus einem der Papierstapel und verliest: »Fleeeeedermausland ist gleich JENES Königreich der Angst KOMMA in dem Paranoia und ANFÜHRUNGSZEICHEN UNTEN objektive Umstände SLASH äußerliche Widrigkeiten ANFÜHRUNGSZEICHEN OBEN grenzenlos ineinander übergehen KOMMA entgrenzter Wahnsinn durch nicht mehr unterscheidbare Unterscheidung der Ursache- SLASH Wirkung-Rückkopplung KOMMA psycho-geographisch zu verordnen an jenem Punkt der Nichtunterscheidbarkeit zwischen innerlichem und äußerlichem KOMMA zwischen deduktivem und induktivem strukturellem Wahnsinn PUNKT Interzone PUNKT Fledermausland PUNKT«

»In dieser Form entspräche sie nicht humanen Maßstäben«, kommentiert das sprechende weiße Haus und meint damit die »gescheitere« Vollstreckung einer Todesstrafe an einem vermeintlichen Frauenmörder, der nach grauenvollen 43 Minuten schließlich durch einen Herzinfarkt erlöst wurde.

Paula schlägt mit ihrer Flasche auf mein Nudelsieb. »Den Scheiß schreibst du aber nicht ins Vorwort!« Manchmal ist sie schon ein bisschen sonderlich.

Ich roll mich auf dem Teppich ein und wechsle das Programm. Ein Mann im Anzug sagt gerade, dass die Schere zwischen Arm und Reich immer weiter auseinandergeht. Den Satz hab ich zum ersten Mal im Sozialkundeunterricht in der 10. Klasse gehört und seitdem hat sich an ihm nichts geändert. Der Satz ist wie Weihnachten. Der kommt jedes Jahr wieder. Frage mich, ob es sich bei dieser Schere um eine Zauberschere handelt. Wie sonst könnte man sie jedes Jahr noch weiter auseinander machen – und es scheint ja noch Luft zu sein. Warte jährlich auf die Meldung: Schere kaputt. Klappe zu. Affe tot.

Paula zieht weitere Textseiten unter mir hervor. Schalte um zu einem anderen an einem Tisch stehenden Mann im Anzug, der gerade sagt, dass die Schere zwischen Arm und Reich ... Scheiß Agentur-Rezitatoren!

»Ey Mann, in diesen Redaktionen geht's doch zu wie in Rüsselsheim am Fließband! Nur dass die einen Autos zusammensetzen und die anderen Nachrichten-Meldungen«, kommentiert jetzt sogar Paula. Hä? Kann nicht nur Lars Reichow, sondern auch Paula meine Gedanken lesen? Das Nudelsieb scheint nicht ganz gedankendicht zu sein.

Ich nicke und klebe derweil die Löcher meines Kopfschutzes von innen mit Post-its zu. Paula rafft alle Seiten zusammen, derer sie habhaft werden kann und verzieht sich in die Küche. Schalte um, bleibe in einem Dritten hängen, wo »nun weitere Meldungen aus Deutschland und der Welt« rezitiert werden und auch hier wird nicht versäumt, den Satz mit der Schere aufzusagen. Das beruhigt mich, denn dann kann so viel richtig Schlimmes heute nicht passiert sein. Paula stapft auf den Flimmerkasten zu und klebt ein Post-it dran: »*Poor bastard. Wait `till he sees the bats. Paula*«. Und Abgang nach links.

»Das hast du jetzt von deinem scheiß Koinzidenzdings«, schimpft sie vor sich hin und ein Band an Anne Wills unterem Bildschirmrand informiert darüber, dass Giacomo Corneo vor einer Spaltung der Gesellschaft warnt. Sollte man vielleicht mal Warnschilder aufstellen, vielleicht so zwischen Prenzlauer Berg und Wedding, denke ich. Please mind the gap.

Setze mir mein jetzt vollständig mit Post-its abgedichtetes Nudelsieb wieder auf. Recht hat sie. Schreckliche Zeiten, alles so schrecklich durcheinander. Man tut gut dran, eher den Literaten als den Journalisten zu glauben. Journalisten rezitieren Agenturen, zitieren Literaten, bebildern großformatig, bunt, bewegt, brechen selbst die komplexesten Themen idiotengerecht runter – und dennoch wird man nur schwerlich schlau aus dem verdächtig unterkomplexen Wirrwarr. Vermute, Nachrichten sind die Fortführung von Kindergartenpädagogik mit gleichen Mitteln. Was im Kindergarten der Nikolaus oder der liebe Gott, ist später die Institution Nachrichten: Sieht alles, hört alles, weiß alles und hat auf alles eine Antwort. Der Unterschied: Kindern kommen früher oder später Zweifel am Konzept Nikolaus. Der Zweifel am Konzept der objektiven Berichterstattung bei Erwachsenen bleibt meist aus. Trinke zur Prävention und Deeskalation der Lage erst mal einen großen Schluck Rum. Macht's doch lieber wie die Literaten und markiert den Standpunkt, von dem aus ihr erzählt

– und vor allem das kleine bisschen Blickfeld, das ihr von da aus habt. Nehme mir vor gleich morgen einen Brief an den Presserat zu schreiben, mit dem Vorschlag, halbjährige, unbezahlte Praktika bei Autoren zu Pflichtmodulen in Volontariaten zu machen.

»Warum ändert sich nichts, wenn doch alle wollen, dass sich was ändert?«, fragt nun Kleber, meint damit allerdings die kalte Progression und nicht den trägen Journalismus.

Halte es aber auch ohne die Absolution von Kleber für eine ziemlich gute Idee, die beiden Disziplinen Journalismus und Literatur zu kreuzen und die Protagonisten der beiden Zünfte dazu zu inspirieren, sich gegenseitig mit Skills auszuhelfen. *Liternalismus*. Okay, man sollte noch ein griffigeres Wort dafür finden. Vielleicht was Italienisches. Berichte Paula lautstark von meiner mir grandios vorkommenden Idee. Paula antwortet mit einem aus der Küche fliegenden Kochlöffel, auf dem ein Post-it klebt. Drauf steht: »Vollidiot! Paula«

Sie meint damit vermutlich Obama, der grade neben Merkel steht und verkündet: »Deutschen Bürgern, die Zugang zum russischen Fernsehen haben, empfehle ich: Konzentriert euch auf die Fakten! Schaut euch an, was wirklich passiert!«

Der Typ ist mir ziemlich unheimlich. Die Typin nebendran nur unmerklich weniger. Fege mit einer Handbewegung meinen Schreibtisch leer und kippe ihn um, so dass ich mich dahinter verschanzen kann. Fange an, mit einer Kinderarmbrust made in China Saugnapfpfeile auf Obama zu schießen, die aber völlig leidenschaftslos von der Scheibe abprallen. Na schönen Dank China, für deine Unterstützung. Während ich hier mit meinem Nudelsieb auf dem Kopf, der Flasche Rum zwischen den Zähnen und der nicht wehrfähigen Armbrust im Anschlag hinter dem Schreibtisch kauere, schießt Obama mit schweren Geschützen zurück, so dass die Worthülsen nur so zu Boden prasseln. Ich befürchte, ich werde die Stellung nicht lange halten können. Obama bekommt Deckung von Steffen Kampeter, der in Dingen Schere empfiehlt, sich nicht Statistiken, sondern die Realität anzugucken und während ich mich verzweifelt um Aufrüstung bemühe, zischen Tautologien und falsche Konjunktive an meinen Ohren vorbei, bricht ein Hagel von Oxymora über mir herein und vernebeln mir Monocausalitäten die Sinne. Denke kurz darüber nach, um Hilfe zu rufen, als ich mich damit abfinde, dass es diese Schlacht alleine zu schlagen gilt. Schieße mahnend weitere Pfeile Richtung Front, was sofort mit einer Salve von Phrasen pariert wird: *Leistung muss sich lohnen* und *die Reichen werden immer reicher*. Sinke stark verwundet wieder hinter meinen Schreibtisch, schreibe mit meinem blutenden Mittelfinger an die weiße Wand, die meine Trutzburg flankiert: »Heute kam es auf dem Allgemeinplatz wieder zu erbitterten Kämpfen.« Jetzt mischt sich auch Anne Will in die Diskussion ein und fragt mit ruhiger Stimme und sanftem, mädchenhaftem Lächeln: »Ist Deutschland gespalten in Arm und Reich?« Ja guckt die denn keine Nachrichten?

Anne geht, Klaus Kleber kommt. Paula auch, und zwar mit einem weiteren Post-it, das sie zur Stärkung meines Durchhaltevermögens an die Unterseite der Schreibtischplate klebt: »*No sympathy for the devil; keep that in mind. Buy the ticket, take the ride*. Paula«

Klaus sagt, dass demnächst Welttag der Pressefreiheit sei. Man solle daran denken, dass man als Journalist in vielen Ländern nicht alles sagen könne, was man wolle. Vergisst aber zu erwähnen, dass man als Journalist in unseren Landen nicht alles sagen will, was man sagen könnte. Vielleicht gibt's ein Problem mit dem Prompter. Is' das nicht die häufig zitierte zweite Seite der Medaille? Ist Pressefreiheit jetzt ein Recht oder eine Pflicht? Da kommt man ja ganz durcheinander. Verlasse mein Versteck, um die Pfeile wieder einzusammeln, um auch Klaus mit einem zu bedenken. Bin aber von Natur aus ein eher vorsichtiger Mensch und trinke darum vorher prophylaktisch noch einen Schluck Rum.

Muss an einen Liedermacher aus der ehemaligen DDR denken, der kurz nach dem Mauerfall sagte, dass man es als Künstler ohne DDR und kalten Krieg bedeutend schwerer habe, da es einem an klar definierten Feindbildern fehle, das sei jetzt alles viel subtiler. Steht zu befürchten, dass er sich ganz gut akklimatisiert hat.

Klaus macht noch eine schmissige Überleitung zum Wetter und ich frage mich, ob der eigentlich auch noch einen anderen Gesichtsausdruck kann. Aber das ist den meisten Nachrichtensprechern ja gemein. Vermute, dass die öffentlich-rechtlichen einen Sponsoring-Vertrag mit der Botox-Lobby haben und den meisten Moderatoren überdosisbedingt einfach kein anderer Gesichtsausdruck möglich ist. Stelle mir vor, wie während der Spätnachrichten im Studio ein Großbrand ausbricht. Kleber, mit nachrichtlicher Miene: »Soeben kam es im Nachrichtenstudio des ZDF zu einem Großbrand. Bisher kamen vier Menschen ums Leben, drei wurden schwer verletzt. Wie es zum Ausbruch des Feuers kam, ist bislang unklar. Und nun weitere Meldungen des Tages. Die Schere zwischen Arm und Reich ...«

Finde beim Durchschalten keine weiteren Nachrichten. Feuerpause des Gegners? Bleibe an einem Comedy-Kasper hängen, der grade der großen Koalition den Scheitel zieht. Trinke vorsichtshalber noch einen Schluck Rum. Safety first. Eigentlich komisch. Alle wissen's. Alle haben längst gecheckt, dass hier so einiges völlig aus dem Ruder läuft. Und durch die Reihen der teilnehmenden Beobachter geht ein irres, hysterisches Lachen. Fledermausland. Überall. Wenn man an einem wolkenlosen Tag im Park spazieren geht oder nach Feierabend auf seine Bahn wartet; wenn man in einer regennassen Nacht durch die Adern einer Großstadt gepumpt wird oder auf dem Schrottplatz der Eitelkeiten liegt; wenn man sich vom Fernseher berieseln lässt oder auf einen steilen Hügel in Las Vegas klettert – wenn man die richtigen Augen hat, dann kann man sie sehen. Es herrscht Wahnsinn in jeder Richtung, zu jeder Stunde. Und keiner kommt hier lebend raus. Wer hier nur seinen Verstand verliert, hat am Ende 'ne ziemlich gute Partie gemacht. Die Zustände sind längst irre.

Trinke den letzten Schluck Rum, rolle mich auf meinem Teppich ein und versuche die Fledermaus zu hypnotisieren, die die leere Flasche bewacht. *Scheiß Koinzidings*, murmele ich und sinke in irre Träume.

Gottervdammter Scheiß, es ist immer noch Ende April. Ich liege eingerollt auf dem rosa Teppich in meinem Büro. Vor mir liegt ein Stapel Papier. Um mich rum eine Schneise der Verwüstung. Mir drängt sich die Ahnung auf, dass sich in der vergangenen Nacht schlimme Dinge ereignet haben müssen. Raffe mich auf, wage es, einen Blick aus dem Fenster zu werfen. Keine ersichtlichen Auffälligkeiten. Nehme mir den Textstapel zur Hand. Dazwischen finde ich Trennblätter mit Kapitelüberschriften. Die sich dahinter befindenden Texte scheinen sich sinnig einzufügen. War doch klar, dass das in einer Nacht mit genügend Rum und Nachrichten kein Problem sein würde. Auf der ersten Seite des Manuskripts klebt ein Post-it: »Wer ist eigentlich dieser Hunter? Paula«.

It never got weird enough for me

Susann Klossek
Frühstück mit Hunter

Ich weiß nicht, was zuerst gewirkt hatte, das Meskalin, das Acid oder das Koks, oder ob die Kombination aller drei Substanzen dazu führte, dass ich in diesen desolaten Zustand geriet. Jedenfalls hatten mir die Götter der Unterwelt einen Besuch abgestattet, der noch lange nachhallen sollte. Nachdem ich gefühlte drei Tage lang gekotzt hatte und wieder einigermaßen stehen konnte, verließ ich das Hotelzimmer. Ich war definitiv zu schräg, um zu leben, aber zu selten, um zu sterben und meine Devise lautete noch immer: *Buy the Ticket – take the Ride*. Der Korridor war unendlich lang und schien ins Nichts zu führen. Es fühlte sich an, als würde ich durch einen wabernden, warmen Regenbogen laufen, von dem ich jeden Moment runterzukippen drohte. Die Türen der Zimmer waren kariert gestrichen und hatten alle dieselbe Nummer: 1-9-7-4.

Die Leute, die mir im Gang begegneten, starrten mich alle mit einem Blick an, der Ekel und Entsetzen ausdrücken sollte. Eine fette Matrone mit aufgetürmten Haaren, die an einen Biberbau inklusive Biber erinnerten, machte einen großen Bogen um mich. Während sie sich angewidert schüttelte, flogen ihre riesigen Schwabbelbrüste, um die sie ein Stars-and-Stripes-Tuch gewickelt hatte, beängstigend in der Gegend herum und drohten einen zu erschlagen. Ich sollte keine Drogen mehr nehmen, ging es mir durch den Kopf, als ich gleichzeitig in Deckung ging und versuchte, nicht der Länge nach auf die Schnauze zu fallen.

»Lebe frei oder stirb«, rief ich dem Schrapnell zu, das daraufhin wie von der Tarantel gestochen auf mich losging. Doch da tauchte auch schon Oscar Zeta Acosta auf und schob die Furie zur Seite und mir ein ziemlich gewaltiges Blättchen Acid in den Mund.

»Freiheit ist eine Herausforderung sondergleichen«, murmelte ich, während ich mich mit letzter Kraft gen Fahrstuhl bewegte. Dort angekommen, fragte ich Oscar mit heiserer Stimme: »Wo zum Teufel sind wir hier?«

»Aspen«, sagte er und warf sich einen ganzen Peyote-Kaktus in den Schlund.

»Aspen, Colorado?«

»Nein Aspen, Sowjetunion. Natürlich Colorado, wo sonst!«

Ich musste zugeben, ich war verwirrt. Woher wusste ich, Susann Klossek, dass Oscar Zeta Acosta Oscar Zeta Acosta war? Und war der nicht tot? Und nahm ich normalerweise überhaupt Drogen? Brauchte ich einen Anwalt? Und was zur Hölle machte ich in Aspen? Eins war klar, das war ein ganz mieser Trip, auf dem ich mich hier befand. Ausgang äußerst ungewiss. Als wir aus dem Fahrstuhl kamen, prangte mitten im Foyer ein riesiges Hinweisschild, auf dem in roten Lettern

'BREAKFAST WITH HUNTER'

stand. Frühstück war das Letzte, wonach mir gerade war, schon gar nicht mit einem Typen namens Jäger. Trotzdem folgte ich dem Hinweispfeil wie eine Hypnotisierte ihrem Sektenguru. Auf einem kleinen Tisch lagen, neben den aktuellen Ausgaben der Washington Post und des Rolling Stone, einige Kopien eines Schreibens mit folgendem Inhalt:

```
Dear Mr. Secretary:

I hereby resign the Office of President
of the United States.

Sincerely,

Richard Nixon
```

»Welches Jahr haben wir?«, fragte ich Oscar.

»Welches Jahr? Heilige Scheiße, was is' los mit Dir? 1974«, lallte Oscar und ließ sich in einen Ledersessel fallen. Verdammt, ich war acht Jahre alt! Kein Wunder, dass ich bei den Drogen so abdrehte!

Die Hotelbar war kaum frequentiert. Im hinteren Drittel des Raumes wuselte eine Frau mit einer grauen Schürze herum, die ein fettes Stinktier an einem dicken Schlauch befestigt hatte, das sie hinter sich herzog.

»Könnte bitte mal jemand den Staubsauger abstellen?«, rief eine Stimme aus dem Off. Ich geriet etwas ins Schleudern, ich konnte beim besten Willen keinen Staubsauger erkennen. Nur das Stinktier hatte aufgehört zu schnauben. Wahrscheinlich weil die Alte es mit einem Kabel erdrosselt hatte. Ich sollte den Tierschutz anrufen, durchzuckte es mein aufgeweichtes Hirn für den Bruchteil einer Hundertstelsekunde. Glücklicherweise war mir der Gedanke ebenso schnell wieder entfallen. Das Tier würde einen guten Sonntagsbraten hergeben. Apropos: Wo war eigentlich mein Gewehr? Hinter dem Tresen stand eine Bedienung, die wie Allen Ginsberg auf Stöckelschuhen aussah. Schöne Beine, ansonsten genauso hässlich.

»Was darf's denn sein, Sir?«, fragte sie gelangweilt.

Sir? Blöde Nutte, dachte ich, bestellte mir dann aber einwandfrei artikulierend einen Whiskey und kippte ihn in einem Zug runter. Das Gesöff vertrug sich gut mit dem Acid und brachte meine Halluzinationen auf ein erträgliches Level runter. Allena Ginsberga war inzwischen ein riesiger Reptilienschwanz gewachsen, mit dem sie sämtliche Flaschen aus dem untersten Regal der Bar ausräumte. Von draußen schaute ein gigantischer Drache zu uns herein, der Feuer spie und mit einem enormen Strahl alles vollpisste, sodass ganz Aspen in Kürze würde Hochwasser-Notstand ausrufen müssen. Irgendein Monsun kommt einem immer in die Quere. Doch es kam nicht infrage aufzugeben oder umzudrehen.

»Schau mal aus dem Fenster«, sagte ich zur Bedienung.

»Welches Fenster?«

»Welches Fenster, welches Fenster! Siehst Du den Drachen nicht?«

Sie schüttelte den Kopf als sei ich grenzdebil und beugte sich runter zum Kühlschrank, sodass mir ihr ausladendes Gesäß den Blick nach vorn komplett verbaute. Ich verspürte Lust sie zu nageln, würde aber höchstwahrscheinlich keinen hochkriegen, schließlich war Viagra noch nicht erfunden. Erst bei diesem Gedanken wurde mir bewusst, dass ich offensichtlich das Geschlecht gewechselt hatte. Mir taten die Eier weh, wo eigentlich eine Pussy sein sollte. Ich musste dringend damit aufhören, alles durcheinander einzuschmeißen! Auch wenn Drogen im Großen und Ganzen immer gut zu mir waren. Im Grunde geht es um Aufmerksamkeit und Konzentration. Und die schlimmste Seite an Drogen ist noch immer ihre Beschaffung.

Am südlichsten Ende der Bar saß Johnny Depp, wie ich erst jetzt bemerkte, den ich sogleich salutierend mit Colonel begrüßte, was mich doch einigermaßen überraschte. Was mich noch mehr erstaunte war die Tatsache, dass ich es ganz normal fand, dass Johnny Depp vier Meter von mir entfernt saß, mir zulächelte und ich nicht im Geringsten aus dem Häuschen geriet. Es dauerte eine gefühlte Ewigkeit, bis sich der Colonel zu mir rüber bemühte. Seine Bewegungen hatten was von »Vom Winde verweht auf Meskalin«. Er schlug mir mit der flachen Hand auf die Schulter und zischte durch die kaum geöffneten Lippen: »Hunter, schön, Dich zu sehn.« Ich fragte mich, was er sich reingepfiffen hatte. Oder stand er jetzt auf kleine Mädchen, denen er Namen von alten Männern gab? Er bestellte uns zwei neue Drinks und zündete sich eine Zigarette der Marke Black Death an. Ich wunderte mich, dass er einfach so in einer Bar rauchen durfte. Wahrscheinlich durfte Johnny Depp einfach alles. Auch die Warnhinweise auf der Schachtel fehlten, obwohl der Name selbst ja schon Programm war. Dann fiel es mir wieder ein, wir hatten ja 1974. Im Rahmen der Nachwirkungen der Ölkrise würde keiner auf die schwachsinnige Idee kommen, das Rauchen in geschlossenen Räumen zu verbieten oder dümmliche, entmündigende Anti Smoking-Slogans auf Zigarettenschachteln zu pappen, die das Geschäft behindert hätten. In der Tabakindustrie von '74 saßen noch nicht solche Schlappschwänze am Ruder, die sich von ein paar Gesundheitsaposteln aus Brüssel irgendetwas hätten diktieren lassen. Gut, dass ich all das nicht mehr erleben musste! 1974, ein durchwachsenes Jahr, fürwahr! Immerhin war Nixon, der Bastard, zurückgetreten, Granada erhielt seine Unabhängigkeit von den Briten und Muhammad Ali besiegte George Foreman durch K.O. – Rumble in the Jungle! Der Colonel zündete eine zweite Fluppe an und schob sie mir rüber. Johnny sah gut aus wie immer, machte auf mich allerdings den Eindruck, als sei er höchstens zwölf. So gesehen würden uns nur vier Jahre voneinander trennen und wir könnten es ruhig mal auf genitaler Ebene miteinander versuchen. Dummerweise taten ihm die Drogen, die er offensichtlich geschluckt hatte, nicht gut. Schließlich hielt er mich für einen Typen namens Hunter.

»Großartig, Deine Berichterstattung zu Watergate!«, lobte er mich, während er lasziv den schwarzen Tod aus seinem rechten Mundwinkel blies. Was zur Hölle war hier eigentlich los? Ich hatte keinen blassen Schimmer. Aber großartig genannt zu werden ging runter wie ein Fläschchen Andrenochrom zum Aperitif. Doch die Bauchpinselei sollte nicht lange anhalten.

»Was den JFK-Fall betrifft, hast Du allerdings totalen Mist gebaut!«, nörgelte er herum und ich überlegte, ob es nicht gescheiter wäre, ihm eine doppelte Kastration – Hirn und Eier – nahezulegen. Je übersichtlicher der Hirninhalt, desto knapper das Genörgel. Leider hatte er Recht. Was den Mord an Kennedy betraf, hatte ich auf ganzer Linie versagt. Ich hatte es schlicht und einfach versäumt, genauere Recherchen zu betreiben. Wer steckte wirklich dahinter? Die Mafia, Jack Ruby, der degenerierte FBI-Chef J. Edgar Hoover, Oswalds Vermieterin, Marilyn Monroes Zwergpinscher (wenn sie einen gehabt hätte), die CIA? Am wenigsten wahrscheinlich Oswald selbst. Ich hatte es also eindeutig versaut, die Tragweite des Falles nicht erkannt, nicht geahnt, welch' Kreise die ganze leidige Angelegenheit ziehen würde. Wieso in Gottes Namen war mir das entgangen? Der wohl kniffligste Kriminalfall der Neuzeit war an mir vorbeigeglitten wie ein 68er Mustang auf dem Highway nach Nirgendwo. Die Welt war danach nicht mehr dieselbe. Johnson, das dreckige Frettchen, hatte sich auf Kennedys Stuhl geputscht, den Vietnamkrieg bis zum bittern Ende fortgesetzt und den kalten Krieg weiter angeheizt. Politiker sind Süchtige und sie sind immer schuldig. Sie lügen, sie betrügen, sie stehlen – wie alle Junkies. Ich hätte es nicht verhindern können, aber ich hätte zur Aufklärung beitragen müssen. Die CIA wäre heute Schnee von gestern und der Menschheit so einiges Widerwärtiges erspart geblieben.

Aber Momentchen mal: Kennedy wurde 1963 ermordet, da war ich praktisch noch gar nicht auf der Welt. Wie in Dreiteufelsnamen hätte ich da …? Eben, das war genauso absurd wie Kennedys Behauptung, er sei ein Berliner. Es stellte sich allerdings auch die Frage, wie ich als knapp achtjährige Göre aus der DDR dazu gekommen bin, über die Watergate-Affäre zu berichten. Irgendetwas stimmte hier nicht. Ich kam jedoch nicht dazu weiter darüber nachzudenken, denn just in dieser Sekunde rannte ein etwa zwei Meter großes weißes Kaninchen im Zickzack durch die Bar.

»Hast Du das gesehen? What the fuck …?«

»Was? Den weißen Hasen?«, fragte der Colonel. Ich war also doch nicht komplett verrückt. Oder befanden wir uns beide auf der gleichen Abenteuerreise?

»Ach, das war nur der neue Lover von Burroughs.«

»William S.?«

»Ja William S., wie viele Burroughs kennst Du denn?«

»Ist der nicht in Tanger?«

»Wer, der Hase?«

… One pill makes you larger
And one pill makes you small
And the ones that mother gives you
Don't do anything at all
Go ask Alice
When she's ten feet tall …

… sang das Karnickel. Sein Stummelschwanz zuckte dabei beängstigend hin und her. Es machte keinen Sinn weiter mit dem Colonel über den alten Morphinisten Burroughs zu diskutieren. Ich bekam Hunger. Johnny schien es ähnlich zu gehen. Er zog sich aus: »Naked Lunch?«, fragte er grinsend und wir bestellten uns Pilze – auf der Karte standen Kubanische Kahlköpfe im Sonderangebot – auf einem Grasbett.

Langsam füllte sich die Bar. Ich meinte Truman Capote und Tom Wolfe auszumachen. Sicher war ich mir aber nicht. Im Türrahmen stand Jimmy Carter und prostete mir zu. Neben ihm stand The Kandy-Kolored Tangerine-Flake Streamline Baby und lächelte zuversichtlich. Ich war sicher, Jimmy würde eines Tages Präsident werden.

»Sag mal, ist das dort nicht Jack Kerouac?«

»Unwahrscheinlich«, sagte der Colonel.

»Wieso das denn nun wieder? Selbst der Betthase von Burroughs ist hier. Wieso, verdammt nochmal, ist es dann unwahrscheinlich, dass der gutaussehende Typ dort drüben Jack Kerouac ist?«

»Weil Jack Kerouac seit fünf Jahren tot ist.«

»Bubba, das ist ein Argument.«

Bubba? Wie redete ich denn? Irgendetwas war hier faul, lief gewaltig aus dem Ruder. Aber ganz gewaltig. Ich konnte nur nicht genau eruieren, was es war. Inzwischen hatten die Pilze angefangen zu wirken. Ich zog meine Schreibmaschine aus der Hosentasche und schrieb »Fear and Loathing on the Campaign Trail '72« in einem Ritt runter. Ich war mit dem Ergebnis im Grunde zufrieden, trotzdem: *It never got weird enough for me.* Und Talent erschöpft sich irgendwann. Wie sich alles erschöpft. Und plötzlich ist es verschwunden. Es galt also höllisch aufzupassen.

Was nicht verschwand war der dämliche Hase, der ungeniert zur zweiten Strophe ansetzte:

And if you go chasing rabbits
And you know you're going to fall
Tell 'em a hookah smoking caterpillar
Has given you the call to
Call Alice
When she was just small …

… niemand schenkte ihm Notiz. Doch er konnte einfach nicht mehr aufhören mit dem Geplärre …

… When the men on the chessboard
Get up and tell you where to go
And you've just had some kind of mushroom
And your mind is moving low
Go ask Alice
I think she'll know …

… ich vermisste noch immer mein Gewehr, sonst hätte ich der traurigen Show schon längst ein Ende gesetzt. Das Vieh war nicht zu bremsen …

… When logic and proportion
Have fallen sloppy dead
And the White Knight is talking backwards

And the Red Queen's »off with her head!«
Remember what the doormouse said;
Feed your head
Feed your head ...

Das war das Stichwort, ich fütterte seinen Kopf mit einer Kugel aus meiner geliebten 45er Magnum, die ich in meiner Gesäßtasche fand. Die richtigen Freunde auszusuchen, ist eine Sache auf Leben und Tod. Der Hase hatte sich eindeutig am falschen Schienbein gerieben. Nachdem ich den white rabbit also erlegt hatte, leerte ich eine Flasche Chivas Regal, während im Fernsehen die Indianapolis Colts spielten und die Hells Angels die Hasenleiche in den Bergen von Aspen entsorgten. Der Colonel war eingeschlafen. Acosta schlich herum, als würde man einen Cadillac im zweiten Gang fahren. Schließlich machte er sich auf, neuen Stoff aufzutun. Um zu kontrollieren, ob ich irgendwo Karnickelblut im Gesicht hatte, wagte ich einen Blick in die verspiegelte Bar. Endlich erlangte ich Erkenntnis: Ich hatte eine hässliche Visage, eine Halbglatze und guckte mit blutunterlaufenen Augen durch eine riesige Siebzigerjahre-Nachtfahrbrille mit orangefarbigen Gläsern. Die runtergebrannte Zigarette steckte in einer goldenen Zigarettenspitze der Marke Denicota, die schief in meinem linken Mundwinkel hing. Ich war der letzte Mann, der nach dieser durchzechten Nacht an der Theke stehenblieb. Aber auch für mich war irgendwann Schluss. *Entspann Dich – es wird nicht weh tun.*

Marcus Mohr
New Journalism

Also, Woody Creek stell
ich mir als Hinterwäldlernest vor,
mit einer Zapfsäule, 21 Rindern
und einem Postamt, das nur zweimal
die Woche öffnet. Da gibt's
einen Sheriff, und der kaut
natürlich Kautabak, trägt eine
von diesen Smith & Wesson mit
sich spazieren und drückt gerne mal
ein Auge zu – meistens
um zu zielen.
Die Gemeindehure heißt
Rosa, ist dick und unförmig wie
ein 500 Pfund-Sack Maismehl.
Rosa lutscht Schwänze, das ist kein
Geheimnis, Rosa hat eine Analfissur,
das ist ein Geheimnis.
In Woody Creek gibt's einen Saloon,
wo sich Trapper, Farmer, Trucker treffen,
und in genau dieser Kaschemme
wurde Billy the Kid erschossen,
als er die Unschuld der Pfaffentochter
stehlen wollte.
Wenn Jagdsaison ist,
flüchtet das Wild auf Bäume, und der Vogelclan
vergräbt sich unter Tage. Übrigens hat
Woody Creek auch einen dieser Waffenläden,
wo es Panzer und Flugzeugträger
im Hinterzimmer zu kaufen gibt, wenn
man das Loswort vor der Ladentheke
fehlerfrei zwitschert.
Negers sind hier nicht so

gerne gesehen, verrät der Betreiber
des 1-Dollar-Shops. Fast so wenig
wie Schwule, Demokraten
und Muslime.
Woody Creek hatte auch mal
eine bekannte Persönlichkeit zu bieten.
Aber diese Person erschoss sich,
und es wird gemunkelt, dass
eine Panzerfaust dieser Person dazu verhalf,
seinen Schädel zu Konfetti zu verwandeln.
Woody Creek liegt bei Aspen,
Aspen liegt in Colorado.
Und hier liegt die Wahrheit
in einem Pulverfass begraben.

Jan Off
Terrier fernab jeder Fährte

Das erste Mal traf ich Hunter S. Thompson anlässlich einer Filmpremiere in Springfield, Illinois. Mitte der 80er wird das gewesen sein. Ich hatte damals noch nichts von ihm gehört, wurde aber schon früh am Abend auf ihn aufmerksam, weil er sich ganz und gar seltsam benahm. Bevor die Saalbeleuchtung ausging, konnte ich mehrfach beobachten, wie er unvermittelt aufsprang und mit einem Tennis- oder Federballschläger auf den Kadaver eines riesigen Karpfens eindrosch, den einer seiner Begleiter extra zu diesem Zweck in die Höhe halten musste. Und auch später, während der Film gezeigt wurde – ich glaube, es war *Ghostbusters* –, machte Thompson sich immer wieder bemerkbar, indem er lauthals nach einer mobilen Röntgenanlage verlangte. Wenn ich sein Gezeter richtig verstand, ging er fest davon aus, dass in den Körpern anderer Besucher Apparate versteckt worden waren, die einzig und allein den Zweck verfolgten, seine Gedanken aufzuzeichnen.

Während des sich anschließenden Sektempfangs war er deutlich besser gelaunt, allerdings nicht weniger anstrengend. Nachdem ihm zu Ohren gekommen war, dass ich finnische Wurzeln besitze, ließ er den einsamen Hammondorgel-Spieler, den der Veranstalter zu unserer Unterhaltung organisiert hatte, wieder und wieder *Voulez-Vous* von ABBA anstimmen. Währenddessen redete er wie ein Irrer auf mich ein, erzählte von einer geplanten Reise zu indischen Kopfjägern und davon, dass er im Flugzeug einmal Blutwurst mit Moltebeerenmarmelade gegessen habe. Dabei versprühte er reichlich Speichel und vergoss gleich mehrmals seinen Drink über meine Schuhe.

Ich war heilfroh, als ich endlich im Taxi saß.

Unsere zweite Begegnung verlief ähnlich beschwerlich. Zwar hatte ich mittlerweile mitbekommen, wer Hunter war und was er machte. Aber dieses Wissen half, wenn es darum ging, den Launen und Manieriertheiten des selbsternannten Doktor Gonzo

Verständnis entgegenzubringen, nur bedingt. Thompson war an jenem Nachmittag missgelaunt und mundfaul und blieb mir vor allem dadurch im Gedächtnis, dass er in einer Tour stecknadelkopfgroße Maden aus einer nicht verheilten Wunde am linken Unterarm herauspulte.

Er sah sich damals mit dem Vorwurf konfrontiert, eine sexuelle Beziehung zu einem Truthahn unterhalten zu haben. Nach Hunters Meinung ein von der Bush-Regierung gestreutes Gerücht. Pikanterweise fand unser Zusammentreffen anlässlich der Eröffnung einer Hühnerfarm statt. Mit ein bisschen Geschick hätte Thompson diese Gelegenheit nutzen und Verdachtsmomente ausräumen können, aber er wollte weder vom Truthahn-Schinken noch von der Perlhuhnbrust in Sahnesoße kosten.

Er tat mir fast ein wenig leid, wie er da mit zusammengekniffenen Lippen am Buffet entlangschlurfte und seine Maden in die Tischdecke schmierte, also bot ich ihm Peyote an. Hunter lehnte mit einer unwirschen Geste ab. Drogen seien überschätzt, knurrte er. Außerdem hätte er am nächsten Tag einen Termin bei einem lemurianischen Kristallheiler, und den wolle er nicht versäumen.

Das dritte und letzte Mal habe ich Hunter S. Thompson gesehen, als ich in New York gerade eine Eisdiele verließ. Er hastete an mir vorbei, ohne mich eines Blickes zu würdigen; vielleicht hatte er mich nicht erkannt, vielleicht wollte er mich nicht erkennen.

Ich überlegte noch, ob ich auf mich aufmerksam machen sollte, als er aus den Weiten seines Trenchcoats urplötzlich eine Zahnpastatube hervorzog und einer älteren Dame, die vor ihm herlief, im Vorbeigehen ein ungelenkes Z auf den Rücken »malte«. Gekrönt wurde dieses Manöver von einem triumphalen Wiehern Hunters, das so klang, als hätte die böse Stiefmutter aus einem x-beliebigen Disneyfilm gerade einen Dönerspieß durch etwas gebohrt, das niedlich und flauschig war und in dessen Innerem sich ein kleines, ängstlich klopfendes Herz verbarg.

Ohne eine Sekunde länger zu zögern, ließ ich Thompson enteilen.

Ob ich je etwas von ihm gelesen habe, wollen Sie wissen?! Nein. Und das habe ich auch nicht vor.

Florian Vetsch
Stele für den, dem es nie abgedreht genug zu- & herging

Herumgeballert in der Wohnung viel
& an der Schreibmaschine, unter Hochdruck
Nazi-Piesacker detektiert, Haie & Höllenengel
Tollwütig mit Acid & Formeln
Experimentiert, ein rasender Athlet, entfesselter
Reporter. Seine Faust zählt

Sechs Finger, im Ballen das Peyote-Stigma
Torf unter den Nägeln, Schorf vom Run
Oder beim Leuchtturm Woody Creek
Clever das Wild zur Strecke gebracht
Kein Sheriff zwar, but an Airman First Class
Tierischer, ein Werwolf, mutiert er
Ohne mit der Wimper zu zucken, zu
Nixons Coitus interruptus

Tiltklar schiebt er 2005 die Klinge gezielt ins
Holster, die zweischneidige, bilanziert:
Orlog endlos: Ohne Fun kein Leben mehr für
Mich; 67 Jahre sind 17 zu viel. – Eine letzte
Pistole noch, diese: Der angeschlagene Werwolf
Streckt sich mit der Silberkugel selber nieder
Ohne mit der Wimper zu zucken, & jagt sich
Nie mehr alternd, ins Weltall zurück

Hollow Skai
Angst und Schrecken auf der Buchmesse

Es ist jetzt bald vierzig Jahre her, dass mir in einem Zweitausendeins-Laden ein Buch in die Hände fiel, in dem ein total ausgeklinkter Typ namens Hunter S. Thompson erzählte, wie er mit seinem Anwalt, einem paranoiden Samoaner, in einem großen, roten Hai, den Kofferraum voll mit Acid, LSD, Speedpillen, Shit, Marihuana, Uppers & Downers etc., zur Bundeskonferenz der US-Drogenstaatsanwälte fuhr, um für den »Rolling Stone« eine Reportage darüber zu schreiben. Der Titel – »Angst und Schrecken in Las Vegas« – wurde schon bald zum geflügelten Wort und das Buch 1998 von Terry Gilliam verfilmt.

Ebenfalls vor dreißig Jahren veröffentlichte »Rock Session«, ein Magazin der populären Musik, das damals bei Rowohlt erschien, ein Interview mit Thompson, in dem er sich über Jimmy Carter, Kokain und die Geburtsstunde des Gonzo-Journalismus ausließ. »Mich interessiert Politik, aber nicht in Form von Ideologie. Mich interessiert sie im Sinne von Selbstverteidigung«, sagte Thompson darin, dessen Karriere als Sportredakteur bei einer Zeitung der US-Air Force begonnen hatte, wo man ihm wiederholt hatte erläutern müssen, dass es nicht angine, geheime Luftwaffeninformationen an andere Zeitungen weiterzugeben.

In jenem Interview erklärte Thompson auch, warum er, der 1972 als Sonderkorrespondent des »Rolling Stone« über die Präsidentschaftswahlkampagnen von Nixon und McGovern berichtet hatte, sich nicht mehr in der Lage sah, auch Jimmy Carter auf dem »Campaign Trail« zu begleiten: »'72 konnte ich mich irgendwo gegen 'ne Wand lehnen – und ich hab mir damals ein paar recht finstere Wände ausgesucht – und niemand hatte 'nen blassen Schimmer, wer ich war. Aber '76, Jesus, bei den Pressekonferenzen musste ich mehr Autogramme geben als die Kandidaten.« Sein Buch »Angst und Schrecken im Wahlkampf 1972« hatte in den Vereinigten Staaten nämlich wie eine Bombe eingeschlagen, weil er darin nichts verschwieg, was Nixon oder McGovern in welcher Situation auch immer gesagt hatten, und Thompson zum Rock'n'Roll-Star unter Amerikas Autoren gemacht. Zudem war »eine neue Generation von hochgradig professionellen politischen Akteuren und heißblütigen Politjournalisten« herangereift, »die tagsüber ihrer Arbeit nachgehen, aber ein paar dunklen und fragwürdigen Vergnügen frönen, denen sie sich spät abends, in absolut privater Sphäre, hingeben«. Und da kein Präsidentschaftskandidat auf einer Pressekonferenz hätte erläutern wollen, was an den Gerüchten dran sei, seine Ghostwriter, Strategen und Helfer würden Nacht für Nacht in Kifferbuden und Orgienräumen ein- und ausgehen, musste Hunter S. Thompson notgedrungen passen.

Wie kein anderer hatte er seine Interviewpartner und Informanten in kürzester Zeit verschlissen. US-Vizepräsident Hubert Humphrey war für ihn nicht mehr als eine aufgepulverte Henne, die kichert, giggelt und sabbert wie drei Leguane im Fressfieber. Richard Nixon verglich er mit Adolf Hitler, was den Präsidenten allerdings nicht davon abhielt, ihn in seiner Limousine mit zum Flughafen zu nehmen und mit ihm über Football zu diskutieren. Und Politik war in seinen Augen ein ekelerregendes Showbusiness, an dem selbst ausgekochte Zyniker verzweifelten.

Als Südamerika-Korrespondent des »National Observer« hatte er einst kolumbianische Schmuggler aufgesucht, später sich dann monatelang mit den Hells Angels rumgetrieben und den Abzug der Amerikaner aus Saigon beobachtet. Anfang der achtziger Jahre war aus dem Starreporter jedoch das »teuerste Wrack der Branche« (David Felton) geworden, das nur noch seinen Nachlass verwaltete.

Die damals von Zweitausendeins in zwei Bänden veröffentlichten »Gonzo-Schriften« ließen ihn jedoch zum Idol einer neuen Generation von Journalisten werden, die oft selbst keinen Mumm hatten, sich zum Protagonisten ihrer eigenen Geschichte(n) zu machen. Manch einer versuchte, ihn zu imitieren, doch meistens kam dabei nur kraftmeierisches Geschwafel zustande, egal, wie lange an einem Text gefeilt worden war. Dabei ließ sich das Prinzip des Gonzo-Journalismus in einem Satz zusammenfassen:

Wenn einer ein Arschloch ist, dann ist das eben so.

Zwanzig Jahre lang zehrte Thompson mehr oder weniger von seinem Ruhm und verlangte für Übersetzungen seiner Werke derart horrende Honorare, dass jeder ambitionierte Verlag zwangsläufig die Finger davon ließ. 2004 erschienen dann aber doch noch seine Hells-Angels-Saga bei Heyne und seine Sportkolumnen in der Edition TIAMAT. Und mittlerweile liegt fast sein gesamtes Werk auf Deutsch vor – verteilt auf mehrere Verlage. Den Löwenanteil publizierte der Heyne Verlag, wo nacheinander die Textsammlungen »Königreich der Angst« (2006), »Gonzo Generation« (2007) und »Angst und Schrecken im Wahlkampf« (2008) erschienen sind. Bei Blumenbar kam 2004 Thompsons Debütroman »The Rum Diary« als gebundene Ausgabe heraus, die es längst auch als Heyne-Taschenbuch gibt, und im Jahr darauf ein Bändchen mit drei eher dürftigen Stories unter dem Titel »Screwjack«. Und in der Edition TIAMAT erschien der Essay-Band »Die große Haifischjagd«, der sich nicht mit den Heyne-Sammlungen überschneidet, sondern den Leser heißhungrig auf sein Gesamtwerk macht.

In einem Nachwort würdigt der TIAMAT-Verleger Klaus Bittermann jenen Mann, der sich im Februar 2005 erschossen und dem der Schauspieler Johnny Depp ein 2,5 Millionen Dollar teures Denkmal gesetzt hat: »Sein Leben hatte nur entfernte Ähnlichkeiten mit dem Leben, das Schriftsteller gewöhnlich führen, die auf ihre Buchproduktion genauso achten wie auf ihre Gesundheit und deren Literatur die Ausstrahlung von Birkenstocksandalen besitzt.« Gerade weil er keine »Bügelfaltenliteratur à la Thomas Mann« produziert habe, sollte sein Werk aber zu Aufklärungszwecken an allen Schulen verteilt werden. Schließlich, so Bittermann, könne man nicht früh genug damit anfangen, junge Menschen zu verderben.

Hermann Borgerding
Fear and Loathing in Bochum

> »Wir hatten 2 Beutel Gras, 75 Kügelchen Meskalin, 5 Löschblattbögen extrastarkes Acid, ein Salzstreuer halbvoll mit Kokain, ein ganzes Spektrum vielfarbiger Uppers, Downers, Heuler, ein Liter Tequila, eine Flasche Rum, eine Kiste Bier und einen halben Liter Äther und 2 Dutzend Poppers. Nicht, dass wir das alles für unsere Tour brauchten, aber wenn man sich erst mal vorgenommen hat 'ne ernsthafte Drogensammlung anzulegen, dann neigt man dazu, extrem zu werden.«
> (Hunter S. Thompson, *Fear and loathing in Las Vegas*)

Nee. Ich kann und will nicht schreiben wie Hunter S.

Ich bin kein Amerikaner, ich hasse Tabletten und ich war noch nie in Las Vegas. Mein Revier ist der Ruhrpott. Mein Trip dauerte bisher ein halbes Jahrhundert und dauert noch an und ich könnte von Swimmingpools voller Bier erzählen. Nicht mehr und nicht weniger. Wenn ich wollte.

Mein L.A. war in Bochum. Bochum Langendreer. Noch genauer: Langendreer-West. Wo Menschen mit Bierflasche in der Hand häufiger anzutreffen waren, als Kids mit 'nem Handy. Wo du schon morgens in eine Kneipe gehen konntest und am nächsten Morgen wieder rauskamst. Und Isi grinste sich einen, machte dir 'nen Deckel und verdiente sich 'ne goldene Nase und mittlerweile einen stattlichen Bauch.

In L.A. hätte ich alles bekommen können. LSD, Koks, Heroin und eine geladene Knarre: Kein Problem. Angeheuerte Schläger und bestellter Schutz: Ein Wort hätte genügt. Aber ich wollte nur Bier, ab und zu 'nen Joint und ein Stück vom Himmel. Letzteres war selbst in L.A. schwer zu besorgen.

Ich bin gealtert, biologisch und krebsbedingt. Ich lebe schon lange nicht mehr in L.A. Bei meinem letzten Besuch in LA wirkte es langweiliger, aufgeräumter. Die Helden sind gestorben: Der Thüringer ertrank im Suff in der Ruhr und Karlchen wurde tot auf der Bank einer Bushaltestelle gefunden. DIE ZEITEN HABEN SICH GEÄNDERT. Sind nicht besser, aber rauschärmer geworden.

Gonzo? Hunter S. würde heutzutage selbst in Vegas kaum noch seine Tour durchziehen können, oder?

Ich an meinem Schreibtisch. Stauder Pils. Halfzware. Und aus meinen Fingern fließen glorifizierende Erinnerungen. Ich gehöre zu den alten Männern, unsere Geschichten spielen aber nicht mehr in den Schützengräben, sondern an den Pissrinnen der Kneipen. GLAUBT KEINEM ALTEN SCHREIBERLING!

Ich erinnere mich mit Lücken an hysterische Frauen, die die Bahngleise ausprobieren wollten, oder sich einfach beim Nachhausetorkeln auf den Boden legten und nicht mehr weiter wollten.

Ich erinnere mich im Nebel verborgen an Ficks, bei denen beide Partner nicht mehr ganz bei Sinnen waren. Da schäme ich mich manchmal.

Ich erinnere mich nur noch wenig an den Typen, den ich zu Weihnachten in meiner Bude pennen ließ, da er mir leidtat und es schließlich Weihnachten war und ich immer eine Kiste Bier bei mir stehen hatte. Irgendwann brach ich zusammen. Am nächsten Morgen war er weg. Und hatte meine Spüle auseinandergenommen, um das Bier mit dem Saft der Gurkengläser zu mischen und zu filtern, keine Ahnung, was der da veranstaltet hatte. Und auf der Straße lag mein Kaktus, den er in seinem Wahn vom Topfblumendasein erlösen wollte. Und ich musste mir von meinem Freund anhören, dass dieser Typ wohl noch mehr Scheiße angestellt hätte, wenn er ihn nicht aus meiner Bude entfernt hätte, wovon ich in meinem Rauschschlaf nix mitbekommen hatte. Da weiß ich die Einzelheiten nicht mehr.

Hunter S. Thompson wusste Bescheid. Mehr als das.

Gonzo? Ich habe keine Ahnung. Social Beat? Was zur Hölle soll der Scheiß?! Underground? Meinetwegen. Meinetwegen auch Social Beat oder Gonzo. DER MENSCH BRAUCHT SCHUBLADEN. In meiner Schublade schwimmen Tabakkrümel auf Bierlachen. Oder so.

Back to Ruhrpott. Back to Bochum. Return to the Schreibtisch in Essen Kray. BREAK. Damals. Der Fiege-Park nach dem Genuss von Fliegenpilzen. Und die Schwulen und die H-Süchtigen und Berber ließen uns in Ruhe. Überhaupt: Angst hatte ich nur vor Ordnungshütern. Und dem Nazi-Pack. Heute habe ich eh keine Angst mehr. Ich habe sechs Abstiege des VfL Bochum und den Krebs überlebt. LECKT MICH!

Bochum. Das sogenannte Bermuda-Dreieck war schon in meinen jungen Erwachsenenjahren eher 'ne Studi- und Touri-Falle. Nur ganz selten ging ich da verschollen. Aber es gab ja LA. Und das Oblomov. Das Ob mit den Typen am Tresen, die zum Inventar gehörten. Das Ob, mit den KellnerInnen, die wussten, dass ich große Biere bis zum Abwinken wollte. Das Ob, mit der wahnsinnig leckeren Lauchpizza. Mit Speck und Crème Fraîche. Und meistens setzte sich mindestens ein Veganer-Kid dazu und erzählte, dass Fleischverzehr faschistisch sei. Ich liebte das Ob.

Wie wäre Hunter S. Thompson in Bochum klargekommen? Nun. Er hätte mit Sicherheit überlebt. Und er hätte (zumindest in L.A.) alles haben können, was er sich reinpfiff. Er hätte seinen Spaß haben können. Vielleicht wäre es ihm zu wenig Glitzerkram gewesen. Vielleicht hätte er gerade das genossen.

Ich habe es genossen und ich genieße, wenn auch nicht mehr in Kneipen. ICH BRAUCHE KEIN LAS VEGAS – ICH HABE MEINEN SCHREIBTISCH.

Die Drogen habe ich reduziert. Sie werden von mir in vernünftigen therapeutischen Mengen konsumiert. Eigentlich eh nur noch Kaffee, Tabak und Bier. Und selbst bei Bier lege ich immer wieder Pausen ein. Für den anderen Scheiß bin ich zu alt. Und habe keine Kondition mehr und auch nicht die Konstitution. Tabletten? Habe ich keine Ahnung und keinen Bock drauf. Für Koks habe ich kein Geld. Aber ich brauch und will das Zeug auch nicht.

Generell finde ich Drogen wichtig und gut. Bewusstseinsveränderung und im Idealfall -erweiterung kann nicht schaden. Betäubung ist oft sinnvoll. Mein Problem – und das der meisten User – ist die Maßlosigkeit. Biete mir etwas an und ich werde es nehmen. Und wenn es einpfeift, dann will ich mehr. So funktioniere ich. Aber darüber wollte ich ja gar nicht schreiben.

Hunter S. Thompson. Gonzo. Fear and loathing in Bochum.

»Hauptsächlich beschäftigte mich der Gedanke, dass meine seltsamen und nicht zu bändigenden Instinkte mich erledigen könnten, bevor ich überhaupt nur die Chance hatte, reich zu werden.

Egal wie sehr ich all diese Dinge haben wollte, für die ich Geld brauchte, es gab irgendeine teuflische Strömung, die mich in eine andere Richtung trieb – Richtung Anarchie und Armut und Wahnsinn.

Diese schier rasend machende Illusion, dass man ein anständiges Leben führen kann, ohne sich wie ein Judas zu verkaufen.« (Hunter S. Thompson, *The Rum Diary*)

Richtung Anarchie, Armut und Wahnsinn. Auf der Autobahn zur Hölle. Oder in den Himmel. Alles eine Frage des Blickwinkels. Sind wir nicht alle ein bisschen Gonzo? Ich weiß es nicht. Aber ich finde, wir sollten es zumindest sein.

ES TUT GUT, mal auf die Vernunft zu scheißen und sich einfach gehen zu lassen. ES TUT GUT, nicht unabhängig sondern emotional und persönlich über Events und Kram zu berichten. ES IST SCHEISSEGAL, ob eine Platte technisch perfekt ist oder nicht – es ist wichtig, was sie bei mir auslöst. So zum Beispiel.

Thompson berichtete über Rock'n'Roll und seine Freunde Bob Dylan und Keith Richards. Schrieb über die Hells Angels und über Las Vegas. Befreundete sich mit Johnny Depp und schrieb Sportkommentare, in denen er seine Meinung zu dem verfickten amerikanischen System und die Spießer immer wieder treffsicher einstreute. Ließ sich eine Glatze rasieren, damit er seinen konservativen Gegenkandidat bei der Bürgermeisterwahl (oder war es Gouverneur?) einen langhaarigen Hippie nennen konnte. MANCHMAL GLAUBE ICH, THOMPSON WAR DEN DROGEN NICHT GÄNZLICH ABGENEIGT ...

Was würde er wohl heutzutage sagen oder schreiben? Wie würde er zum Beispiel den amerikanischen Grinsekater bezeichnen, der so viele Hoffnungen mit Stiefeln zertreten hat? BREAK.

Letztes Jahr ein Konzert der Toten Hosen (ich gestehe) in meinem Wohnzimmer (Ruhrstadion!). Ein betrunkener Sauerländer blickt mich verwundert an und lallt:

»Ey Alter, was ist denn Dir passiert? Wie siehst Du denn aus?

Was machst Du hier?«
Und ich:
»Das ist Rock'n'Roll. Davon haste keine Ahnung!«
Leben eben.
Hunter wusste Bescheid. Und fand das Leben letztendlich so langweilig, dass er sich siebzehn Jahre nach seinem Fünfzigsten die Kugel gab. BLABLA.
Darauf einen Zug an der Zigarette und einen Schluck Milch. Manchmal muss man auch Klischees brechen. Und Milch ist lecker, solltet ihr mal probieren (kommt auf 'n Katermagen allerdings nicht so gut …).

MARCUS MOHR
Relax – this won't hurt

In jenem Jahr verlebten
Körper und Geist in Köln-Ossendorf
ihre Daseinsberechtigung einen Steinwurf
entfernt vom Knast, doch wenn ich
mich in meiner kühltruhengroßen
und -kalten Hütte so umsah,
dachte ich oft, man hätte mich
in einer Außenstelle der JVA
eingekerkert. Gründe hätt's
dafür gegeben, da könnt
ihr Gift drauf nehmen.
Nun, in jenem Jahr,
in jenem Monat – Februar –, es war
ein Sonntag, da öffnete kalter
Katerschweiß die Poren, ließ
mich schlottern und verzweifeln,
und die weißen Wölkchen,
die meinem Mund entfuhren, ließen
ein Krematorium nicht nur als
Metapher zurück.
Mir ging's so beschissen,
dass ich dachte:
Okay, Kumpel –
das wird's dann wohl
gewesen sein.
Den ganzen Tag lag ich im Bett,
observierte die Decke
und wünschte, sie würde
auf mich einstürzen.
Was sie dann schließlich auch tat,
als mich abends ein Kumpel
anrief und meinte, der Colonel

hätte sich den Mund
verbrannt.
Ich war platt, mundtot,
hätte selbst nicht Scheiße schreien
können, wenn ich sie im Maul
gehabt hätte.
Und dann
hörte und sah ich die
feinen Risse in der Decke,
erste Brocken fielen herab
und ich dachte:
Entspann dich –
es wird nicht wehtun.

Matthias Penzel
Der liebe Doktor und das Vieh

Längst sind wir westlich von Mitternacht, auch die letzte aller Deadlines seit Stunden vorbei, und ich bin schon wieder am Rand von Barstow. In der Affenhitze zum Nirgendwo. Neulich, unter besseren Umständen und mit klarerem Verstand, vielleicht sogar einer Art Einsicht, wurde eine Münze geworfen, um den Kurs zu entscheiden. Wüste Posen oder messerscharfe Analyse, Rhetorik oder Substanz? Beim zweiten Wurf fiel die Münze in den Gully. Dann halt Substanzen.

»Loathing« heißt Ekel. Ekel ist es auch, mehr als Schrecken, der mich jedes Mal erneut durchflutet, wenn ich daran denke, mit welcher Begründung mir ein Thompson-Feature – die Idee war, bei ihm zu Hause durchs Küchenfenster einzusteigen, um gleich zur Sache zu kommen – abgelehnt wurde. Die Begründung, copy + paste aus der Mail:

```
----- Original message -----
From: Rolling Stone
To: Matthias Penzel
Subject: AW: Geld muss her
Date: Mon, 11 Oct 2004 18:17:49 +0200
Ich werd's morgen mal in die Redaktionsrunden
werfen - und alle werden sagen: Geh uns doch
wech mit dem Hippie-Scheiß. Aber schaun mer mal.
```

Jahrzehntealte Bücher waren erstmals auf Deutsch erschienen, doch selbst für die Insider der Outsider war Thompson ein Blatt, das sie nicht einschätzen konnten. Oder verstehen. Was soll's: abgehakt. Statt Ekel und Rechnungen, so alt wie sie langweilig sind, einfach etwas Wahrheit.

Noch vor *Fear and Loathing in Las Vegas*, noch bevor The Duke aufbrach zum Mint 400, einem Motocrossrennen für 250-Kubik-Maschinen in der Wüste, war die Reise vorbereitet worden. Von Jack Kerouac. Mit seinen Überlegungen *Unterwegs*, mit Beschreibungen von Apfelstrudel in Idaho und selbstgemachtem

Schokoladenpudding auf einer Berghütte. Zehn bis fünfzehn Jahre später fuhr der Waffennarr Dr. Hunter S. Thompson mit radikaleren Geschützen auf. Statt Stippvisiten bei Tanten im Hinterland einzulegen, bediente sich sein Alter Ego Raoul Duke alias Doctor Gonzo auf seinem Weg durch das Versprochene Land anderer Hilfsmittel: »Der Kofferraum des Wagens sah aus wie ein mobiles Labor des Rauschgiftdezernats. Wir hatten zwei Beutel Gras, fünfundsiebzig Kügelchen Meskalin, fünf Löschblattbögen extrastarkes Acid, einen Salzstreuer halbvoll mit Kokain und ein ganzes Spektrum vielfarbiger Upper, Downer, Heuler, Lacher ... sowie eine Flasche Tequila, eine Flasche Rum, einen Karton Budweiser, einen halben Liter unverdünnten Äther und zwei Dutzend Knick-und-Riech.«

Thompson kam bei seinem Trip gen Osten zu anderen Resultaten als Kerouac.

Dabei suchten der Ur-Beat-Poet ebenso wie die diversen Stimmen und Vorstellungen Thompsons nach demselben: dem Amerikanischen Traum; zumindest auf einem Level von *Fear and Loathing* ... Auf einem anderen sucht der Ersatz-Erzähler Raoul Duke, der keinen Schritt ohne seinen Anwalt tut, nach immer neuen Kicks. Außer um Dekadenz und ein Leben auf der Überholspur geht es um die Überreste der Hoffnungen Anfang der siebziger Jahre, es geht um die zerschlagenen Träume einer Generation. Right: der Hippie-Generation, der Kinder von Woodstock, der Jünger von Friede, Freude und Magic Mushrooms.

So weit, so semi-bekannt. Hippie-Träume kommen vor, keiner lacht über die so bitterböse enttäuschten Illusionen – und noch weniger weint jemand den Sixties nach, keine Spur von dieser mit Schuhwichse auf Hochglanz polierten Nostalgiescheiße. OK, vielleicht ist das auch nicht so bekannt, weil Thompson nicht torkelt, sondern wie ein Knallfrosch hin- und herspringt zwischen Krachern und Blitzlichtern aber eben auch Eingebungen und Substanz. Einsichten. Es ist eben Lichtjahre entfernt von dem, worum sich die meisten Zeitungs- und Meinungsmacher des Abendlandes bemühen, wenn sie Lesern und sich selbst vorzumachen versuchen, es ginge um Fakten und Objektivität. Und es ist auch kein geschwätziges Aneinanderreihen kleinkarierter

Erlebnisse eines Möchtegern-Maniacs (Hieb verstanden?, Dankeschön). Es hat nichts, absolut nichts mit dem zu tun, was hierzulande avancierte Popschreiber deuten, als ginge es darum, sein eigenes Arschloch hoch und runter zu kriechen.

Vielmehr ist es ein Duell. Es ist die Flucht nach vorne, um der Wahrheit entgegenzutreten. Mit quietschenden Reifen ließ Thompson verbrennenden Gummi hinter sich, mit V8 Zylindern und über 300 PS verschluckte er, was er auf dem Weg vorfand. In dem Tempo geht es weiter, viel weiter, im Zickzack zwischen Fakt und Fiktion, Wahn und Vorstellung, durch die Lobby voller Hotelgäste, bis zu den Knien im Schlamassel, und vorbei an den Köpfe verschlingenden Ungeheuern. Okay?, seid Ihr dabei oder schon über Bord?

Das Motto »When the going gets weird, the weird turn pro« ist dabei das einzige, worauf man sich stützen kann, der Felsen in der Brandung. Die Manieren des vergleichsweise zivilisierten Tom Wolfe, auch die dramatisierte Wirklichkeit von Truman Capote, wischt Thompson dabei genauso rabiat vom Tisch wie alles Zaudern, Zögern oder Zweifeln und holt kurzerhand die Knarre raus, kidnappt den von Wolfe salonfähig gemachten New Journalism, strippt den runter bis auf die Unterhosen – und entführt ihn in neue Galaxien.

Dann schaltet er in den nächsten Gang, lässt die U/min gen 6000 drehen. Einen Absatz weiter gibt es Notizen, Memos von seinem Desk. *Fear and Loathing in Las Vegas* erschien mit Zeichnungen Ralph Steadmans in Rolling Stone 1971, sechs Jahre später auf Deutsch. Und noch bevor der Film kam, lief er. Womit wir fast beim letzten, weniger bekannten Punkt wären. Den Film kann man nicht im Internet ziehen, man kann ihn nur sehen, wenn man die Augen schließt und Kopfhörer aufsetzt, aus denen dann die 1996 veröffentlichte CD leckt und säuselt, stinkt und dröhnt. Einfache CD, kein Audiobook, nicht vorgelesen von der Snychronstimme irgendeines Starschauspielers, sondern als farbiger Breitwand-Audiotrip in Stereophonie. So krass, dass man es so deutlich riecht wie Purple Haze auf LSD.

Kurz noch mal <<REW<<. Wo waren wir? 1971 – der Hangover nach dem Summer of Love wirkt noch nach, Dylan stellt fest, in den Sixties sei es um nicht mehr gegangen als Kleidung, an Vietnam glaubt niemand mehr, Gonzos liebster Feind Nixon ist noch am Drücker, und bei 'Watergate' denkt man höchstens an einen Büro- und Hotelgebäudekomplex in Washington D.C. Und? Und was findet der Godfather of Gonzo auf seiner Suche nach dem Amerikanischen Traum? Statt durch malerische Canyons wie in *Easy Rider* bewegt er sich am Rand des Anti-Drogen-Kongresses, fragt auch beim Drive-in-Taco-Imbiss nach dem Weg zum Amerikanischen Traum ... Nett ist der Trip nicht, eher Horror. Statt Bewusstseinserweiterungen kriegen wir während der Höllenfahrt das wahre Antlitz Amerikas: eine vor Gier und Narzissmus triefende, fette Grimasse. Der Amerikanische Alptraum? Nein, hässlicher, viel hässlicher. Und paranoider.

Ziemlich viel, viel Stoff für so ein vergleichsweise arsch-tight arrangiertes Büchlein. Und dann die ganzen Extras zwischen Beverly Hills und dem Circus Circus-Casino in Las Vegas, dem Autoverleih in L.A. und den Lobbys diverser Hotels, die Hyänen und Aasgeier in Lifts und Taco-Imbissen, sie alle laden mit ihren Träumen und individuellen Akzenten und Dialekten geradezu ein, das Ding zu verfilmen. Ja, und das also müssen sich ein paar erlesene Filmemacher und Schauspieler gedacht haben, als sie sich mit dem Country-Hit-Sänger und Gelegenheits-Romancier Jimmy Buffett zusammentaten, um die High-Speed-Novella ... nicht auf Zelluloid, sondern auf CD zu bannen. Das Ergebnis ist ein Movie, bei dem einem immer wieder die Schädeldecke wegklappt, so sehr muss man lachen, staunen – und merken, wie einem die Lichter ausgehen. Dass die Entlassungspapiere, die Hunter den Sixties reicht, auf CD zu einem Film werden, ist das Verdienst aller Beteiligten, als da wären: der Ami, den die Amis für einen Europäer halten (Jim Jarmusch), ein Außenseiter von Berufs wegen (Harry Dean Stanton), 'Working Girl' Joan Cusack und etliche andere. Dann wäre da noch der Sound von Schlangenmäulern und dem Tranchiermesser des Anwalts im Bad, auch von einarmigen Banditen und Rolling Stones' *Sympathy For The Devil*.

Raoul Duke hinterlässt in Hotels mehrstellige Rechnungen für room-service, und Gonzo rechnet ab; mit den nach Indien pilgernden Hippies, mit den Acid-Freaks, die glaubten, Frieden und Verständnis mit Drogen, »three bucks a hit«, kaufen zu können, mit Amerika sowieso. Im Buch noch etwas abgefedert, werden auf der CD auch die £$D-Versprechungen des selbsternannten Drogen-Papstes Timothy Leary zerlegt – und zwar klipp und klar. Die Sprache, derer sich Thompson dabei bedient, der Weg, den er einschlägt, stellt sicher, dass er auch heute nicht in Schulbüchern studiert oder von 'Say No To Drugs'-Aposteln gefeiert wird; und dass das auch in fünfzig Jahren nicht passieren wird.

Was bleibt, ist die Weisheit, die Vision und der präzise abgefeuerte Humor von Hunter Thompsons Schreibe. Ein Sargdeckel, wie der, mit dem *Fear and Loathing ...* die Sechziger abschließt, fehlt den Achtzigern bis heute.

---

* Die CD Fear and Loathing in Las Vegas by Hunter S. Thompson ist bei Margaritaville Records (524 309-2) erschienen.

Florian Günther
Gespannte Ruhe

Als sich Stifter die
Kehle durchschnitt, musste er noch
drei Tage ausharren, ehe
es ihn ereilte.

Als Fallada
mit dieser Rothaarigen
anbändelte, dachte
er, dies wäre der Beginn
einer wunderbaren Liebe, dabei
war es nur
der Anfang vom Ende.

Als der alte Jäger
in den kalten Lauf seiner
Schrotflinte
biss, hatte er Jahrzehnte
hinter sich, in denen er nichts
anderes getan hatte, als einen Schriftsteller
namens Hemingway
zu mimen.

Als Scott Fitzgerald
auf den Boden
seiner letzten Flasche sank, war
er so unbekannt wie ich.

Der Tod ist
unberechenbar und
launisch. Und vielleicht steht
er ja schon im Flur,
während ich hier meine
Sachen tippe.

Doch irgendetwas
hält ihn noch zurück.

... which is only fun for amateurs

Mara Braun & Alexander Pfeiffer
gONZo loves you

»Maybe there is no heaven. Or maybe this is all pure gibberish – a product of the demented imagination of a lazy drunken hillbilly with a heart full of hate – who has found a way to live out where the real winds blow, to sleep late, have fun, get wild, drink whisky, and drive fast on empty streets with nothing in mind except falling in love and not getting arrested. Res ipsa loquitur. Let the good times roll.«
(Hunter S. Thompson – Generation of Swine)

»Liebe ist die einzige Revolution.«
(Krishnamurti)

Das Faszinierende am Whisky war die Geschwindigkeit, mit der er sich alles unterwarf. Das schwere, bauchige Glas aus dem Nachlass ihres Großvaters lediglich fingerbreit betankt mit billigem Fusel aus dem Discounter und bis unter den Rand aufgefüllt mit Wasser, das sie – wie üblich – nicht rechtzeitig gekühlt hatte, da ihr derlei Dinge nicht im Gedächtnis blieben.

Eine seltsame Mischung, dieser miese Stoff, vermengt mit lauwarmer Flüssigkeit; abstoßend, eigentlich. Doch in der Frühsommerwärme war es ein angenehmes sich Einlullen und Tragenlassen unter den schützenden Schwingen der Prozente, die sie mit Macht vereinnahmten und dabei doch eine friedliche Behaglichkeit verströmten; surreal.

Jeder Schritt, den sie aus der Schwüle des Balkons zurück in die Wohnung setzte, klang wie durch Watte an ihre Ohren. Ihr Gleichgewichtssinn nahm seinen Hut, während sie nach dem Schlüssel griff, entschlossen, die Hitze dieses Junitages und das Chaos der Whiskygedanken im nächstgelegenen Schwimmbecken in Einklang zu bringen. Der Fahrtwind griff nach ihrem Haar wie ein Liebhaber, als sie durch die Stadt brauste.

Es war nicht der Fusel allein, es waren auch die Pillen. Mit einer Historie von Knieschmerzen, die, einst vom Leistungssport wachgeküsst, längst der Vergangenheit angehörten, hatte sie das

Fälschen von Rezepten perfektioniert. Schmerztabletten gingen über die Theke der Pharmazie wie süße Bonbons beim Fastnachtszug – wenn man sich einmal darauf einlässt, eine ernsthafte Drogen-Sammlung anzulegen, neigt man eben dazu, extrem zu werden.

Diese absolute Stille im Körper, wenn die anregenden Prozente dort auf die abregenden Medikamente treffen, die Irritation der Systeme um sich greift. Die Leber ist ein wunderschönes Organ, das es zu schützen gilt. Und der Geist schreit auch im Delirium noch nach Nahrung. War da nicht für den heutigen Tag ein Termin im Kalender vermerkt, die vage Chance darauf, Unterhaltungen zu führen die anregten, statt zu langweilen, vielleicht ein Buffet – und mehr Alkohol, bevor der Blutpegel absank?

Sie erkannte den Geruch sofort, der ihr entgegenschlug, als sie in die schmale Gasse bog, an deren Ende sich der Laden befand: Erbrochenes. Nicht der Gestank von muffig, moderigem Auswurf, der eine Krankheit der Gedärme begleitet, sondern die beinah heitere, traubensüße Kotze der Ausgelassenen, deren Odeur die ersten Höhepunkte der wilden Eröffnungsfeier verkündete. Die Sonne, der Whisky und das nasse Bikinihöschen unter dem hellen Kleid ließen ihren Körper kribbeln. Sie erreichte die Küche durch ein Gedränge fremder Leiber, auf die der ihre nicht reagierte, kniete vor dem Kühlschrank nieder und griff nach einer eiskalten Flasche Bier, als plötzlich eine Stimme hinter ihr bat: »Gibst du mir auch eins?«

Die Hand, mit der sie ihm die Flasche reichte, machte etwas mit seinem Körper. Nicht wirklich. Nicht direkt. Es war mehr so, als würden unsichtbare Blitze von den langen, schlanken Fingern ausstrahlen, die irgendwo in seinem Hirn einschlugen. Oder waren das nur die Kopfschmerzen, die er von der Arbeit am Schreibtisch mit hierher gebracht hatte?

»Auf die Freuden einer irritierten Wahrnehmung!« Sie knallte ihre Flasche scheppernd gegen seine.

Er bemerkte den feuchten Fleck vorn auf ihrem Kleid. Ziemlich genau dort, wo ihre Schenkel sich treffen mussten. Dass die aufkommenden Bilder *seiner* irritierten Wahrnehmung nur eine

Vorschau auf die Ereignisse der kommenden Stunden waren, konnte er nicht ahnen. Also schwemmte er sie mit einem Schluck aus der Flasche davon. Und ließ seinen Blick durch die Küche schweifen. Auf der Suche nach anderen Bildern. Durch die Tür nach nebenan, wo ein Sortiment an Wohnzimmermöbeln, die wohl irgendwer hatte loswerden wollen, von neuzeitlichen Hippies im Gewand von Freibadgästen belagert wurde. Dazwischen wacklige Bücherregale. Bierflaschen, Kaffeetassen und Aschenbecher. Ganz vorne im Schaufenster eine mechanische Schreibmaschine, an deren Metallbügel ein grünes Visier-Schild hing, wie es die Black Jack-Dealer früher mal in den Casinos von Las Vegas getragen hatten. Fear and Loathing im Mainzer Bleichenviertel. Ein Tribut an den Namenspatron des Ladens, dessen Eröffnung hier gefeiert wurde.

Wieder klirrte ihre Flasche gegen seine. »Sag mal, hat's dir die Sprache verschlagen?«

Er schüttelte sich. »Ich fürchte, ich hab ihr heute einfach schon zu viel abverlangt.«

»Wem?«

»Na, der Sprache.«

»Bist du'n Komiker? Wie heißt du denn?«

»Raoul Duke.«

»Klar. Und ich bin Doktor Gonzo.« Sie lachte. »Was treibt dich hierher? Mal abgesehen davon, dass du anscheinend was für Hunter S. Thompson übrig hast.«

Wie groß diese Frau war. Fast so groß wie er. Ihr vorgerecktes Kinn schien sich in seinen Kehlkopf bohren zu wollen.

»Ich hab auch was für Hadayatullah Hübsch übrig«, sagte er.

»Was für'n Ayatollah?«

»Hadayatullah. Ein deutscher Beat-Dichter. War in den 90ern so was wie eine literarische Vaterfigur für mich und einige andere, die damals gerade erst anfingen zu schreiben und zu publizieren. Hat im Sommer 1968 für ein paar Monate in Frankfurt den ersten Hippie-Headshop Deutschlands betrieben. Den *Heidi-loves-you-Shop*. Ich schätze, deshalb heißt der Laden hier *gONZo loves you*.«

»Du bist Schriftsteller?«

»Ich kann jedenfalls sonst keinen Beruf vorweisen. Leider.«
»Wieso leider?«
»Weil ich mich sonst nicht mit dieser Geschichte rumschlagen müsste, an der ich gerade arbeite.« Er rieb seine Schläfen mit der gespreizten Hand. »Ich hatte zugesagt, einen Kurzkrimi für eine Anthologie zu liefern. Mit einem Schauplatz irgendwo in der Eifel. Und wo schicken die mich hin zum Recherchieren? In einen Tierpark! Ein Wildgehege voller Greifvögel und Rotwild. Und das mir als eingefleischtem Asphaltlöwen. Soll ich jetzt vielleicht einen Rothirsch zum Mörder machen?«

»Vielleicht versuchst du's doch mal als Komiker?«, lachte sie.

Er schüttelte den Kopf. »Blöderweise hängt an diesem Auftrag ein Honorar, auf das ich nicht verzichten kann.«

»Ist doch nicht schlecht, wenn man solche Aufträge bekommt.«

Beim Sprechen benutzte sie ihre Hände, als seien es feine Pinsel, mit denen sie ein Gemälde in der Luft hinterlassen wollte. Es waren schmale Hände, lang und aristokratisch, die so gar nicht zu ihrer lauten Fassade passen wollten.

»Na ja«, murmelte er, den Blick auf dem Boden zwischen ihren Füßen. »Du weißt ja wahrscheinlich, was Hunter S. Thompson gesagt hat: *Mit dem Schreiben ist es wie mit dem Ficken. Es macht nur den Amateuren Spaß.* Wenn man's für Kohle macht, wird's schnell zur Quälerei. Bei dieser Geschichte habe ich das Gefühl, sie sprengt meinen Schädel.«

»Kopfschmerzen?«

Er nickte, und sie fing an, in ihrer Handtasche zu kramen. Mit diesen Händen, von denen er seinen Blick nicht lösen konnte.

»Als deine Anwältin rate ich dir, eine von denen zu nehmen. Oder besser gleich zwei.«

Er schaute auf die glänzenden Kapseln in ihrer Hand. Dann auf die Flasche in seiner.

»Kann man die auch mit Bier einnehmen?«

»Besser kommen sie mit Whisky.«

Sie tippte der gerade vorbeischwirrenden Ladeninhaberin auf die Schulter. Wandt ihr die Flasche aus der Hand. »Scotch« stand auf dem Label. Dazu ein Name, den kein schottischer Whiskybrenner je gehört hatte.

Er zuckte die Schultern und überantwortete das alles seinem Körper. Die Kapseln. Diese faule Ausrede für etwas, wofür wohlmeinende Geister einst strenge Destillierverfahren und Lagerzeiten ersonnen hatten. Dann musste er schnell nach draußen. An die frische Luft. Vorbei an den ausrangierten Wohnzimmermöbeln. An den Bücherregalen, den Bierflaschen, den Kaffeetassen und Aschenbechern. An den neuzeitlichen Hippies, die selbst den Bürgersteig vor dem Laden bevölkerten, als sei er ein Freibad.

Plötzlich war ein schreckliches Getöse um ihn herum, und der Himmel war voller Viecher, die aussahen wie riesige Fledermäuse, und sie alle stürzten herab auf ihn, kreischend, wie ein Kamikaze-Angriff. Und eine Stimme schrie: »Heiliger Jesus! Was sind das für gottverdammte Biester?«

Dann war es wieder still. Er verspürte den Drang, zu gehen. Nach Hause. Zu seinem Schreibtisch. Zu Rotwild und Greifvögeln. Wie schlimm konnten die schon sein, verglichen mit dem hier?

»Weswegen schreist du so rum, zum Teufel?«

Ihre Stimme kam vom linken Rand seiner irritierten Wahrnehmung. Dann folgten die Bilder. Ihr Kinn zuerst. Dann diese Hände.

»Was hast du mir da gegeben? Mir hebt sich die Schädeldecke, verdammt.«

Sie schaute in ihre Handtasche. »Uups. Sieht so aus, als hätte ich da was verwechselt. Als deine Anwältin rate ich dir, dich auf ein paar Stunden gesteigerter Reizempfindung einzustellen.«

Er machte große Augen, drückte mit den Fingern an der Stirn herum, als wollte er sein Hirn wieder an den rechten Platz schieben.

»Du wirst eine ganze Menge Rechtsberatung brauchen, bevor diese Sache durchgestanden ist«, sagte sie. »Und mein erster Rat ist, dass du in einen schnellen Wagen steigst und durch die Stadt braust.« Sie grinste. »Natürlich kannst du in deinem Zustand nicht fahren.«

Es war ihr egal, dass sie in *ihrem* Zustand auch hinter kein Steuer gehörte. Die Mischung aus Bier, Whisky und dem Benzodiazepin der Pillen war in ihrer Wirkung ohnehin zurückgetreten hinter das, was der Typ in ihrem Körper auslöste – so jedenfalls würde die feuchte Stelle zwischen ihren Schenkeln nicht verschwinden. Es waren seine Augen. Als sie ihm das kühle Bier in die Hand gedrückt hatte, waren sie noch hinter einer Pornosonnenbrille versteckt; die war das erste, was sie an ihm wahrnahm. Dann seine Stimme und wie angenehm er redete. Er war kaum grösser als sie, doch die Art, wie er seine dunklen Haare streng zurück gelte, schenkte ihm ein paar Zentimeter. Er wirkte müde und angeschlagen, war aber dennoch sehr präsent; diese Mischung weckte ihre Neugierde.

»Also?«

Sie tauchte aus ihren Gedanken auf wie aus einem langen Schlaf; so ganz war ihr Bewusstsein wohl doch noch nicht durch mit den Benzos ...

»Was?«

»Ob das ein Angebot war, wollte ich wissen.« Er wirkte ein wenig belustigt.

»Auf jeden Fall«, entgegnete sie grinsend. »Die Frage ist nur: wofür?«

»Das würde ich gerne herausfinden«, sagte er, nun ebenfalls grinsend.

Ihr Auto stand in Sichtweite des Ladens, in dessen Inneren sie in ihrem Rücken noch immer ein Gewusel wahrnahm, das ihr fast hysterisch erschien. Kein Wunder, dass er irgendwelche gottverdammten Biester sah, sofern das nicht ohnehin nur seine Beschreibung für all diese schnatternden Hippies war. Sie spürte, wie sie für einen Moment aus der Szenerie fiel, als spiele sich all das auf einem Tablett ab und sie sei von dessen Rand gestürzt. Sie erinnerte die Ruhe ihres Balkons in der Nachmittagssonne und fühlte sich verkatert, nicht vom Alkohol sondern vor Heimweh. Dann dachte sie an seine Augen, in die sie völlig unvermittelt geschaut hatte, als sie ihm die Pillen in die Hand drückte – wohin hatte er die Sonnenbrille so schnell verschwinden lassen? Sie musterte ihn unauffällig von der Seite, wie er so neben ihr herlief, kostete heimlich ein wenig von seinem Duft und stellte zu ihrer eigenen Überraschung fest, sie wollte die Veranstaltung nicht ohne ihn verlassen.

»Das ist meiner.« Sie deutete auf das verschrammte, kleine Auto mit dem offenen Dach und er stieg ein, ohne die Tür zu öffnen.

»Sagtest du nicht was von einem *schnellen* Wagen?«

»Der Kleine wird dich überraschen.« Sie glitt auf den Fahrersitz, beugte sich zu ihm hinüber und flüsterte, ein wenig atemlos: »Fahr langsam los, wir wollen keine Aufmerksamkeit erregen.« Er griff nach einem nicht vorhandenen Lenkrad, hielt in der Bewegung inne, stutzte und schaute sie irritiert an.

Sie schüttelte sich vor Lachen. »Okay, das war gemein. Ich wollte nur mal schauen, ob das Phencyclidin noch wirkt, das ich dir versehentlich verpasst habe.«

»Scheint, als wäre nicht unbedingt ich der Komiker von uns beiden.«

»Ich habe meine Momente.«

»Und wo hast du das Zeug her?«

»Eine gute Journalistin offenbart niemals ihre Quellen.«

»Du bist Journalistin?«

»Schuldig im Sinne der Anklage.«

»Wieso Anklage?«

»Ich glaube, ein geringeres Ansehen *genießen* nur Anwälte und Verkehrspolizisten. Und so richtig spaßig ist es auch nicht, wenn eine Entlassungswelle nach der nächsten durch deine Branche rollt.«

»Also zu viel Ärger und zu wenig Gonzo?«

»So ungefähr, aber da geht's mir wie dir: Ich kann nichts anderes. Ich wollte immer nur schreiben – das habe ich jetzt eben davon.«

Sie hielt das Lenkrad locker mit nur einer Hand, fummelte mit der anderen in dem schmalen Innenfach der Autotür herum und hielt ihm schließlich eine CD hin. »Kannst du die mal einlegen?«

Er musterte die Hülle: Steve Earle – The Revolution Starts Now. »Interessante Wahl.«

»Ich habe eine Schwäche für so was, seit ich ein Jahr in den Südstaaten gelebt habe.«

Kurz fragte sie sich, was er wohl von einem Mädchen hielt, das noch nie etwas von seiner literarischen Vaterfigur gehört hatte, obskure Medikamente mit sich herum trug und einen Hang zu

Country hatte, aber schob den Gedanken entschieden beiseite. Dass just dies die eine Steve Earle Platte war, die seiner Sammlung noch fehlte, konnte sie nicht ahnen. Sie trat aufs Gaspedal und lachte dabei auf.

»Behältst du deine komischen Momente jetzt für dich und lachst alleine darüber?«, fragte er.

Sie sah ihn unverwandt an und hielt den offenen Blick aus seinen Augen, ohne an die Straße vor sich zu denken. »Mir fiel nur gerade ein, dass so ein durchgetretenes Pedal in mittelmäßigen Texten gerne mit *beherzt* beschrieben wird, also im Sinne von *beherzt durchgetreten*, weißt du, wie ich meine?«

»Ich frage mich gerade eher, ob du deine eigene Geschichte im Kopf mitschreibst, während sie passiert, oder wie kommst du auf so was?«

»Keine Ahnung, aber weißt du, was mir gerade einfällt?«

»Was?«

Sie bog abrupt in einen kleinen Feldweg ein, kam dort ebenso abrupt zum Stehen und schaute ihn an, plötzlich wieder ein wenig atemlos: »Es gibt ganz andere Dinge, denen ich mich gerne beherzt zuwenden würde.«

Er hielt ihrem Blick stand. »Worauf wollen Sie hinaus, Doktor?«

Ihre Wangen brannten. Sie spürte, wie ihr Pulsschlag die Haut an ihrem Handgelenk zum Hüpfen brachte, war überrascht von der intuitiven Gewissheit dessen, was sie wollte und erregt davon, dass sie es wagte, dieser Intuition zu folgen. Diese Augen!

»Ich möchte einen kleinen Kuss von dir, bevor du weiterfährst.«

»Ich glaube, wir hatten geklärt, dass *du* am Steuer sitzt. Und wir dürfen hier nicht halten. Wir sind im Fledermaus-Land. Außerdem fallen Sie gerade aus ihrer Rolle, Officer.«

»Zu einem guten Rollenspiel gehört eben auch Improvisation«, entgegnete sie. »Und du musst das Steuer jetzt übernehmen, damit ich die Hand frei habe.« Wie selbstverständlich glitt sie damit zwischen seine Beine. »Verdammter Mist, wo hast du denn dieses Riesending her?«

Die Hand, mit der sie seine schnell wachsende Erektion durch den Hosenstoff begutachtete, machte etwas mit seinem Körper.

Nicht nur da unten. Es war, als würden unsichtbare Blitze von den langen, schlanken Fingern ausstrahlen, die sich einen Weg durch seine Nervenstränge bahnten und dabei ordentlich Fahrt aufnahmen, um schließlich mit voller Kraft in seinem Hirn einzuschlagen. Oder waren das nur die Chemikalien in seinem Blut? Phencyclidin. PCP. Er hatte mal gehört, dass sie das Rennpferden verabreichten. Das waren die, die dann mit Schaum vor dem Maul durchs Ziel gingen.

Sie öffnete jetzt vorsichtig seinen Reißverschluss, verschaffte dem Riesending da unten etwas mehr Platz und schien herausfinden zu wollen, wie viel größer sie es noch machen konnte.

»Gehört das auch noch zur Rechtsberatung?«, keuchte er gegen das Rasseln ihrer Armreifen an, das die Prozedur aufgeregt kommentierte.

»*Das* ist reiner Gonzo-Journalismus: Tu's *sofort*! Wir wären doch bescheuert, wenn wir uns nicht auf diesen komischen Torpedo setzen und bis zum Ziel mitfahren.«

»Was Torpedos angeht: Ich hätte da mittlerweile einen, auf den du dich setzen kannst.«

»Okay, ab jetzt ist deiner der Fahrersitz. You drive and I ride, wie man in den Südstaaten sagt.«

Ein endgültig durchnässtes Bikinihöschen flog aus dem Auto hinaus, während Steve Earle lauthals kommentierte: »Just follow your heart, the revolution starts now.« Sie nutzte das bisschen Platz, das der Wagen bot, optimal aus. Schlang ihre langen Beine um seinen Oberkörper wie eine Spinne um ihr Opfer. Nahm das PCP-gesteuerte Rennpferd zwischen die Schenkel und gab ihm die Sporen.

Er gab sich Mühe, die Spur zu halten. Variierte das Tempo und baute hier und da ein paar abrupte Schlenker ein, auf die sie mit scharf eingezogenem Atem oder lautem Stöhnen reagierte. Mit dem Ficken war es tatsächlich wie mit dem Schreiben. Wenn man erst mal seinen Rhythmus gefunden hatte, wollte man gar nicht mehr aufhören damit.

Er genoss die Freuden einer gesteigerten Reizempfindung in vollen Zügen. Keinen Zweck, die Fledermäuse zu erwähnen, die in schwarzen Schwärmen um das Auto schwirrten. Sie würde sie bald genug selbst sehen. Wahnsinn in jeder Himmelsrichtung. Sie ritten auf dem Kamm einer hohen und wunderschönen Welle. Alles, was sie taten, war *richtig*.

Von Zeit zu Zeit, sagte er sich, wenn das Leben kompliziert wird und die Rothirsche und Greifvögel dich einkreisen, dann gibt es nur eine Rettung: sich mit verruchten Chemikalien vollpumpen und wie ein toller Hund mit einer ebenso tollen Hündin paaren. Stand das nicht auch irgendwo bei Hunter S. Thompson? Oder jedenfalls so ähnlich?

Und verdammt, schrieb nicht auch er permanent seine eigene Geschichte im Kopf mit, während sie passierte? Ob Journalistin oder Schriftsteller, es ging letztlich immer nur um eins: Man musste *mit der Story rüberkommen*.

»Was gibt's denn jetzt zu lachen, du Komiker?« Sie krallte sich in seine Haare, als wollte sie ihn in die Spur zurückbringen.

»Mir fiel nur grade auf, dass meine Story deiner ganz ähnlich zu sein scheint … Geschichte, meine ich. Also meine. Beziehungsweise deine … Unsere?«

»Als deine Anwältin rate ich dir, fürs Erste beim Gonzo-Journalismus zu bleiben und den Torpedo ins Ziel zu bringen.«

»Okay, Officer.«

Er zog das Tempo wieder an, strich das *beherzt durchgetretene Gaspedal* aus der Geschichte in seinem Kopf und ersetzte es durch einen *komischen Torpedo*, der durchs Fledermaus-Land jagte. Und kam doch lange nach ihr durchs Ziel. Wenn auch ohne Schaum vor dem Maul.

»Was war das mit den Fledermäusen?«, wollte sie wissen.

»Fledermäuse?«

»Du hast was geschrien. Irgendwas mit Fledermäusen. Als du gekommen bist.«

Er reckte den Kopf, versuchte die Bilder seiner irritierten Wahrnehmung scharf zu stellen. Sie auf die schwarzen Schwärme über dem Auto zu fokussieren.

»Das sind Mücken.« Sie lachte. »Von meinem Blut dürften die in der letzten halben Stunde etwa 'nen Liter abbekommen haben.«

»Na, hoffentlich kommen sie mit den Freuden einer irritierten Wahrnehmung klar.«

»Vielleicht versuchst du's besser doch nicht als Komiker«, entschied sie. »Deine Talente liegen eindeutig woanders.« Sie hob ihre Haare im Nacken an, schüttelte sich und fächelte sich Luft zu. »Ingesamt muss ich wahrscheinlich so etwa zwei Liter nachfüllen.«

»Benzin?«

»Körperflüssigkeit, 40% abv.«

»Häh?«

»Alcohol by volume. Bevorzugt aus destillierter Getreidemaische. Jetzt im Moment dürfte es aber auch was Leichteres sein. Ich weiß einen günstigen Späti hier in der Nähe.«

»Was ist denn ein Späti?«

»Na, ein Nachtkiosk, 'ne Bude, wo man auch nach zehn noch ein Bier kriegt.«

»Man kann in Mainz nach zehn noch ein Bier kriegen?«

»Vielleicht versuchst du's doch als Komiker. Fürs Erste besorge ich uns was zu trinken. I drive and you ride. Kannst du die CD noch mal anmachen?«

Er drückte auf den Play-Knopf und lachte dabei auf. »Das ist genau die eine Steve Earle Platte, die meiner Sammlung noch fehlt.«

»Als deine Anwältin rate ich dir, dir bei Gelegenheit eine nichtkommerzielle Privatkopie von mir brennen zu lassen. Komplett urheberrechtskompatibel und kostenfrei.« Sie grinste. »Natürlich müssten wir uns dazu wiedersehen.«

Ihre Gedanken wanderten auf der Suche nach dem Bikinihöschen durchs Auto, während sie zurück auf den Fahrersitz glitt. Egal, dann war das eben der Anlass, um sich mal wieder einen neuen dieser kleinen Zweiteiler zuzulegen, dieser dürfte inzwischen fast so alt sein wie ihre verbeulte Rennkiste. Deren Gaspedal trat sie nun im Rückwärtsgang durch, wirbelte mit einer Hand am Lenkrad, zog sich mit der anderen das Kleid ein Stückchen die Beine hinunter und griff dann nach dem Schalthebel, um in den ersten Gang zu wechseln. Sie musste schon wieder grinsen.

»Worüber amüsieren Sie sich, Officer?«, klang seine Stimme in ihre Gedanken.

Sie fuhr über den Knauf der Schaltung. »Auch 'ne ziemliche Stange, aber mit Ihrer in Pracht und Größe nicht zu vergleichen.« Sie bewegte ihre Hand in Richtung seines Schritts, überlegte es sich unterwegs aber anders, strich ihm stattdessen damit übers Knie und ließ sie dann auf seinem Oberschenkel. So legten sie den Weg zum Späti zurück, während Steve Earle zärtlich gestand: »I won't tell you I don't need you tonight. I won't pretend I ain't burnin' inside.«

In der kleinen Bude am Ende einer Seitenstraße brannte noch Licht, das neonfarbene *Open*-Schild aber war bereits erloschen.

»Und jetzt?«

»Warte hier, ich kriege noch was.«

Mit diesem Versprechen ließ sie ihn alleine im Wagen zurück und überquerte mit schnellen Schritten die Straße. Vorsichtig bog sie ihren Arm durchs schmiedeeiserne Gitter und klopfte zart gegen das dahinter liegende Fenster. Der Inhaber schaute von der Kasse auf. Er winkte lächelnd, als er sie erkannte, deutete mit der Hand auf die Uhr hinter der Theke und zuckte entschuldigend mit den Schultern. Sie erwiderte sein Schulterzucken bedauernd, aber als sie bereits zum Auto zurücklaufen wollte, hörte sie doch das vertraute Geräusch, mit dem das Tor zum Laden aufschwang. Minuten später war es ihre eigene Autoscheibe, gegen die sie leicht mit dem Finger klopfte, einen Sixer unterm Arm.

Er schaute sie an. »Soll ich was nehmen?«

»Nee, aussteigen. Von hier aus können wir laufen.«

»Bringst du mich denn nicht noch heim?«, fragte er, und für einen Moment war sie unsicher, ob er das vielleicht sogar ernst meinte.

»Nein, wir gehen zu mir. Bier trinken und weitervögeln«, entgegnete sie ruhig und dann, mit einem Lachen: »Habe ich das gesagt – oder nur gedacht? Habe ich gesprochen?«

Er stieg aus und drückte sie mit seinem Körper gegen den kühlen Wagen. Trotz ihres geringen Größenunterschiedes schien es ihr, als beuge er sich weit herunter, als er ihr Gesicht in seine Hände nahm, um sie zu küssen.

»Dann lass uns die Revolution anzetteln«, flüsterte er zwischen zwei Zungenschlägen.

»Freut mich, dass du kein Problem damit hast, weiblichen Befehlen zu folgen«, erwiderte sie ein wenig atemlos und biss ihm in die Unterlippe.

»Im Gegenteil. Ich gebe keine zwei Cent für eine Frau ohne Temperament.«

Auf dem Weg zu ihrer Wohnung griff sie nach seiner Hand. Seine Haut fühlte sich warm und weich an unter ihren Fingern und sie hätte ihn am liebsten direkt hier und jetzt wieder aus den Klamotten geholt, oder vielmehr: endlich. Denn besonders viel hatten sie einander vorhin im Auto nicht ausgezogen.

»Komisch, dass man sich selbst *auf* die Lippe beißt, einem anderen aber *in* die Lippe, oder?«

Er sah sie erstaunt an. »Wie kommst du denn darauf?«

Sie zuckte die Schultern und fühlte sich ertappt. »Die Geschichte im Kopf mitschreiben, du weißt schon.«

Es war im Grunde viel mehr als das: Parallel zur tatsächlichen Geschichte kommentierten ihre Gedanken verschiedene »The Road not taken«-Versionen. Ruhe herrschte da oben eigentlich nur mit Alkohol und Pillen – oder beim Sex.

Er drückte ihre Hand: »Also, wenn du magst?«

Obwohl sie nicht wusste, was er gesagt hatte, nickte sie lächelnd, dessen gewiss, dass sie beide von der weiteren Nacht – der weiteren Geschichte? – dasselbe wollten.

In ihrer Wohnung verschwand sie in der kleinen Küche, um das Bier im Kühlschrank zu verstauen. Mit zwei der kühlen, grünen Flaschen kam sie zu ihm zurück in den Flur.

»Hast du eigentlich Hunger?«

»Ein bisschen. Die Freuden einer irritierten Wahrnehmung können schlauchen.«

»Ich kann mich gerade nicht entscheiden, ob ich uns gleich was kochen oder dich erst noch mal vernaschen soll.«

»Vielleicht kann ich bei der Entscheidung ja behilflich sein.«

Wieder drängte sich sein Körper gegen ihren und dabei schaute er sie auf eine Weise an, die unter jedem Quadratmillimeter ihrer Haut zu vibrieren schien.

»Tatsächlich?«

Sie ließ sich gegen den Türrahmen fallen und hielt sich über dem Kopf mit den Händen daran fest. Er biss in ihren auffordernd freigelegten Hals und begann gleichzeitig, mit seinem Finger an ihrer nackten Möse unter dem Kleid zu spielen – aber nur kurz. Dann versenkte er ihn in ihrer feuchten, engen Spalte. Mit einem Aufseufzen schob sie sich ihm entgegen.

Er wankte leicht, als ihr Körper gegen seinen federte. Sie öffnete seinen Gürtel, dann die Hose, umgriff mit den Fingern seinen harten Ständer und küsste ihn dabei auf den Mund. Ohne seinen Finger aus ihrer Möse zu lassen, bewegte sie sich rückwärts zu einem Barhocker, seine Hose trudelte dem Boden entgegen, während er ihr folgte.

Sie sah ihn an, als sie seinen Schwanz weiter wachsen ließ. Er erwiderte ihren Blick, schaute sie an, während seine Finger in ihr kreisten, und das erregte sie mehr als alles andere. Als sie sich auf den Barhocker schob, glitten seine Finger aus ihr heraus. Sie umfasste seine Eier und dirigierte den Schwanz dahin, wo sie ihn haben wollte. Etwas flackerte in seinen Augen, als er in ihrer Möse verschwand, sie sich über ihn stülpte. Sie umschlang ihn mit ihren Beinen, zog ihn noch enger zu sich und überließ sich nun seinem Rhythmus. Sie ritten auf dem Kamm einer hohen und wunderschönen Welle. Noch einmal. Und noch während sie sich verwundert fragte, was für ein Geräusch sie da hörte, wurde ihr bewusst, dass es ihre eigenen Schreie waren, in die er schließlich mit einem einzigen, lauten Aufschrei einstimmte.

Die Hand, mit der sie über seine verschwitzte Brust wischte, machte etwas mit seinem Körper. Nicht mehr blitzartig jetzt. Es war mehr wie der Donner, der auf den Blitz folgt. Er hallte durch seine Nervenstränge, rieselte seine Haut hinab bis zu den Fußzehen und fügte in die Geschichte in seinem Kopf eine komplett leere Seite ein. War das möglich? Mit der Weiterschreibung, zumindest für einen Moment, auszusetzen?

»Hast du jetzt Hunger?«, klang ihre Stimme in seine Gedanken. »Ich glaube, bei mir haben die Freuden einer irritierten Wahrnehmung mittlerweile sämtliche Kalorien verbraucht, die ich im Laufe der letzten Woche zu mir genommen habe.«

»Nimmst du denn noch was anderes zu dir als destillierte Getreidemaische und bunte Pillen?«

»Hin und wieder. Wenn der Motor ins Stottern kommt. Als deine Anwältin rate ich dir, dasselbe zu tun. Und zwar jetzt.«

»Ist das ein Angebot?«

»Na klar. Und wenn du dich fragst, wofür: I cook and you eat. Wie man in meiner Küche sagt.«

»Soll ich was helfen?«

»Ja, du könntest mal eben deinen Schwanz aus mir raus nehmen und mich aufstehen lassen.«

»Oh, sorry.« Er zog sich mit einem schmatzenden Geräusch aus ihr zurück.

Sie fuhr über das dicke Ende seiner weiterhin stabilen Erektion und sah ihn an. »Unglaublich, dass diese Stange immer noch steht.«

»Muss an deiner Hausapotheke liegen. Was Rennpferde antreibt, bringt Zweibeiner wohl erst recht in Trab.«

Sie lachte. »Hast du irgendwelche Wünsche?«

»Vier Geflügel-Sandwiches, vier Krabbencocktails, eine Flasche Rum und neun frische Grapefruits ... Vitamin C«, erklärte er dazu. »Wir brauchen davon, soviel wir kriegen können.«

»Vitamine gehören nicht zu meiner Hausapotheke. Aber als deine Anwältin rate ich dir zu Pasta und Bier.«

Genau das brachte sie innerhalb so kurzer Zeit aus ihrer Küche heraus zum Vorschein, dass er es kaum schaffte, währenddessen ihre Bücherregale vollständig zu inspizieren. »If you go home with somebody and they don't have books, don't fuck them«, hatte John Waters mal gesagt, und er hatte sich bislang streng an diesen Wahlspruch gehalten. Hier kam seine Inspektion ein bisschen zu spät, aber was sie zutage förderte, reichte für eine nachträgliche Absolution: Gottfried Benn auf dem Nachttisch, Leonard Cohen auf dem Wohnzimmertisch. Irgendwo dazwischen »Fear and Loathing in Las Vegas« im amerikanischen Original.

Sie schaufelten die dampfende Pasta in sich hinein wie tolle Hunde, nackt, mit glühenden Gesichtern wie wilde Tiere, die sich von dem Leid befreit hatten, Menschen zu sein. Allmählich brachte ihn das Bier vom PCP runter, und seine Halluzinationen waren einigermaßen erträglich. Keine Fledermäuse mehr. Das einzige Problem war jetzt nur noch ein riesiges Neon-Zeichen draußen vor dem Fenster, das ihm den Blick auf die Stelle nahm, wo sich die Welle, die ihn hierher getragen hatte, schließlich brechen und zurückrollen musste. So wie sie das immer tat. Wie sie das bisher noch immer getan hatte in der Geschichte, die in seinem Kopf geschrieben stand.

»Wie komme ich denn eigentlich von hier nach Hause?« Er starrte sie über seinen leeren Teller hinweg an, als spiele sich die Szenerie auf einem Tablett ab und er sei von dessen Rand gestürzt. Er spürte den Kater nahen, der der gesteigerten Reizempfindung zwangsläufig folgen musste. Das schmerzhafte Bedürfnis des wilden Tieres, sich in seine Höhle zu verkriechen.

»Musst du denn schon gehen?«, fragte sie. »Wartet zu Hause jemand auf dich?«

»Heute Nacht nicht mehr. Aber ab morgen Mittag ist sie wieder bei mir.«

»Sie?«

Er nickte, und mit ihren Augenbraun passierte etwas. Es war schwer zu sagen, was es genau war. Es hatte mit der Art und Weise zu tun, wie sie über der Nasenwurzel in die Stirn ausliefen. Es war schön. Wenn ihr Gesicht entspannt war, vor allem. Was es jetzt gar nicht mehr war.

»Vielleicht versuchst du's besser doch nicht als Komiker«, murmelte sie. »Diese Geschichte hier verliert gerade jegliche Komik.«

»Welche meinst du?«

»Na, ... unsere.«

»*Sie* ist zwölf«, sagte er. »Meine Kleine.«

Wieder passierte etwas mit ihren Augenbrauen. Mit ihrer Stirn. Etwas Schönes. »Und sonst? Was wartet sonst noch zu Hause auf dich?«

»Ein Schreibtisch mit Blick auf die Dächer der Stadt. Ein Haufen gottverdammter Biester. Rotwild. Greifvögel ... Und meine Geschichte, die irgendwie weitergehen muss.«

»Du meinst den Kurzkrimi im Tierpark.«

»Ich meine die Geschichte in meinem Kopf.«

Erkenntnisse über die Geschichte sind bekanntlich schwierig zu gewinnen, zuviel Scheißdreck wird über sie verzapft – durch

Bestechung. Durch die Verlockungen der Bequemlichkeit, die einen an allen Ecken und Ende ködern. Durch die miese kleine Korruption, die man selbst Tag für Tag in die eigene Geschichtsschreibung einsickern lässt. Aber auch wenn man nicht sicher ist, was *Geschichte* macht und ob *Revolution* möglich ist, man darf doch getrost glauben, dass dann und wann die Energien von zwei Menschen sich vereinen zu einem langen feinen Flash, und keiner weiß in dem Augenblick die Gründe dafür wirklich zu verstehen – und im Nachhinein ist niemals zu erklären, was wirklich geschah.

Er wohnte auf der anderen Rheinseite, an einem unruhigen Ort, wo die Nacht voller Geräusche war. Autos, Hupen, Schritte ... keine Möglichkeit, sich zu entspannen. Er hatte gelernt, das alles untergehen zu lassen im schönen weißen Rauschen eines schielenden Fernsehapparates. Hau die Knöpfe so rein, dass der Kasten zwischen zwei Kanälen festsitzt, und dann kannst du angenehm eindösen ...

Einige mochten nie die Meinung anerkennen – die oftmals von rehabilitierten Drogenabhängigen verkündet wird und besonders populär ist unter jenen, die auf Bewährung draußen sind – man könne sich ohne Drogen viel besser antörnen als mit. Und doch ging es ihm ganz anders. Er hatte gesündere und effektivere Formen von Eskapismus kennengelernt.

Er hatte an einem ruhigen Ort gewohnt, wo jedes nächtliche Geräusch bedeutete, dass etwas passieren würde. Man erwachte sehr schnell – überlegte: Was hat das zu bedeuten? Und für gewöhnlich *hatte* es etwas zu bedeuten. Alles war voller Bedeutung, die Wohnung riesig. Groß genug für drei Personen. Er wollte das *Richtige* tun. Die eigene Geschichte nicht bloß im Kopf mitschreiben, während sie passierte, sondern ihr immer um ein bis zwei Kapitel voraus sein. Permanent dem Ende ein bisschen näher als alle anderen. Tatsächlich hatte er es dann auch vor allen anderen erreicht. Hatte als Erster gespürt, wie aus der riesigen Wohnung, die als Heim gedacht war, ein Sarg wurde.

Er schüttelte sich. Seltsame Erinnerungen in dieser nervösen Nacht in Mainz. Es kam ihm vor, als liege bereits ein ganzes Lebensalter hinter ihm, eine Ära. Eine Reihe von Geschichten, an denen das markanteste ihre Enden waren. Aber wenn man seine eigene Geschichte im Kopf mitschreibt, während sie passiert, muss man akzeptieren, den Ereignissen stets hinterherzujagen. Ob nun irgendeine Auftragsarbeit oder die Geschichte im eigenen Kopf, es ging immer nur um eins: Man musste *mit der Story rüberkommen*. Man musste die Spur und das Tempo halten und zusehen, dass man auf seiner Jagd durchs Fledermaus-Land nicht vom Torpedo fiel.

Das Neon-Zeichen draußen vor dem Fenster erlosch und ihm fiel auf, wie ruhig es in der Wohnung geworden war. Auch hier bedeutete wahrscheinlich jedes nächtliche Geräusch, dass etwas passieren würde. Wahrscheinlich würde das nächste, was in seine Gedanken klang, über den weiteren Verlauf der Geschichte entscheiden. Er konzentrierte sich, den Blick starr auf diese beiden Hände auf der anderen Seite des Esstischs gerichtet, die auch jetzt wieder etwas mit seinem Körper machten.

Nichts. Nichts zu hören zwischen den leeren Tellern und den vollen Bücherregalen. Vollkommene Ruhe. War das möglich? Das Einzige, was in seinem Kopf nachhallte, war die Stimme von Steve Earle: »The revolution starts now, when you rise above your fear and tear the walls around you down, the revolution starts here.« Dass die einzig mögliche Revolution für sie beide gerade erst begann, konnte er nicht ahnen.

Pablo Haller
leda

1
in der nacht, als die brücke brannte
du wusstest es nicht:
18. august 1993, sagtest du
& ich: *da brannte die brücke*
& du: *da brannte sarajevo*
ich bin auf der flucht geboren

2
sie ging nicht
sie schwebte
keinen wahrgenommen
& dann doch
'nen frechen spruch

die exzesse der sonne
überblendete sie kühl
verrauchte den tag
im schatten einer scheune

& als ich kam, fragte sie
wo ich denn gewesen sei
unten beim fluss
& als es dämmerte, fragte ich
ob sie mit mir geht
runter zum fluss

die felder rauschten
vom leuchtturm licht & musik
das alles nahm ab
die sterne wurden heller & mehr
das plätschern lauter
was soll ich sagen?
am besten nichts

die götter beneideten uns
um die sterblichkeit

ich nahm ihre hand
sie küsste mich & sagte:
vergiss es
ich werd' nicht mit dir schlafen

wir gingen zurück
um die zelte stille
zigarettenstummel verglimmten
in schwelender glut

3
mein vater kam hierher
mit frau, zwei kindern & dreimal nichts
mein bruder, der studiert
für mich reichte es nicht
mein vater kam hierher
mit mutter, bruder, ich war kaum geboren
manchmal fragen leute:
gehst irgendwann zurück?
mein vater kam hierher
land kaputt, freunde tot
verschwunden oder beides

mein vater kam hierher
& die brücke war verkohlt

4
leda, dein hals
blassblau durchschimmernde adern
leda, dein unsichtbares foulard
kein parfüm, dein duft
leda

lippensippen, blätterrascheln
namen, vokale, gestöhnt, gehaucht: leda

die kelten, die römer, die zigeuner
sie säten uns

die großmütter, weise frauen
rasseln mit rosenkranz, mit misbaha
ins flüstern der emme

& allah ist dich & mich
nur, haqiqa
licht & wahrheit
alles dritte stört

5
nein, ich sammelte nie krumen auf
bettelte nie um fleisch
je voller konten & regale
desto leerer ist's in uns
so 'ne art zen
leer, wie ich bin

möglichkeiten wuchern zu irrgärten
gedichte verabschieden sich
in die werbung, auf glückskekspackungen
je dichter die information
desto weniger kriegt man mit
voll wie ich bin heut' nacht
& leer

weil keiner mehr zur ruhe kommt
wie du sagtest, leda
dieser staat schafft es
uns satt zu machen, sicher zu fühlen
aber nicht glücklich

der zopf ist alt
schneid ihn ab

6
zu viele zombies hier, zu viel kälte
wo kann man hin, wenn man wegmuss?

schlaue bettler haben heutzutage hunde mit
weil die menschen hunde lieber mögen
als menschen
sagst du mit deinen augen
melancholisch wie der herbst

die erde & das hamsterrad sind rund
gegen trauer hilft wenig außer schlaf
& dieses glück in briefchen von der straße
das wärmt & den lärm dämpft

zu viele zombies hier, zu viel kälte
wo kann man hin, wenn man wegmuss?

7
stamboul, ich hör dich
du sagst, 's ist zeit zum beten
stamboul, ich hör dich
kam doch grad erst ins bett
stamboul, ich riech dich
zeit zum aufstehn
stamboul, ich seh dich
in deinem bling-bling abendkleid

ein alter priester schleppt sich zur apotheke
licht verrinnt, der tag brachte sich heimlich um
ein gelber vorhang weht hinter grün gestrichner tür
möven kreisen wie bomber, scheiße-bomber
kuppeln schlummern
leute starren auf weiße & schwarze fäden
bald ist's so weit
man kann sie nicht mehr unterscheiden
lautsprecher lärmen
menschen strömen nach sultan ahmed
keine demo
fastenbrechen

zwischen den minaretten
leuchtende buchstaben
merhaba ya şehri ramazan

8
nur wenn du kotzen musst, taugt der stoff
sagt leda
auf der straße ohne kohle fast wie cabiria
der muezzin preist den, der ist, der er war & sein wird
die verheißung, der verlust, das bangen

wo kann man hin, wenn man wegmuss?
östlich von eden
wo zur hölle soll das sein?
sag mal, kain, langsam glaub ich
wir sind geschwister
das licht ist für die andern reserviert
nur wenn du kotzen musst, taugt der stoff
sagt leda
auf der straße ohne kohle fast wie cabiria
alles verloren & dreimal mehr
den glauben, die würde, den stolz

wo kann man hin, wenn man wegmuss?
sniper alley downtown sarajevo
ist keine sichere sache mehr
ich glaube ich gehe über die planke
das licht scheint ausverkauft zu sein

9
leda, dein hals
weiß wie der einer gänsin
blassblau durchschimmernde adern
zwei klitzekleine stiche
wie babyvampirzähnchen, leda
weg! leda!
der poetischste aller tode:
ins wasser gehen

ein unfall
sagten sie
ein unfall
& ich kriegte mich kaum ein vor lachen
– *ein unfall!*
gottverdammt, leda!

wer blinzelte zuerst
du oder ich, sonne, mond & sterne
das schicksal?
erinnerst du dich an das spiel?
versuchten uns zu entkommen
schleppten uns stets mit
glaubten eines morgens aufzuwachen
& fertig zu sein

es ist ein seltsames gefühl
amputiert zu werden
verlust ist der samen der poesie
leda, wir eiswürfel in den exzessen der zeit
ich bin gegen die zeit, sagtest du
nicht die zeit, wir vergehen

du kennst meine lieblingssage
vom ewigen juden
der dreimal durchs entlebuch kommt
& jedes mal
eine völlig veränderte landschaft antrifft
verwehte koordinaten / währendes jetzt
wollten zusammen durch die zeit gehn
nun bin ich der ewige jude
der rastlos wandert
kain mit dem mal, in den blick gestanzt
(ein blick, der reißt, was die zähne erwischen)
verbannt & fahrig im osten edens
keine zeit mehr, die beendet

wir wurden zu den geschichten
die wir uns erzählten, leda
das wussten wir, dass nichts für immer ist

doch wir war'n uns dessen nicht bewusst
die träume von zwei stunden schlaf
auf die lider gestickt
schleier vor der netzhaut
schleier aus blut & tränen
weg, leda

weg wollten wir
quer durch den alten kontinent
raus aus der umklammerung
der verwalteten union
den rändern entlang
den narben des balkan
der offenen wunde bosniens
leda & dazwischen sagtest du
das schönste im leben sind doch die rauchpausen
sein, ziehen, schauen

du warst gelöst in deinen problemen
ich muss mein leben ändern, leda
heißt in der originalversion
du sollst dir die kugel geben

wie killt man geister?
fragtest du
wir lagen tagelang zugedröhnt
in einer stickigen dachkammer
auf 'ner versifften matratze

geister der vergangenheit sind
geister der vergangenheit, aufgelöst
geister der gegenwart sind
geister der gegenwart, aufgelöst
geister der zukunft sind
geister der zukunft, aufgelöst
man lässt sie verblassen

leda, was lachten wir über die leute
die sich beschwerten
sie trauen sich nachts nicht mehr auf die straße
die nacht ist dazu da, angst zu haben

deine liebe war sanft & bitter
du kannst alles von mir haben, außer mich
hauchtest du mir ins ohr
wozu nachdenken
wenn man nichts mehr ändern kann?

küss mich auf meinen offenen schnabel
mit deinen augen, die vereisen können

besser schweigen, stille lügt nicht
wir gingen durch den lethe & zurück
& kannten uns noch
besser tot sein, hülle schmerzt nicht

der fehler der orthodoxie:
glauben, dass gott die welt gut & fertig gemacht hat
dass wir nicht eines schönen morgens erwachten
& fertig waren verwirrte uns

vampir-leda, du saugtest mir zynisches gift aus
das dir mehr rest gab, als übrig war
ich will dein faulendes fleisch jetzt
in der türkischen nachmittagshitze

weißt du, dass sterne brennende gänse sind, leda?
krieger-leda, ich möchte deinen toten körper
an einen baum hängen
für die möven, die raben, weiß der geier
wie die tapfersten der alten

leda, kühl wie die erde, die dich verdaut
ich schaffte es nie, satt zu werden
an dir

leda, dein hals voller mohnblüten
deine fahlen gelben augen
ich könnte schwören, sie leuchten im dunkeln
katzen-leda, blickduell mit lasterscheinwerfern
mit dem rücken zur landstraße

leda, da ragt ein bein aus dem wortgeflimmer
ich kenne jede falte deiner fußsohle
blaue hoffnung
& ein weißes band rund um den horizont

& wenn ich runter käme in den hades
ich müsste nicht zurückschauen
um zu wissen, dass du mir folgst, leda

*du bist vielleicht der einzige mensch
den ich lieben kann*, rutschte mir raus
zwei packungen zigaretten & zwölf bier
brauchten wir bis zum ersten kuss

leben ist der schatten der erinnerung
kopf runter & gegen die wand
die erde & das hamsterrad sind rund

leda, in diesen zeilen ist genug schmalz
für 'ne frittenbude
kein wenn & aber
doch wenn wir knarren gehabt hätten
wären wir vor wien gestanden
mit sackmessern vor jerusalem
du warst so beiläufig heilig, leda

leda, dein hals
weiß wie der einer gänsin
blassblau durchschimmernde adern
zwei klitzekleine stiche
wie babyvampirzähnchen, leda
weg! leda!
der poetischste aller tode:
ins wasser gehen
ein unfall
sagten sie
ein unfall
& ich kriegte mich kaum ein vor lachen
– ein unfall!
gottverdammt, leda!

Jürgen Ploog
Tristeza & der Matrose

»Zu rauchen und zu trinken und grobe sprachliche Entgleisungen lauthals kundzutun, das ist nicht meine zweite Natur, sondern meine erste.«

Hunter S. Thompson

Der Matrose war zweimal in der Nordsee abgesoffen. Der Funker (der auch aus Flensburg kam) ging nie ohne Schuhputzzeug an Bord, sehr korrekt in jeder Weise.

Als Tristeza ihn in Cuxhaven besuchte, behauptete sie wieder, dass sie seine Frau sei.

»Lass dir doch mal was anderes einfallen, Mädchen«, sagte er & musste lächeln, als er ihre seltsam aufgetürmte Frisur bemerkte.

»Ich bin immer für dich da«, meinte sie.

»Das sagt der Südamerikaner auch, der nebenan eingezogen ist, wenn er mit der Zimmerpflanze redet.«

Tristeza verschwand im Badezimmer. Als sie zurückkam, war sie nackt & hielt eine Bürste in der Hand, mit der sie sich durchs Haar fuhr. Der Matrose hatte sich aufs Bett gelegt & rauchte. Ihr Hintern gefiel ihm. *Bei der werd' ich's schwer haben, den Helden zu spielen*, sagte er sich.

Mattes Licht drang durch die geschlossenen Vorhänge. Der Matrose beschloss, seinem Idol Albers nachzueifern & spielte den Kühlen.

»Ich glaube, du warst zu lang auf See«, sagte sie, als er keine Anstalten machte, sich mit ihr einzulassen. »Aber das kriegen wir hin.«

Als sie näher kam, schimmerte ihr Körper wie Mondlicht, das sich im Wasser spiegelt. »Du musst mich nicht lieben«, sagte sie. »Soll ich dir ein Lied vorsingen?«

Er konnte das Echo ihrer Worte in seinem Körper spüren & stieß das Wasserglas um, das neben ihm auf dem Nachtkasten stand. Ihr Gesicht verdunkelte sich zu einem ovalen Schatten. Sie strich ihm mit der Hand über die Schulter, holte aus & gab ihm einen Klaps. Sie hatte die hochhackigen Schuhe anbehalten, & ein Absatz durchbohrte das Bettlaken. Die Hartnäckigkeit ihres Auftritts verfehlte ihre Wirkung nicht. Er setzte sich auf, drehte sie auf den Bauch & warf sich von hinten auf sie. Sie schrie auf, als er ungestüm in sie eindrang.

Das Zimmer glich plötzlich der dunklen Kajüte eines gekenterten Schiffs, in das von allen Seiten Wasser eindrang. Ihm war, als hätte er einen verstümmelten Körper vor sich, der dabei war, mit ihm in der stürmischen See zu versinken. Er konnte nicht schwimmen & war hilflos den brodelnden Gewalten des Ozeans ausgeliefert.

Panik kam auf & jemand schrie: »RETTE SICH, WER KANN!« Der Matrose klammerte sich an den fremden Körper & hörte den Funker sagen: »Hey, wenn du ficken willst, dann nimm deine eigene Frau.«

Als der Matrose aufwachte, stand eine weißgeleidete Krankenschwester neben dem Bett & schnüffelte an einer Kanüle. An der Wand gegenüber hing ein zerbrochener Spiegel, & die Splitter glitzerten wie Amethyste bei Kerzenlicht.

»Wo bin ich?«, fragte er.

»Du hast's überstanden, Matrose«, sagte die Schwester. Ihr Kittel wurde von Kordeln zusammengehalten. Mit einem Ruck zog sie das Betttuch zur Seite & gab ihm eine Spritze. Der Schatten einer riesigen Fledermaus senkte sich auf ihn & er sackte weg …

Als der Matrose entlassen wurde, wartete Tristeza im Besucherraum des Stützpunktes auf ihn. Sie trug hochhackige Schuhe & sagte, er müsse sich doch erinnern, schließlich sei sie seine Frau.

»Sicher«, sagte der Matrose. Sie hatten sich auf einer Party kennengelernt, gerade als der Matrose es satt hatte, sich mit Vorstadttanten, Sekretärinnen & Friseusen abzugeben.

Er & Tristeza verbrachten die erste Nacht nach seiner Entlassung im Hotel Paloma. Der Portier fragte: »Sind Sie verheiratet?«

»Was dachten Sie?«, gab der Matrose zurück.

»Ich denke nie.«

»Ist besser für Sie.«

Der Portier hatte einen Schnurrbart wie ein Südamerikaner in einem Film mit Hans Albers.

Die Waterkant nach drei Jahren auf See.

»Muss mich erst frisch machen«, sagte Tristeza. »Die lange Reise.« Sie verschwand im Badezimmer.

Als sie zurückkam, lag der Matrose auf dem Bett & zog an einer eigenartig geformten Pfeife mit langem Stiel. Ein süßlicher Geruch hing im Raum. Rauch, der anders roch als der, den sie von ihrem Vater in Erinnerung hatte.

Für ihn war sie ein völlig fremdes Wesen. Er erinnerte sich, dass sie von zu Hause weggelaufen war, nachdem ein »Freund« sie in der Hütte des Schrebergartens, der ihren Eltern gehörte, vergewaltigt hatte. »Einmal musste es ja passieren, Mädchen«, hatte er gesagt, bevor er verschwand.

Der Matrose lächelte auf seltsam entrückte Art. Tristeza roch nach Seife, Kölnisch Wasser, Zahnpasta & Nagellack. Ein Blatt des Gummibaums in der Zimmerecke streifte sie. Seine Pfeife war ausgegangen, & kalter Rauch hing wie Morgennebel über dem Betttuch.

Sie musterte den Matrosen mit trotzigem Lächeln. Sie wirkte angetrunken, vielleicht war sie auch nur unausgeschlafen. Nervös. Er betrachtete ihren Hintern, als sie über den Sessel gebeugt in ihrer Reisetasche wühlte & ihr üppiges Schamhaar in die Gegend streckte.

Schlingerndes Licht drang durch die Vorhänge.

Das Luder legt's darauf an, mich zappeln zu lassen, sagte er sich. Sie kramte weiter, drehte sich um, rollte die Augen, & ihre Zunge begann wie ein kleiner Vogel zwischen den Lippen herumzuhüpfen. Es konnte auch sein, dass sie stumm irgendwelche Gedichte rezitierte.

Sie kam näher, streckte die Arme aus & beugte den Rumpf, als wollte sie sich von einem Sprungbrett stürzen. Auf halber Strecke fing sie sich & begann, die Hand unter seinen halbsteifen Schwanz zu schieben. Der Matrose grinste & biss sich auf die Lippen. Sie schluckte & ließ einen Fingernagel auf einer Linie zwischen seiner Schwanzwurzel & dem Bauchnabel entlanggleiten. Dann warf sie sich neben ihn aufs Bett.

Gegenüber, unter dem Spiegel über dem Waschbecken, stand ein halbvolles Wasserglas. Der Matrose stand auf, holte es & kippte den Inhalt auf ihre Muschi. Ihr Lächeln gefror, als ein Teil der Flüssigkeit langsam in sie eindrang. *Der Mistkerl hat ein paar Tricks dazugelernt*, sagte sie sich.

Der Geruch, den der Rauch an sich hatte, gefiel ihr nicht. Die Zimmereinrichtung glich plötzlich dem Inneren einer Schrebergartenhütte, sogar das Glas Wasser passte ins Bild. Sie erinnerte sich wieder an den Kerl von damals & daran, dass er ihr die Hände auf dem Rücken zusammengehalten hatte, bevor er seinen Saft in hohem Bogen auf ihren Bauch spritzte.

Der Matrose stand gedankenverloren in der Dusche & starrte auf graue Wände & einen wolkenlosen Nachmittag. Durch den Spalt der angelehnten Tür drang Schlagermusik. Violettes Licht fiel auf Geldscheine, die auf dem Tisch unter dem Spiegel lagen (ein verirrter Sonnenstrahl, den die Zimmerdecke reflektierte). Kurz öffnete sich ein dünner, weißer Vorhang wie man ihn in Krankenhäusern verwendet, & der Matrose glaubte, einen verräucherten Saal mit Verwundeten auf Pritschen zu erkennen.

Als er sich umdrehte, sah er Tristeza vor sich. Sie schnüffelte am Inhalt einer Kanüle. Als sie den Kopf hob, hatte sie ein höllisches Lächeln auf den Lippen. Sie liebkoste die Glasröhre, streichelte sie & redete lautlos auf sie ein. Es sah aus, als sei sie übergeschnappt. Der Matrose machte sich darauf gefasst, dass sie sich auf ihn stürzte. Im nächsten Augenblick drehte sie eine Pirouette, ließ ein Bein vorschnellen & versuchte ihn mit dem Fuß zu erwischen. Dabei stieß sie einen Kreischton aus, der wie das Angriffssignal einer Kampfmaschine klang.

Er wich zurück & versuchte ihren Arm zu packen. Im selben Augenblick hörte er ein Klopfen. »Was zum Teufel ...«, entfuhr es ihm. Verschwitzt & mit einem Handtuch um die Hüften ging er zur Tür: »Was gibt's?«

»Zimmerservice«, sagte eine Stimme durch die geschlossene Tür.

»Jetzt nicht. Stell's vor die Tür.« Er wandte sich wieder Tristeza zu & ließ das Handtuch fallen. Sie warf sich ihm entgegen, & er spürte, wie sich ihre Fingernägel in seine Rückenhaut bohrten.

Nachts schwebten schwarze Blüten durchs Zimmer, die in Farben von tropischen Faltern schimmerten. Bronzemuster, in denen Amethystsplitter aufleuchteten. Das Bettzeug warf scharfe Schatten, aus denen weiße Schenkel herausragten. Er hatte Veronikas Körper kunstvoll zu einem unbeweglichen Torso verschnürt. Wenn er die Stelle berührte, wo die Kordeln zusammenliefen, stöhnte sie. Er sah, dass jede Bewegung, die er ausführte, ein Echo in ihrem Körper auslöste.

Raunen verschwiegener Stimmen durchzog den Raum, das er nur ertragen konnte, weil er betrunken war. Er erinnerte sich an den weißen Strohhut, den Tristeza getragen hatte, als sie vor dem Stützpunkt auf ihn wartete. In der Sonne warf er einen Schatten, der ihr Gesicht wie ein Schleier bedeckte. Sie hatte ihn, kaum dass sie allein waren, mit einer flapsigen Bewegung in eine Ecke des Zimmers geworfen, sich über ihre Reisetasche gebeugt & daran gemacht, Schuhe mit Stiletto-Absätzen herauszukramen. Er müsse doch wissen, dass es dieselben waren, die er immer so geil gefunden hatte.

»Sicher«, sagte er.

Tatsächlich kam ihm affig vor, was sie da abzog. Es war, als gehörten die Schuhe zu einer Ausrüstung, in die sie schlüpfte, wenn sie vorhatte, sich mit Männern einzulassen. Ob knapp sitzender Slip, hochhackige Schuhe, Zahnpasta oder Nagellack: das waren nur Requisiten für ihn. Auf den Arsch gefallen war sie allerdings nicht, deswegen verfehlte auch diesmal ihr Auftritt seine Wirkung nicht. Sie beugte sich über ihn & begann langsam das Betttuch wegzuziehen.

»Hoppla«, sagte sie, »ich sehe, dass du nur halb so cool bist, wie du tust.«

Er schluckte & rührte sich nicht. Es stimmte, lange überreden musste sie ihn nicht. Es genügte, dass sie über ihn rutschte & sich mit einer kurzen ruckartigen Drehung auf seinen Schwanz senkte.

Der Matrose bildete sich ein, dass sie fror. Teile von ihr verschmolzen mit Erinnerungsfetzen von verstümmelten Körpern, die nach einem Feuergefecht mit Piraten vor Somalia an Deck herumgelegen hatten. Schenkel, Rümpfe & versengte Hautfetzen, die wie Büschel frisch geschnittener schwarzer Lilien aus Fleischhaufen herausragten ... Gliedmassen, die in der aufgewühlten See versanken ...

»Schamhaar wie Draht.«

Die Reisetasche sprang auf, & ihr Innenteil wurde zur offenen Wunde, damals, als er nach seiner Verwundung umgekippt war. Teile seiner Rückenhaut fehlten. Im Lazarett lag er neben einem Jungen, der ein Faible für Heldengeschichten hatte. Schulzeit in den 80er Jahren in der DDR.

Der Schwanz des Matrosen torkelte wie besoffenen von einem Schenkel zum anderen. Er nahm sich vor, es Tristeza mit dem Finger zu besorgen. Beleuchtung wie bei einem Nachtangriff im Schein von Leuchtraketen. Körperteile eines Mädchens, das er in einer Bar in Trondheim aufgegabelt hatte, flatterten wie Fallschirme durch den Raum. Gefühl, als schlucke er Schamteile. Ein Blütenkelch öffnete sich & wurde zu einem Büschel plattgedrückter violetter Lippen, die einen Spiegel küssten ...

Der Matrose sagte: »Tristeza heißt du?«

Kurz tauchte plötzlich der Funker in der Tür zum Badezimmer auf.

Als Tristeza ihn das nächste Mal besuchte, trug sie eigenartige, deutsch aussehende Schuhe im Stil der 50er Jahre. Schuhputzzeug mit langem Griff. Rauch über Wäldern, als er entlassen wurde. Zwei Schüsseln Kartoffelsuppe täglich, Tristeza, die sich »Frau« nannte. Er, der sie an ihren Vater erinnerte.

Der Matrose lächelte über ihre seltsam hochhackigen Schuhe. »Hat man jetzt so«, sagte sie. Sie umarmten sich auf eigenartig entrückte Art. Sie roch nach Partys, das Lächeln einer Sekretärin. Der Portier fragte: »Ist Ihre Pfeife ausgegangen? Sie haben eine Zimmerpflanze geheiratet.« Schnurrbart, Geruch schlechter Zähne ...

Der Funker schüttete den Inhalt seines Seesacks über ihrer Muschi aus. Ihr Lächeln glich einer Schuhbürste. »Welche Dumpfbacke hat den Matrosen entlassen?«

Sie wachte im Besucherraum auf, Geruch von kaltem Rauch an sich. Atmosphäre hochhackiger Schuhe nach einem langen Wochenende. Sie erinnerte sich an die letzte Party, als der Matrose es satt hatte, den Kriegshelden zu spielen. Sie war auf den Arsch gefallen, als er sie in der ersten Nacht in der kleinen Pension an der Promenade festgebunden hatte, heulte wie ein Schlosshund, & er hat seinen Saft aufs Betttuch gespritzt.

Der Portier fragte: »Sind Sie zu früh fertig geworden?«

»Steck deine Nase in deinen eigenen Kram.« Worauf sich der Schnurrbart des Portiers in Wohlgefallen auflöste. Ihre Muschi schnappte wie die Schnauze eines Schoßhündchens nach ihm, hechelnd & flattrig wie eine Fledermaus. Der Matrose dachte an einen Film über Monte Carlo, in dem Hans Albers auftrat & auch daran, wie kalt es bei Vollmond auf See sein konnte. Teile des Mädchens, das neben ihm lag, tauchten aus der Gischt auf, & der Schweiß auf ihrer hellen Haut schimmerte im Meeresleuchten.

Stefan Gaffory
54

Ich bin nun schon seit 54 Stunden am Stück wach.

Fast bin ich nicht mehr in der Lage, meinen Körper auch nur annähernd aufrecht auf diesem Bürostuhl zu halten ... glücklicherweise bin ich noch fähig, mich schriftlich zu äußern.

Säßen Sie mir gegenüber, Sie würden einen halbwegs desorientierten, blassen, wirr lallenden Faselklumpen sehen, mit den Augen eines Bassets. Wahrscheinlich wäre ich kaum noch fähig, Ihrem Blick standzuhalten und meine Stirn würde auf der Tischplatte ruhen, während Sie mich eindringlich beschwören würden, ins Bett zu gehen, in Gottes Namen wenigstens ein Stündchen Schlaf ... nein.

Doch das ist alles hinfällig, denn ich bin allein. Niemand ist da, um mich zu unterhalten, außer Miles ... natürlich nicht physisch, sondern nur in Form seiner Hinterlassenschaft auf einem Tonträger. Und ich hoffe, Miles wird SIE aus meinem Kopf herausblasen.

Ich habe absichtlich alle Bässe herausgedreht, dafür Treble auf die höchste Stufe gestellt und warte auf den einen schmerzhaft grellen Trompetenton, der mir messerscharf durch die Ohren ins Gehirn fährt und dort diejenigen Synapsen kappt, die für die Erinnerung an SIE zuständig sind, doch er will und will nicht kommen, so sehr sich Miles auch bemüht.

So muß ich eben wach bleiben ... so lange, bis IHR Bild in meinem Kopf langsam verblaßt, an den Rändern ausfranst, letztendlich zerstäubt und nicht mehr existiert. Denn ginge ich jetzt ins Bett, würde nicht nur ich mich regenerieren, sondern auch ihr Bild, in voller Farbenpracht würde es nach meinem Erwachen in meinem Kopf wiedererstehen, triumphal, übermächtig, und mich an jenem Tag erneut zum Gefangenen meiner eigenen Erinnerungen machen. Und am Tag darauf wieder. Und wieder. Und wieder.

Die Hand.

Die Hand, mit der ich SIE ins Gesicht geschlagen habe, sie ruht auf meinem Schoß. Ganz harmlos sieht sie aus. Klein. Blaß. Schüchtern fast. Nicht wie etwas, das aus einem süßen Stupsnäschen in einem Akt der Barbarei einen Schwall Blut hervorlockte. IHRE Hand scheute die Gewalt, auch als ich SIE bat, nein, anflehte, das Brotmesser, das SIE mir damit an die Halsschlagader drückte, einfach ruckartig nach unten zu ziehen.

Doch das Einzige, was SIE zog, war die Nase hoch, auch wenn es nicht verhinderte, daß ein großer Tropfen IHRES Blutes auf die Reise ging, die damit endete, daß er auf meinen Küchenfliesen zerplatzte, wo er nun zu rostfarbenen Spritzern vertrocknet. SIE ließ das Messer fallen und ging, ein Papiertaschentuch auf IHRE geschundene Nase pressend.

Ich ging zunächst auch, stumm umherwandernd, die unvermeidliche Selbstkasteiung erwartend, die denn auch kam.

Direkt vor einem Gully legte ich mich auf den Boden. Auf Augenhöhe mit meiner neuerworbenen menschlichen Entwicklungsstufe wollte ich sein, meinen Blick den Rinnstein entlangwandern lassen bis hin zu den Müllcontainern am Ende der Sackgasse, in der ich mich befand, darauf wartend, daß dahinter etwas Räudiges hervorspringen würde, um mich freudig als neues Mitglied seiner Rasse zu begrüßen. Doch nichts dergleichen geschah. Und auch die Dunkelheit des Gullys hielt meinem forschenden Blick stand, ohne mir die Eingeweide der Stadt zu offenbaren, in die ich mich kopfüber hineinstürzen wollte.

Es stank nach Scheiße. Das brachte mich wieder zur Vernunft. Denn ganz so tief zu sinken, hatte ich nun doch nicht verdient. Schließlich war SIE es, die mich betrogen hatte.

Ich rappelte mich auf und stolperte vorwärts. Ein kalter Nieselregen kam auf und durchweichte den Jeansstoff meiner Jacke.

Es gab nur eine Frage für mich: wo? In welchem dieser Häuser würde SIE sich heute Nacht noch paaren, wenn die Blutung gestillt war und die tröstende Hand, die SIE streichelte, den Weg in ihren Schritt fand? Welcher Fensterkitt würde ihr orgiastisches Gestöhn dämpfen, damit es nicht auf die nächtliche Straße drang? Jedes erleuchtete Zimmerfenster mein Feind. Jede regennasse Hausfassade ein Monument meines Hasses. Ich stand kurz davor, zu implodieren, von den äußeren Eindrücken, die mich umströmten, einfach zermalmt zu werden.

Doch da kam mir der rettende Einfall: Jedes Gift hat sein Gegengift. Ich war dem betörenden Zauber einer Hure erlegen, also half nur ein Hurengebräu.

Bitches Brew.

Ich begab mich schleunigst nach Hause, rannte fast, bis mir mein permanentes Seitenstechen eine Zwangspause verordnete. Das war an der Tankstelle, in deren Seitenstraße ich wohnte, wo ich, wenn ich sowieso schon mal da war, zwei Stangen filterlose Zigaretten erstand.

In meiner Wohnung verbarrikadierte ich meine Eingangstüre, indem ich die Lehne meines Barhockers unter die Türklinke schob, gleich nachdem ich in meinem Küchenschrank das gutversteckte Plastikgefäß mit dem Schraubverschluß wiedergefunden hatte, das Ephedrinkapseln enthielt, ein Mitbringsel von meiner letzten Reise in die USA.

Die Rufanlage für meine Haustür zertrümmerte ich mit einer großen Rohrzange, während die Kaffeemaschine auf der Anrichte asthmatisch keuchte, blubberte und eine Kanne teerschwarzen Kaffees nach der nächsten produzierte. Anschließend kappte ich die Telephonschnur.

Somit war ich von der Außenwelt abgeschnitten. Kein Fremdeinfluß würde mich bei meinem Exorzismus stören.

Ich legte das Album auf. Das erste Mal in den letzten 49 Stunden, in denen es nun schon ohne Unterbrechung auf Endlosrepeat rotiert.

Und nun warte ich, warte, bis mich die Finsternis verschluckt, und wenn dies passiert, werde ich wissen, was gesiegt hat, was stärker war:

das Leben oder die Kunst.

SIE oder Miles.

Simona Turini
Barfly

Es gibt Situationen, da wünsche ich mir eine schummrige, verrauchte und überheizte Kneipe.

An den kleinen Tischen sitzen die normalen Gäste, am Tresen die Trinker, die immer da sind. Letztere erkennt man daran, dass sie langsam mit der Einrichtung verschmelzen, mit dem dunklen Holz der Möbel und den Messingbeschlägen, die mal glänzend waren und eine Zier für den Laden, die nun aber angelaufen sind und matt und einfach nur noch da. Am meisten aber haben sie mit der Sammlung dutzender Flaschen hinter dem Barkeeper gemein, die in ihrem riesigen verspiegelten Regal auf das regelmäßige Abstauben warten. Die Flaschen sind das Herzstück dieser Bar, genau wie die Trinker.

Da ist Pernod, die alternde Professionelle in grün, die ihre Exklusivität aus dem französischen Namen bezieht. Da ist Scotch in gedeckten Wolltönen, braun, und da Bourbon, sein dreckiger Cousin, in schwarzem Leder. Bier trägt gerne Karos und Wein eine riesige, rotgeäderte Nase. Cocktails wippen im Takt der dezenten Hintergrundmusik eines Jazztrios mit den Füßen, während sich verschiedene Arten Shots lautstark über zu wenig Action beschweren.

Es ist ein bunter Haufen hier, und manch einer hat seinen Spaß, aber in der Hauptsache sind sie hier, weil sie sonst nirgendwo sein können, nirgendwo sein wollen, und weil sie eben immer hier sind, und sie heben gesenkten Hauptes stumm ihr Getränk. Es riecht nach Zigarettenqualm.

Wie gesagt, es gibt Situationen, da kann auch ich nirgendwo anders hin, da brauche ich genau diese Bar, genau diese Ruhe, genau diese Stimmung, diese Nicht-Gesellschaft von Trinkern und Denkern. So auch an jenem Abend, als ich allein durch meine neue Heimstadt streifte und nicht recht wusste, was ich mit mir anfangen sollte. Nach langer Reise war ich hier angekommen, mein hässlich möbliertes Zimmer stand voll mit Kisten und Koffern, und nichts Brauchbares war zu finden. Melancholie ergriff Besitz von meinem ohnehin angeschlagenen Gemüt, so dass auch ich mittlerweile nicht mehr brauchbar war.

Was tut man in so einer Lage? Was kommt denn in Frage, wenn man nicht sofort wieder in die alte schlechte Angewohnheit des Verdrängens vor dem Fernseher verfallen will?

Ich zog mich also an, hübsch, aber nicht spektakulär. (Denn »spektakulär«, das hebt man sich für Clubs auf, wenn das Sitzen und Trinken am Tresen allein dem Zweck dient, locker zu werden und gleichzeitig eine magische Aura aufzubauen, die man nutzen kann, um die Aufmerksamkeit interessanter Leute auf sich zu lenken. Wer kennt sie nicht, die wunderschöne, ehemals perfekt zurechtgemachte, nun leicht verschmierte und leicht fertige Frau an der Bar, die auch zu später Stunde noch so präsent ist, trinkt und ab und an ein Lächeln übrig hat?

Diese Wirkung wollte ich heute nicht, heute war unsichtbar angesagt.)

Ich würde die ideale Bar finden, mich an den Tresen setzen, einen Martini bestellen und die Stammgäste sortieren. Der Barkeeper würde seine Gläser spülen und polieren und von Zeit zu Zeit ein paar Worte mit mir wechseln. Ich würde ihm von meinem Kummer erzählen, den Sorgen einer Einsamen in der Fremde, und er würde verstehend nicken und etwas Schlaues erwidern, denn Barkeeper schöpfen immer aus dem kollektiven Erfahrungsschatz der Trinker dieser Welt.

Die schummrige Gemütlichkeit der Bar, der Zuspruch des Mixers und die resignierte Gelassenheit der anderen Tresenbewohner würden mein schlechtes Gefühl mindern, mich aufheitern und trösten. Dann würde ich nach Hause wanken und mich nicht mehr vollkommen allein und fremd fühlen, es gäbe einen Ort für mich.

Was ich allerdings tatsächlich fand, war nichtswürdig: Kettengaststätten und Systemgastronomie, nirgends Jazz, nirgends Holz. Restaurants und Fast Food-Lokale. Ich bekam Angst, immerhin schimpfte sich dieses Viertel »Altstadt«. Schlussendlich gab ich auf und landete frustriert in einer American Bar, natürlich neonbeleuchtet.

Ich denke, neonbeleuchtete Bars sind die wahre Geißel der Menschheit.

Hinter dem Tresen stand statt des allwissenden Barkeepers in Hemd und Schürze ein pickliges Jüngelchen mit leerem Blick. Überall saßen plappernde Jugendliche, die Colabier tranken, an den Tischen Familienväter mit ihren Frauen, glücklich der Tyrannei der Elternschaft für eine Stunde entkommen.

Ich bestellte meinen Martini, hoffte wenigstens auf ein stilvolles Getränk, bekam aber nur einen schmucklosen Tumbler. Der Drink selbst schmeckte nicht nach Wodka und Liebe, sondern merkwürdigerweise nach Räucherschinken.

Enttäuscht und nah an der Klippe zur kleinen Depression verließ ich diese Neonhölle und erstand an einem Kiosk eine Flasche Rum. Wenn schon keine Bar in der Stadt, dann eben eine zuhause, dann eben Dancing with Myself.

Ich begann ein systematisches Besäufnis und hörte mich durch die schnelleren Alben meiner Musiksammlung, tanzte mit der Flasche, tanzte mit einem Stuhl, tanzte durch den Flur ins Bad und sank nach ausgiebiger Entleerung meines übersäuerten Magens auf dem flauschigen Toilettenläufer in einen traumlosen Schlaf.

Die Lache aus verschüttetem Alkohol auf dem Boden gab mir den nötigen Halt am Morgen.

Kersten Flenter
Das literarische Leben - eine Selbstanzeige

Als Autor bekommt man die immer gleichen Fragen gestellt, es sind derer zwei – die eine ist, ob eine Frau auch von einem Dichter schwanger werden kann, die andere ist: »Können Sie eigentlich davon leben?«

Über die Jahre spinnt man ein mehr oder weniger grobmaschig geflochtenes Netzwerk aus Kontakten zu anderen Literaturkapalken, die es mehr oder weniger gut mit einem meinen. Sie denken, nur weil ich ihnen erzähle, dass ich ab und zu Holz und Pappe transportiere, müssten sie etwas Gutes tun und mir literarische Jobs verschaffen. So erhielt ich neulich ernsthaft die Anfrage, ob ich auf der Leipziger Buchmesse eine Nachwuchs-Autorenrunde zum Thema »Überleben als Autor« moderieren wolle. Honorar inklusive Reisekosten: hundert Euro. Ha, ha, dachte ich. Genau wegen solcher Angebote kann ich ja nicht als Autor überleben, ihr Witzbolde. Man merkt, in der Literaturbranche gibt es keine echten Freundschaften.

Als Autor tut man also gut daran, sich nebenbei mit handfesten und sinnvollen Dinge zu beschäftigen wie Gartenbau oder Typberatung, sonst ist man gezwungen, einen Posten als Vorsitzender des Schriftstellerverbandes anzunehmen oder Workshops in kreativem Schreiben zu geben. Ups, jetzt ist es raus – es geht um das böse Thema.

Schlimmer noch als Menschen, die kreatives Schreiben studieren, sind Menschen, die kreatives Schreiben unterrichten. Wer ist ernsthaft so blöd, sich selbst Konkurrenz herbei zu lehren, neues elendes Poetengezücht zu schaffen? Ich. Allerdings nur, wenn ich gefragt werde und die Alternative wäre, eine Woche lang mit Uli Hoeneß am Bullauge einer Großwaschmaschine in Landsberg am Lech zu stehen.

So fahre ich ein- bis zweimal im Jahr für einen Workshop mit Kindern und Jugendlichen nach Hamburg, ihr wisst schon, diese Stadt, die von seinen Einwohnern für die schönste der Welt gehalten wird, für uns klar denkende Menschen aber nichts als ein Verkehrshindernis auf dem Weg nach Dänemark darstellt.

Ich pflege dort einen freundlichen Kontakt zu einem Institut in Altona, und nach Erscheinen meines kleinen Bandes mit zeitgemäßen Tresenliedern rief mich die Leiterin der Einrichtung an und trug mir auf, einen Schüler-Workshop zum Thema »Intelligente Songtexte in der Rockmusik« zu geben, das würde doch zu mir passen und hätte ja auch irgendwie mit Dichten zu tun. »Wer ist die Zielgruppe?«, fragte ich argwöhnisch. »Siebte Klasse eines Elitegymnasiums«, sagte sie, »hohe Ansprüche und so.«

Ich unterdrückte meine natürliche Reaktion, sofort abzusagen, denn mir kam ein wichtiger Gedanke: Gerade Hamburger Gymnasiasten muss man tunlichst davor bewahren, Rockmusik zu machen, sonst kommt da sowas raus wie Revolverheld, oder mützentragende, studentische Singer-Songwriter mit Unterarmtattoo, die zu doof für einen gepflegten Vollrausch sind. Ich sagte den Workshop für den kommenden Mittwoch zu und setzte mich fristgerecht in den ICE, der direkt bis Altona fuhr. In den achtzig Minuten Bahnfahrt bereitete ich den Workshop vor, in dem ich mir Songs von Stoppok anhörte. Das musste reichen.

Auf dem kurzen Weg vom Bahnhof zum Schulgebäude machte ich noch einen Stopp am Stuhlmannbrunnen, trank einen Kaffee und sah ein paar Jugendlichen zu, wie sie Buchsbäume mit Tags verzierten. Hallo, Workshop-Klientel! Taggen ist ein vollkommen sinnloser Sport für männliche Pubertierende, Jugendscheiße, die nichts mit Kunst, sondern rein mit Wettbewerb zu tun hat, ein Schwanzvergleich mit Sprühdose. Immerhin kann man Spaß mit Taggern haben, wenn man sie auf frischer Tat ertappt und selbstverständlich nicht die Polizei ruft, sondern dem Sprüher seine Dosen abnimmt, um sie vollständig an ihm selbst zu entleeren. Erstaunliche Kunstwerke können so doch noch entstehen. Aber heute ging es nicht um Kunst, sondern um deren notwendige Verhinderung. Ich trat ein und stand eine Viertelstunde später vor meinen Peinigern.

Auf Workshops muss sich der Dozent gleich am Anfang interessant machen und Respekt verschaffen. Ich ging also ein wenig irr blickend auf einen der Jugendlichen zu, die mir einen renitenten Eindruck machten, riss ihm am Poloshirt rum und sagte: »Da sind Flecken von Sprühfarbe dran!« Damit waren die Verhältnisse geklärt und ich konnte zum Inhaltlichen kommen.

Das schöne an einem Workshop ist, dass man das komplette erste Drittel des Tages schon mal damit vergeuden kann, Kennenlern- und Warm-up-Übungen zu machen. Eine Schulklasse, die seit drei Jahren zusammen ist, noch ihre Namen lernen zu lassen, ist natürlich ein wenig frech, aber auch hier erlebt man oft die ein oder andere Überraschung. Nach dem Kennenlernen folgt also ein Warm-up. Da lässt man, unabhängig vom Gegenstand des Workshops, die Teilnehmer ein Akrostichon aus dem Wort »Oberweserdampfschifffahrtskapitänsassistentenmütze« schreiben, dann gibt es die erste Vorlese- und Kritikrunde und anschließend die erste Pause. Nach der Pause gibt man den Schülern Textarbeit auf und geht hinunter in den Park, um sich mit einer alten Freundin auf einen Kaffee im Stehen zu treffen. Man kommt zwei Stunden später wieder in den Raum, dann folgt die große Pause, und am Schluss gibt es einen Poetry Slam mit den selbst verfassten Texten der Teilnehmer, die man, ohne Kommentare seitens der Schüler zuzulassen, gnadenlos auseinandernimmt und in Grund und Boden kritisiert, bis den Delinquenten ein für alle Mal der Spaß am Schreiben verloren gegangen ist.

Die meisten meiner Kollegen verstehen diese Strategie nicht, was ich wiederum nicht verstehe. Sie messen sich selbst daran, wie vielen Schülern sie durch ihre Workshops den eigenen Stil aufdrücken können. Heraus kommt gequirlte Reimscheiße, lustige Oden an Alltagsgegenstände, möglichst wortspielerisch, aber ohne einen Funken eigenen Geistesblitzes, ohne Herzblut, ohne Tränen und Schweiß. Rockmusiktexte entstehen so nicht, erst recht keine intelligenten, aber wer will die schon?

Bruce Springsteen sang einmal den wahren Satz: »We learned more from a three minute record, baby, than we ever learned in school«. Den zitiere ich gern auf Workshops, wenn es darum geht, ob Schreiben etwas mit Schulbildung zu tun hat. Erwachsene können mit dem Vers was anfangen. Die Reaktionen sind gemischt – in manch schöner Stunde bekommt man den Satz »Ey, die Platte hab ich auch«; bei anderen Gelegenheiten hört man eher den Plopp einer Flensburger Flasche und ein Neunmalwitziger erklärt: »Du, auf so 'ner Schule war ich auch mal.«

Gute Songtexte, wie gute Gedichte auch, kommen nicht aus dem Gehirn, sondern aus Seele, Glied und Eierstöcken. Wenn mir jemand kommt und meint, ich müsse etwas hören, weil das »echt mal intelligente Rockmusik« sei, kriegt der rote Spatz in mir Pickel und Brechreiz. Genauso wenig, wie ich mit einer Sexualtherapeutin vögeln will, möchte ich Rockmusik von angehenden Deutschlehrern hören müssen.

Vielleicht bin ich aber auch nur immer noch traumatisiert von meiner letzten großen Enttäuschung, der Sängerin Cäthe Sieland, die mit Musik gestartet ist, die mich angefasst hat und eine Stimme hat, die mir einige Jahre so richtig unter die Haut ging, die dann aber wie viele zu viel und schnell Erfolg hatte und sich finally nicht zu blöd war, mit den Scorpions aufzutreten. Jetzt werden mir Menschen, die bis hierher gelesen haben, unterstellen, dass ich die Scorpions eigentlich mögen müsste, weil Rudolf Schenker sicherlich genau das Gegenteil von intelligenter Rockmusik darstellt. Aber ich sprach eben auch davon, dass Rockmusik vor allem mit Herz und Seele zu tun hat, nicht mit gepfiffenen Balladen zu Flying V-Geklimper. Es gibt Grenzen des moralischen Anstands. Natürlich hat Rock 'n' Roll auch mit Grenzüberschreitungen zu tun. Aber nichts unter dem Zustand der Unzurechnungsfähigkeit, wir sprechen hier von Werten jenseits der vier Promille, rechtfertigt ein Duett mit Klaus Meine!

Deshalb gebe ich manchmal Workshops – nicht um Kunst zu fördern, sondern um sie zu vermeiden. Und ich mache einen guten und wichtigen Job. Für jeden Tim Bendzko, den ich verhindere, wächst einem verlorenen Engel ein Flügel nach.

Für jeden Sportfreund, der lieber Fußball spielt statt Stiller zu heißen, verliert eine Rose einen Dorn.

Lehrkraft und Leiterin des Elitegymnasiums waren wie immer begeistert von meiner geradlinigen Art und meinem unkonventionellen pädagogischen Ansatz, und die Schüler schätzten meinen wirren Iggy Pop-Blick, den sie für authentisch hielten. Wir schüttelten uns die Hände, Schüler und Lehrer verschwanden nach Blankenese und ich kroch langsam wieder aus meiner Rolle als

Dozent. Ich übergab meine Rechnung, dann mich selbst, sprühte unten im Park noch ein paar Tags an Grünpflanzen, und dann ging ich in mein Hotel und warf den Fernseher aus dem Fenster.

Klaus Bittermann
Die Wahrheit über die Buchmesse 2012

In der *FAS* wurden bereits vor der Buchmesse die »Zwanzig unter vierzig« gekürt, und wer nicht wusste, was das sein sollte, dem erklärte Volker Weidermann in einem Intro, dass damit die besten jungen deutschsprachigen Schriftsteller von heute gemeint seien, eine Idee, die er vom *New Yorker* übernommen habe aus dem Jahre 2010, wo sie als »Forty under twenty« aufgetaucht sei. Das Konzept des *New Yorker* war natürlich spannender, aber auch das *FAS*-Konzept schien schwierig genug gewesen zu sein, denn zum Kreis derjenigen, deren Bücher die *FAS*-Redaktion entgegenfiebert, zählt auch Maxim Drüner, der gar kein Schriftsteller ist, sondern Rapper. Seine Lyrik aber hat den Ausschlag gegeben, ihn in den illustren Kreis aufzunehmen: »Wir haben uns nicht gelangweilt / für uns war jeder Lehrer ein Clown / Kein Platz für Bücher im Rucksack, wir waren bei Edeka klauen / Die reden nur Blödsinn von wegen der Mensch stammt vom Affen ab / Und dass ich unter keinen Umständen mein Abi schaff' / Ich kippe einen Uludag auf dem Asphalt der Forsterstraße / Fühle mich wie zwölf, wenn ich *NTM* im Walkman habe.« Irgendwie finde ich es toll, dass man es mit dieser Lyrik in die »Zwanzig unter vierzig« bzw. »Forty under twenty« schafft.

Guido Westerwelle hat die Buchmesse eröffnet, über den, wie das Messeblatt der *FAZ* berichtete, das Gerücht umgeht, er würde jedes Jahr die gleiche Eröffnungsrede halten bis auf ein paar Abweichungen das Gastland betreffend. Dabei schwang er sich zu ungeahnten Höhen auf: »Unser Bodenschatz ist nicht nur unter den Füßen, unser Bodenschatz ist auch zwischen den Ohren.« Da kann sich Maxim Drüner aber noch eine Scheibe abschneiden. Die *FAZ* empfahl Westerwelle, sich diesen Satz auf alle Fälle urheberrechtlich schützen zu lassen, denn wer weiß, wann ihm wieder so eine geniale Formulierung einfällt. So lange es noch geht, sich urheberrechtlich etwas schützen zu lassen, denn bald wird im Netz sowieso alles frei zur Verfügung stehen. Als großer Fortschritt wird gerade gefeiert, dass jeder seine Bücher nicht nur selber schreiben, sondern auch selber ins Netz stellen und als E-Book verkaufen kann. Bücher schreiben ist für die meisten sowieso das Einfachste auf der Welt, und genauso sehen sie dann auch aus. Der Trend zum Selbermachen im Netz ist absolut begrüßenswert. Leider konnte sich die Buchmesse dieses Jahr nicht dazu durchringen, Autoren mit Manuskripten unter dem Arm das Betreten der Buchmesse zu verbieten. Aber jetzt kann man die Autoren mit Hinweis auf das Internet abwimmeln, wo sie ihre Manuskripte selbst veröffentlichen können. Das Internet nämlich ist geduldig. Man kann alles hineinstellen und niemanden interessiert es. Insofern ist es ein sehr demokratisches Medium.

Kaum bin ich auf der Messe und laufe durch die Gänge, befällt mich das »Täglich grüßt das Murmeltier«-Gefühl. Jedes Jahr gucken die gleichen Verleger traurig aus den gleichen Kojen und jammern darüber, dass man eigentlich gar keine Bücher mehr verkauft. Trotzdem harren alle aus und starren dabei auf das Internet und fragen sich, ob es nun Fluch oder Segen ist. Eine tolle Paarung, in deren originelle Tradition sich auch der Schriftsteller mit dem roten Irokesen Sascha Lobo gestellt hat. Er versucht dabei die Fronten zu versöhnen und sie dazu zu bringen, aufeinander zuzugehen, möglicherweise auch noch Brücken der Verständigung zu bauen. Irgendsowas eben. Wahrscheinlich ist die Stimmung schlecht, jedenfalls in Halle 4.1, wo die literarischen Verlage untergebracht sind. Und gerade eben ist sie noch schlechter geworden. Antje Kunstmann jedenfalls sagte, dass sie sich nicht noch mal von mir in der *FAZ* als »Mama der Messe« bezeichnen lassen würde. Aber ich glaube, dass es ihr insgeheim auch ein wenig gefallen hat. Nicht gefallen haben dürfte es Lutz Schulenburg, der in der Messe-*FAZ* als »Schnarchnase der Messe« bezeichnet wurde, und zwar ebenfalls von mir. Damit habe ich mir schon mal zwei Feinde gemacht, und das ist ja auch gut so, weil man auf der Messe sonst immer nur Menschen sieht, die sich in den Armen liegen und so tun, als wären sie in der Kindheit voneinander getrennt worden und würden sich nun das erste Mal wieder sehen. Das mache ich nicht einmal mit Matthias Matussek. Von ihm bin ich zwar nicht von Kindheit an getrennt, aber ich habe ihn schon lange nicht mehr gesehen. Seit er zum Christentum gefunden hat, ist er, finde ich, ein wenig dick geworden, jedenfalls gibt sein weißes Hemd nach ein paar Stunden auf der Rowohlt-Party einen optischen Eindruck der Getränkekarte wieder. Er hat eine Erzählung geschrieben, die in einer LSD-Apokalypse endet, und er sucht noch Rezensenten dafür. Ich kann ihm leider nichts versprechen, weil er nur Feinde hat, jedenfalls kenne ich nur Feinde von ihm.

Ich treffe dann Robert Menasse, der den genialen ersten Satz seines Romans *Don Juan* interpretiert, von dem er sagt, dass ihn so gut wie niemand begriffen hätte. In diesem ersten Satz geht es um Masturbation und Penetration mit einer Chilischote und die Vorteile des Zölibats. Aber dann wendet er sich wieder einer Frau zu, die irgendeinen Preis bekommen hat.

Da lobe ich mir doch Detlef Clausen, der sich schon seit über 40 Jahren auf der Messe herumtreibt und immer schöne Geschichten zu erzählen hat, z. B. dass Christian Semmlers Vater ein gewisser »Hühnerfutter-Willi« gewesen sei, der in den 50er Jahren viel Geld machte und dann eine Frau aus dem Kabarett-Gewerbe ehelichte, die damals war, was man heute eine Ulknudel nennen würde. Das Erbe hat dann Christian Semmler in die KPD/AO (oder war's die KPD/ML?) investiert. Außerdem sagte Clausen, dass ich schon der 3. Suhrkamp-Autor sei, den er persönlich kenne. Der eine sei Adorno gewesen. Ich sage, dass ich jetzt zum Kritiker-Empfang von Suhrkamp gehen müsse, um meine Frau aus den Fängen der Suhrkamp-Kritiker zu befreien.

Jetzt hat China auch noch den Nobelpreis für Literatur bekommen. Und vorher schon den Friedenspreis. Jetzt scheint China auf den Geschmack zu kommen und möchte das von nun an jedes Jahr, wie die Messe-*FAZ* berichtete. Skandalöserweise ist der Nobelpreisträger kein Dissident, sondern ein Schriftsteller aus dem chinesischen Schriftstellerverband. Als Mitglied einer offiziellen Delegation hat er vor drei Jahren die Frankfurter Buchmesse verlassen, weil auch zwei Dissidenten eingeladen wurden, ohne dass dies mit ihm abgesprochen gewesen war. Das hätte ich vielleicht auch getan, weil Dissidenten wie Weiwei einem gehörig auf den Senkel gehen können, mehr allerdings deshalb, weil man nach nur einem Tag die Buchmesse sowieso kaum mehr aushält. Mo Yan, der eigentlich Guan Moye heißt, während sein Pseudonym »nicht sprechen« heißt, dafür aber viel schreiben, schreibt ausschließlich über sein Dorf, aus dem er kommt. Angeblich ist sein schriftstellerisches Können unbestritten. Lesen wollen würde ich das trotzdem nicht.

Beim Fischer-Empfang, auf den ich eigentlich nicht gehen wollte, weil man da Roger Willemsen trifft, der mit Praktikantinnen flirtet, lerne ich die Übersetzerin von Mo Yan kennen. Aber sie sagt nichts über die Bücher von Mo Yan. Das ist sehr chinesisch. Sie verrät auch nichts von irgendeiner Rede, die sie in Abwesenheit von Mo Yan irgendwo halten muss, weil sie Angst hat, es könnte schon vorher etwas nach außen dringen. Sie sieht eigentlich nicht so aus, wie man sich jemanden vorstellt, der immer nur Bücher übersetzt, die das Leben in den ländlichen Provinzen Chinas anschaulich machen.

Ich muss dann noch Detlev Clausen trösten, weil er nicht den Literaturnobelpreis bekommen hat, denn ich finde, er hätte ihn viel mehr verdient. Stattdessen muss er sich mit Willemsen einen Verlag teilen.

Diese Probleme hat Matthias Matussek nicht. Er hat mit dem Aufbau-Verlag nun schon den 13. Verlag beglückt. Und er macht ordentlich Werbung. Er stellt sich in einen belebten Durchgang, hält sein Buch in die Höhe und macht einen leidenden Gesichtsausdruck. Dann spricht er einen jungen Mann an und bietet ihm 10 Euro an, wenn der ihm sein Buch abnimmt. Der würde sofort mitmachen, aber dann behauptet Matussek, dass er leider kein Geld habe. Das stellt er jetzt auf seinen Blog, und wenn Sie sich fragen, wer den Quatsch aufgenommen hat, dann gehen Sie nicht falsch in der Annahme, dass ich das war. Ich kann das ruhig sagen, weil ich bereits vom großen Vater der komischen Künste Achim Frenz erpresst wurde. Er hat ein Foto von mir und Matussek. Was es mir denn so wert sei, dass es nicht veröffentlicht werden würde.

Walter Famler, der alte Kommunist und Herausgeber der österreichischen Literaturzeitung *Wespennest* hat den Skandal der Messe aufgedeckt. Auf der Buchpräsentation von Arnold Schwarzenegger sagte der »Gouverneur«, der eigentlich »Ex-Gouverneur« ist, dass er 1945 in ein von den Russen besetztes Wien gekommen sei. »Befreit«, rief daraufhin Walter Famler und wurde von den Bodyguards abgedrängt, wobei man sich fragt, wieso Schwarzenegger Bodyguards braucht, ist er doch selber einer. Gestern ist er dann in die Schweiz abgereist, Famler, nicht Schwarzenegger, um dort im Geheimauftrag eine Sowjetrepublik zu installieren. Wenn ich in den nächsten drei Tagen nichts hören würde, sei die Mission gescheitert.

Bodyguards verstopften dann auch den Gang F in der Halle 4.1. Es war aber nicht Schwarzenegger, sondern nur Gauck, der sich mit dem Zonen-Verleger Christof Links vom Christof Links Verlag unterhielt, der die Ostgeschichtsbücher herausgibt, aus denen sich das Weltbild von Gauck zusammensetzt. Das stimmt natürlich nicht, und ich weiß auch gar nicht, worüber die sich unterhalten haben, aber das wusste nicht mal der Verleger zu Klampen, zu dem Gauck im Anschluss ging. Ich fragte zu Klampen, ob er sich mit Gauck über Freiheit unterhalten hätte, und zu Klampen sagte, das könne gut sein, aber viel lustiger fand er seinen kaputten Schockfroster, der durch einen Schockfroster aus dem Altenheim ersetzt wurde, wobei mir nicht klar wurde, um was für einen morbiden Humor es sich in diesem Fall handelte.

Das waren so die Aufreger der Messe. Sonst gab es kaum Sensationen zu verzeichnen, es sei denn, man will die Tatsache, dass der Fischer Verlag für die Essays einer 26-jährigen Amerikanerin 100.000 Euro auf den Tisch geblättert hat, und später noch 200.000 drauflegte, schon als Sensation werten. In der *FAS* stand dann allerdings doch noch eine kleine Sensation: Volker Weidermann freute sich darüber, von Sibylle Berg nicht mit Richard David Precht verwechselt worden zu sein, und noch mehr freute er sich darüber, dass sie ihm ganz lange die Hand schüttelte. Als ich das las, war ich sehr gerührt. Ich nahm mir vor, Weidermann auch nicht mit Precht zu verwechseln. Jetzt müsste ich nur noch wissen, wie Volker Weidermann überhaupt aussieht.

Ich sprach dann noch mit Klaus Wagenbach, der zu mir sagte, ich sei doch derjenige, den er immer an irgendwelchen Flughäfen treffen würde. Das stimmt, aber eigentlich war's nur einer. Früher hätte er auf der Buchmesse ein ordentliches Zubrot verdient, heute könne er von den 100 Euro Umsatz nicht mal mehr Weihnachten feiern. Aber das käme eben davon, wenn Leute wie Krüger von Hanser immer das Ende des Buches beunken würden. Dabei käme es einfach darauf an, schön hergestellte Bücher zu machen, denn wenn man nur billig produziertes Plastikzeug kriegen würde, dann würden sich die Leser zu Recht fragen, warum sie nicht von einem E-Book ablesen sollen. Da hat er wahrscheinlich völlig Recht.

Marco Kerler
Fahrt zum Literaturfestival
(Muss dieser Ausflug wirklich sein)

Rasen durch Straßengräben
im Radio Fat City Blues
und wir Richtung Kuhkaff
wo irgendwer irgendwas mit Literatur
die Neuen Blöden und so

Nun Nachrichtensprecher
verbotene Mitteilung
aus der Redaktion
Weltpolitik
alles erlaubt
was Drang und Samen hat
denn Politik ist die Kunst
das eigene Umfeld zu kontrollieren
also verspritzen sie Floskeln
und ihr wisst Bescheid
und Merkel
die Todesfee
schreit nach Büffelfleisch
oder würde es tun
wenn Wählerstimme dabei
doch sie weiß nichts
von Angst und Schrecken im Wahlkampf
also bleibt sie mal still
vergibt Küsschen Küsschen
Wir fahren weiter
den Regeln fürs Schnellfahren bewusst
nochmal auf Tube gedrückt
bis am Straßenrand
ein wilder und irrer Typ
den nehmen wir mit

Ich denke oder spreche
laut mit mir selbst
über seltsame Gelüste
und schreckliche Erinnerungen
eine unheimliche Reflexion
über Treibstoff Wahnsinn & Musik
bis dann düsteres Zwischenspiel
die Polizei
und unser Tramp gleich paranoid
Welches Marihuana?
ich rufe
Mag sein dass Gott dir vergibt
aber ich nicht
und möchte nicht
in die Morgennachrichten
haue meinen Führerschein raus
verachte den Tramp
ein kurzer Check
frage nicht
wem die Stunde schlägt
doch als hätten die Jungs
in grün nichts gehört
nur ein
Fahren sie vorsichtig weiter

We can't stop here - this is bat country

Kersten Flenter
Der richtige Zeitpunkt

Wir sitzen nach der Lesung noch bei Bier und Zigaretten. Crazy Bernhard improvisiert Blues- und Jazzlinien auf dem Kneipenpiano, und wir sprechen über Herrndorfs Tod. Alle sind traurig. Ich bin auch traurig, aber nicht wegen Herrndorf. Herrndorf hat gute Bücher geschrieben, aber was die Welt nun von ihm erinnert, ist sein Internet-Blog »Arbeit und Struktur«, in dem er über seinen Tumor und seinen bevorstehenden Tod schrieb. Der war stilistisch und menschlich interessant, ich meine den Blog, obwohl, sein Tod eigentlich auch, also der Tod Herrndorfs, nicht der des Blogs. Dass es den Blog jetzt als Buch gibt, entspricht der Verwertungslogik des Marktes.

Mich interessiert an Herrndorf, am Blog und am Tod, etwas ganz bestimmtes: Wieso zum Teufel kann er so offen darüber schreiben, dass er sich eine Magnum besorgt hat? Der Besitz eines Revolvers ist doch immer noch illegal hierzulande, warum kam da kein Polizist oder Geheimdienstler, die wissen doch alles, vorbei und nahm ihm die Knarre weg? Und warum lese ich allerorten immer wieder von Menschen, die Waffen besitzen, während ich selbst nicht einen einzigen kenne, der mir eine besorgen könnte? Also eine Waffe.

Och, da kenn ich schon einen, sagt Adele, und jetzt beginnt der Abend wirklich interessant für mich zu werden. Adele ist eine der drei Frauen, mit denen ich noch dasitze. Ich sehe sie immer am ersten Freitag im Dezember, wenn sie mit ihren Freundinnen in dieser Kneipe Geburtstag feiert. Den Rest des Jahres wohnt sie in Nordspanien, in einem kleinen Haus drei Kilometer außerhalb eines Dorfes in Kantabrien. In diesen autonomen Gebieten, vermute ich, wird um Waffen kein Bohei gemacht, die hat man da halt. Für mich dagegen ist eine Schusswaffe sehr romantisch besetzt. Ich träume schon lange davon. Der Besitz eines Revolvers würde mir ungeahnte Möglichkeiten eröffnen. Es ist ein schöner Gedanke, erstens den überschaubaren Kreis an Menschen aus dem Leben zu pusten, die mit ihren 147 Konzernen 40% der Weltwirtschaft dominieren und 90% der Weltbevölkerung ausbeuten. Oder zweitens meinen Nachbarn Dr. Überdruck. Oder die Chance zu haben, zum richtigen Zeitpunkt das ultimative »Leckmichdoch« herauszuschreien. Ich bin so müde von all den Unerträglichkeiten, zu denen ich mich verhalten muss; ich erwarte ja von Politikern, Journalisten und Wirtschaftsakteuren keine vernunftgeleiteten Handlungen, aber für das Geld, das sie von mir bekommen, möchte ich wenigstens gut unterhalten werden. Ich bin müde.

Ich lasse so nebenbei fallen, dass ich mir vorstelle, 60 sei ein gutes Alter für mich zum Sterben, das würde mir reichen, und die Wahrscheinlichkeit ist groß, dass ich zu diesem Zeitpunkt etwas werde nachhelfen müssen. Unglücklicherweise sitze ich mit drei Frauen am Tisch, die alle gerade die 60 überschritten haben. Verständlich, dass sie meine Äußerung als Statement gegen ältere Leute auffassen und mich als Apologet des Jugendwahns beschimpfen, aber das liegt mir fern.

Ich sage, das einzige, was mich reizen könnte, 75 zu werden, wäre die Veröffentlichung der Akten zu Nine-Eleven, die die Bush-Administration damals für die Dauer von 40 Jahren zur geheimen Verschlusssache erklärt hat. Sie, die Veröffentlichung also, wird nämlich dann ans Licht gebracht haben, dass die Amerikaner den Einsturz der Zwillingstürme selbst so inszeniert haben, wie er stattgefunden hat, man weiß es ja heute schon, lediglich die endgültigen Beweise fehlen noch. Aber verdammt, was nützt es mir dann, so 2040, wenn ich »ätsch« sagen kann und es angeblich schon immer gewusst habe? Bis dahin werden noch etliche Verbrechen ans Tageslicht kommen, größer als der NSA-Skandal und die geheimen Kriege der USA vermutlich, und Nine-Eleven wird kaum jemand mehr kennen, also scheiß drauf und her mit der Knarre, Adele! Die würde mir noch einige Jahre bis zum Schluss ein sicheres Gefühl geben. Also die Knarre, nicht Adele.

Warum gerade 60?, fragt Marietta, die mit am Tisch sitzt und gerade ihren 62. Geburtstag feiert, warum noch so lange?

In drei Jahren werde ich 50, sage ich, diese Spanne brauche ich noch, um den großen Roman zu schreiben, dann ist alles erledigt, und danach habe ich dann die Zeit und vor allem den Kopf frei, um mich 10 Jahre lang auf die Zielgerade zu begeben. Den Strand suchen, an dem ich am Ende sitze, aufs Meer schaue und mir die Kugel in den Kopf jage, mit dem Gedanken, dass alles schön war.

10 Jahre?, fragt Adele.

Wie du weißt, sage ich, entstamme ich einer Generation, die langsam reist und die Welt behutsam entdeckt. Heute ist jeder 22-jährige schon dreimal mit Work & Travel um die Welt geflogen. Wir hatten damals Interrail und brauchten drei Wochen bis zur Côte d'Azur.

Und wir brauchten ein halbes Jahr mit dem Mofa nach Afghanistan in den 70ern, sagt Marietta.

Und außerdem, sage ich, ... der Rücken ... Und es ist ja heutzutage um einiges schwieriger, noch Paradiese zu finden. Ihr Hippies hattet es da leichter. Zu eurer Zeit waren Ibiza und Gomera noch Inseln.

Meine drei Tischgenossinnen sehen sich verschmitzt und vielsagend an.

Ach ja, seufzt Marietta, wir hatten die besseren Drogen, die langsamere Musik, den phantasievolleren Sex.

Jung sein ist heute aber auch keine Gnade mehr, sagt jetzt Lila, die Dritte der Freundinnen, die sich die Haare nicht färbt und eine Tochter Anfang 20 hat. Total verschultes Studium, keine Zeit mehr für Selbstfindung und Unfug treiben. Alles was du tust, tust du für den Lebenslauf, muss ökonomisch verwertbar und effizient sein – Job, Paarbeziehung, Fitnesscenter.

Entschleunigen, um Zeit zu sparen, ergänzt Marietta. Also, ich bin froh, in dem Alter zu sein, in dem ich bin.

Aber warum willst du denn eigentlich mit 60 schon abtreten?, will Lila von mir wissen.

Warte, bis ich's dir erkläre, sage ich, setze mein Glas ab und wische mir den Schaum vom Mund. Wer alt wird, wird arm und dement. Ich bin gegen beides. Ich finde es widerlich, dass die Leute ihr Geld in private Altersvorsorgen stecken, die nichts anderes sind als Spielgeld zur Ausbeutung der Erde und ihrer Bewohner. Und ich will kein Teil einer Industrie sein, die zu ihrem Profit die Menschen zwingt, immer älter zu werden.

Wie meinst du das denn?, fragt Adele.

Was überall als medizinischer Fortschritt gefeiert wird, sage ich, ist vor allem ein Milliardenprofit für die Pharmabranche. Warum denkt keiner darüber nach, dass diese Verbrecher immer nur Medikamente erfinden, die uns am Leben erhalten, aber nie eines, dass eine Krankheit verhindert? Es liegt wie bei allen Anstrengungen des Kapitalismus in der Natur der Sache, dass er keinen je gesund machen will. Je länger man einen Menschen am Leben hält, desto lukrativer ist er als Kunde, darum geht es. Deshalb werden wir heute so alt. Deshalb müssen wir uns heute so sehr mit dem Thema Demenz herumschlagen. Demenz gab es immer schon, wir sind früher nur nie so alt geworden, dass uns das kümmern musste, also das Vergessen; bevor wir es vergessen konnten, starben wir einfach. Das war schön. Heute können wir alle 120 Jahre alt werden, aber wir verdrängen, dass wir es darum nicht auch zwangsläufig müssen! Also das Altwerden, nicht das Verdrängen. Und wir verdrängen, wie schwachsinnig es ist, Züge und Autos zu bauen, die uns sieben Minuten schneller von Hamburg nach München bringen, wenn wir in Wahrheit elf Jahre mehr Zeit dazu haben.

Und du verdrängst gerade, sagt Adele, den Stress, den es macht, wenn du alles, was du noch erleben kannst, in zehn Jahren erleben musst.

Aber ..., stammele ich.

Schon klar, sagt Adele, der alte Spruch, nicht dem Leben mehr Jahre geben, sondern den Jahren mehr Leben und so ... Das denkst du doch, nicht? Aber da denkst du zu kurz: Wenn du sagst, es kommt dir nicht auf die Jahre an, dann kommt es ja auch nicht drauf an, ob man mehr davon hat. Ich jedenfalls lass mich nicht von meinen eigenen Zielvorgaben dominieren.

Adele hat Recht, stimmt Lila ihr zu, was ist denn, wenn an deinem 60. Geburtstag gerade die Saison läuft, in der 96 mal wieder Deutscher Meister wird?

Oder wenn du vielleicht gerade Großvater wirst?, schlägt Marietta vor.

Irgendwas ist ja immer, denke ich. Man muss doch den richtigen Zeitpunkt abpassen, darauf kommt es an. Abtreten bei klarem Verstand, das ist es. Das würde einem Politiker nie passieren! Warum strenge ich mich an, ein geglücktes Leben zu führen und zahlreiche Augenblicke im Fotoalbum meines Gehirnes zu archivieren, wenn ich am Ende wieder alles vergessen werde? Ich möchte mich lieber an Abende wie diesen erinnern, mit Crazy Bernhards fantastischem Pianospiel und Zigarillo rauchenden Frauen und der langsam tickenden Uhr an der Wand. Der Klavierspieler stimmt jetzt einen langsamen Blues an, und die drei Frauen stehen nacheinander auf und beginnen zu tanzen. Und ich tanze mit. Irgendwann hört das Piano auf zu spielen und ich tanze trotzdem weiter.

Im nächsten Frühling werde ich Adele in Spanien besuchen. Sie hat Platz in ihrem kleinen Haus. Sie sagt mir, sie glaube fest an die Zukunft. Sie habe mit dem Trinken aufgehört und stattdessen wieder angefangen zu kiffen. Das ist allemal genug Perspektive fürs Erste, denke ich. Also das Kiffen, nicht der Frühling.

Florian Günther
Der Allergiker

Der Schnupfen
hörte einfach
nicht mehr auf.

Also schlug die
Ärztin einen
Allergietest vor.

Dieser Tropfen
hier, erklärte
mir die junge
Schwester, ist
für Katzenhaar,
der hier ist für
Gräser, der
für Blüten und
der für Pollen …

Und welcher,
fragte ich sie,
ist für Menschen?

Pablo Haller
Panik in den Straßen Mitrovicës

Wir erfreuen uns des einfachen Landlebens in einem Weiler nahe Klinë. In der frühen Hitze des Augusts vertrieben wir uns die Zeit mit Schießübungen. Auf Dosen, Milchtüten, Vögel. Rundherum geschwungenes Grün, gelegentlich von weither ein Motorenröhren. Irgendwann hupte Capo, ein alter Dichter, der uns Unterschlupf gewährte, vor dem mit Einschusslöchern durchsiebten Metalltor. Souvenirs aus dem Krieg. Wenn er von seinen morgendlichen Kaffeesitzungen im Städtchen zurückkehrte, brachte er stets eine Tasche ofenfrische Böreks mit.

»So schießt man doch nicht. So hält man doch kein Gewehr. Ich war bei der jugoslawischen Volksarmee. Das geht anders. Ich zeigs euch …«

Darauf folgten Anekdoten. Einer hatte zu viel und musste sich übergeben. Die ganze Kompanie kotzte mit, damit er sich am nächsten Morgen nicht schämen musste. Oder wie irgendwann immer mehr Albaner während des Militärdiensts unter mysteriösen Umständen ums Leben kamen. Witze über Tito: »Er fasste sich vor seinen Reden stets an den Kragen und an den Sack. Weshalb? Ich stecke bis zum Hals in Schulden und ihr könnt mich alle mal!«

Gewalttätige Auseinandersetzungen auf der Brücke von Mitrovicë – Polizei meldet vier Verletzte, darunter ein UN-Polizist. Diesmal hupte er ungeduldig. Keine Böreks heute. Ein graubärtiger, blauäugiger Maler aus dem Nachbarkaff hatte uns am Abend zuvor eine Anderthalbliterflasche selbst gebrannten Raki mitgebracht. Wir krümmten uns wie austrocknende Würmer im stachligen Gras. Jemand schien dem Capo geöffnet zu haben, denn er parkte hastig, hüpfte aus dem Wagen und verschwand im Haus. Bald kam er mit einem Vorschlaghammer zurück, mit dem er sich sogleich an der Mauer der Außentreppe zu schaffen machte. »Es beginnt wieder, es beginnt wieder …«, murmelte er. Ich tastete nach dem Luftgewehr und zielte im Liegen auf einen Specht, der ohrenbetäubend den Verputz malträtierte. Auf einmal waren da zwei Spechte, zwei Häuser, zwei Capos, die mit zwei Hämmern zwei Mauern einschlugen. Dahinter: gestapelte Kalaschnikows.

»Ej, was machst du mit diesen Knarren?«

»Muss ich nach Mitrovicë bringen. Die Serben haben einen Soldaten auf der Brücke erschossen. Man weiß nie, was noch folgt.«

Ein Mädchen mit wildem schwarzen Haar erbrach sich neben mir. Ob ich auch soll? Wegen schämen und so. Wo kam sie her? Mussten wir uns für sonstwas schämen?

Sie trug einen leichten, kurzen Rock der ihr – im Schlaf? – bis unter die Brust gerutscht war. Haarstoppel & Mickey-Mouse-Unterwäsche. Meine beiden Kumpels schienen noch betäubt. Bei über 35 Grad in der prallen Sonne.

»Kann ich mitkommen?«

»Ja, klar! Wir müssen einfach aufpassen ...«

Ich wollte die Jungs und das Mädel in den Schatten ziehen, der Capo insistierte.

»Komm jetzt! Die erwachen dann schon, wenn's zu heiß wird.«

Daran wagte ich zu zweifeln, ich eilte zum Wagen. Das Tor stand noch offen, eine abrupte Kehrtwendung und wir waren auf dem Karrweg, der zur Hauptstraße führte.

Es hatte mehr Verkehr als sonst. Viele Autos mit dem albanischen Doppelkopf-Adler auf dem Heck, oder einem UÇK-Kleber.

»Haha, eine Karawane! Bring'n die alle Knarren rauf?« Ich zündete mir amüsiert eine Zigarette an. Marlboro. Fabriqué en Suisse, 1.70 Euro. So zockt uns der Staat also ab. Der Capo reichte düster eine Schnapsflasche rüber. Ich nippte, gab sie zurück. Er trank die halbe Flasche auf ex, während ein Irrer auf der falschen Straßenseite auf uns zuraste und haarscharf vor dem Crash einlenkte. »Haha, der Tod. Hallo Tod!«

»Wie habt ihr das eigentlich im Krieg gemacht?«

»Wir besorgten die Waffen in Tirana. Sammelten Geld in der Schweiz und anderen Ländern, fuhren nach Albanien. In den besten Hotels der Stadt hockten irgendwelche Gestalten, die damit verdammt reich wurden. Da kamst du rein in die edelsten Suiten mit einem Bündel Geld und trugst 'ne Tasche Waffen raus. Geschmuggelt haben wir sie mit Eseln über die albanischen Alpen ...«

»Schau mal, da drüben! Das ist die Trepča-Mine.«

Wir waren im Kessel von Mitrovicë angelangt. Von hier aus marschierten die Franzosen entgegen offizieller Weisung nicht weiter, damals im Krieg. Die Stadt wird durch den Ibar geteilt. Im Norden die Serben, im Süden die Albaner. Dazwischen eine schwer bewachte Brücke, in deren Mitte ein gewaltiger Erdwall. Kommt man hierher, kriegt der Begriff »Geisterstadt« die dazugehörigen Bilder. Das einzig neue: Das Rathaus. Und eine Moschee, die die Türken bezahlt haben.

»Sowieso«, regt sich der Capo, aus einer traditionell katholischen Familie, auf. »Auf einmal laufen hier Frauen mit Kopftüchern rum, in jedem Kaff baunse 'ne Moschee. Die Scheichs bezahlen 50 Euro im Monat, wenn die Leute an Koran-Kursen teilnehmen ... diese Scheiße! Unter Tito gabs das nicht. Die alten Frauen vom Land trugen Kopftücher, ja. Aber das hatte keine Bedeutung.«

Wir kamen diesmal nicht bis zur Brücke. Wir kamen überhaupt nicht in die Stadt. Dafür hätte der Capo, wie er da gestikulierte und mich anschaute, während er erzählte und dazu rauchte wie ein Schlot, beinahe eine Straßensperre umgefahren. Sie hatten 'nen Übersetzter dabei, doch ich laberte die KFOR-Typen mit französisch zu. »Ich bin Schweizer. Ich muss hier durch.« »De quoi faire?« ... »Ähhh ...« Sie schüttelten den Kopf, lächelten müde und wiesen uns an, umzukehren.

Der Capo beauftragte einen Arbeiter, dem er vertrauen konnte, damit, die Treppe wieder zuzumauern. In Mitrovicë waren ein Albaner, ein Serbe und ein Polizeioffizier der Vereinten Nationen verletzt worden, erfuhren wir in den Abendnachrichten, die wir bei russischem Tee und Süßigkeiten bei der Nachbarsfamilie schauten. Jetzt sei alles wieder ruhig. Als wir heimkehrten war bereits die nächste Fiesta im Gange. Der Hof voller Leute – die Kumpels und das Mädchen waren nirgends aufzutreiben. An der Fassade wütete noch immer der Specht. Ich lud durch, zielte, schoss. Traf.

Benedikt Maria Kramer
All Voodoo Shit

Nach dem Essen spendierten sie uns fettigen Kuchen. Aber wir bekamen nichts davon runter. Chrisi tat es leid und versteckte ihr Stück in ihrer Handtasche. Damit wusste wenigstens einer von uns dreien die Geste zu schätzen. Dieser Kuchen sollte noch zum Problem werden, da er auf den Seiten von Chrisis' Pass, der sich ebenfalls in der Tasche befand, Fettflecken hinterließ und das Papier dementsprechend imprägnierte, sodass bei der Ausreise nach Ägypten die Tinte des Ausreisestempels nicht angehen wollte.

Wir fragten nach einer Möglichkeit, den Abend ausklingen zu lassen, worauf uns die lächelnden Kellner einen Jungen mitschickten, der uns den Weg zu einem Café am Hafen zeigen sollte. Um von der langen Fahrt runterzukommen, wollten wir zuvor noch etwas zu Dampfen besorgen. Der Junge führte uns durch ein Labyrinth von engen Gassen tief in die Altstadt von Akko, in der es süßlich nach Kif und Pisse roch. An einer halb in den Boden eingelassenen, mit Graffiti übersäten Eisentür blieb er stehen und hämmerte dagegen. Doch da war niemand zu Hause.

In einer Nische stand eine verschleierte Frau, bewegte sich in Zeitlupe. Und mit ihrer Erscheinung überkam mich mit einem Mal Ruhe und Gleichgültigkeit. Ich sah zu Chrisi und wusste, dass sie genauso empfand. Schließlich war es egal, wohin wir wollten, wann wir ankamen und wo. Nichts außer dieser Frau hatte eine Bedeutung. Auch die Frau hatte letztendlich keine. Es war uferlos und gleichzeitig hielten wir uns im Auge eines Sturms fest, beschützt durch die Dunkelheit und die Mauern um uns herum. Dann wurde es hell. Der Junge verließ uns im orangefarbenen Licht der Hafenlampen. Ein paar Meter weiter war das Café, davor Männer auf grünen Plastikstühlen. Wir setzten uns zu ihnen und packten unsere Videokamera aus. Aus den Boxen waberte Trance und übertönte in giftigen Loops die Brandung.

Die Kamera machte ihren Job. Nach der anfänglichen Befangenheit überwog, wie immer, der Drang sich mitzuteilen. Wir rauchten Kif und ließen es laufen.

Sie hatten sich einiges eingeworfen, bewegten sich auf ihren Plastikstühlen im Staccato zur Musik. Einer von ihnen, wir nannten ihn »The Devil«, entpuppte sich als Rampensau. Er hörte gar nicht mehr auf zu reden, ließ weder uns, noch seine Kumpels zu Wort kommen. Wir hielten drauf. Er erzählte von seiner Zeit in Amsterdam und dem Shit, den er dort mit hatte ansehen müssen: »And the woman do ... she shit in the plate. And then she go ... and they do wuff, wuff wuff.«

Eine Frau, die in einen Napf scheißt und ihr Geschäft einem Mann auf allen Vieren zu fressen hinstellt. Das hatte ihn offensichtlich stark traumatisiert.

»I tried to take a trip to forget myself. I never saw this. It didn't work out man. I can't believe what kind of magic this is. It's voodoo man. It's voodoo. All voodoo shit.«

Ich ahnte, was die anderen beiden dachten: Warum? Was machten wir hier an diesem Hafen? Der Grund unserer Reise waren nicht Palästinenser auf Phenylethylamin, sondern ein Song von Johnny Cash, den er 1969 den Häftlingen auf einem Konzert in St. Quentin vorgesungen hatte: *He turned the water into wine.*

Einige Wochen vor unserem Trip in den Nahen Osten hatten Chrisi, Flo und ich eine Nacht lang diesen Song rauf und runter gehört. Es war Sommer und wir saßen bekifft und betrunken auf dem Balkon in der Georgenstraße, über uns die Sterne und in uns ein Gefühl, dass alles möglich und letztendlich schön sein musste; weil wir ja uns hatten und so viel teilten an Ansichten und Gefühlen, wie zum Beispiel das Verständnis für diese irre Nummer von Cash, in der er erzählt, dass er, wenn er jemals eine Inspiration hatte, dies im Auto auf der Fahrt von Kanaa nach Tiberias am See Genezareth geschah. Seine Frau June und er hatten in Kanaa die Kapelle besucht, an deren Stelle Jesus Wasser in Wein verwandelt haben soll. In dieser Nacht auf dem Balkon beschlossen wir, zu der Kapelle zu reisen, um dort, wie Cash gut 30 Jahre zuvor, dem Plätschern der Zisterne zu lauschen. Wie sich später herausstellte, war in der Zisterne kein Wasser und das einzige, das wir hörten, war die Spülung der Toilette im Pfarrhaus, was zwar nicht spirituell, dafür in Anbetracht unserer Erwartung, verzweifelt komisch war.

Der Devil und Flo verstanden sich nicht richtig. Ich hatte es gar nicht mitbekommen, aber irgendwann zeigte der Typ Flo sein Messer und meinte zu den anderen: »You want us to walk you home with the fuckin' cameraman?« Eigentlich war das der Zeitpunkt aufzustehen und die Runde zu verlassen. Aber wir blieben. Wir hofften, ein bisschen Haschisch einzukaufen. Der Devil hatte seinen Dealer angerufen und der musste bald auftauchen.

Dann gingen die orangefarbenen Lichter aus und der Devil meinte, wir sollten von der Mauer ins Hafenbecken springen und schwimmen gehen. Es war klar, dass er Flo und mich loswerden wollte, um sich an Chrisi ranzumachen. Noch während wir ihm das ausredeten, fuhr sein Dealer vor. Aus dem Auto stieg ein dürrer Zwerg mit golfballgroßen Augen. Der Devil holte ihn an unseren Tisch und setzte ihn fürs Interview vor die Kamera. Wie bereits zuvor übernahm der Devil den Job des Interviewers und stellte uns den Mann vor:

»This is one of the kings in town. You know. He's very deep into the shit. He's a very good digger. All his life he spended in jail. He have eight kids. He have for little kids and four grown up kids. It's very hard for someone who used drugs and been – you know – a junkie and he's been in jail, he sell drugs. You know. It's hard for him. He don't know in which balance to hold himself. You know. His heart is gold. If you know this man he give you anything. You know. If he like you that's it.«

Während dieser oscarverdächtigen Exposition galt meine ganze Aufmerksamkeit dem nervösen Zwerg, der mich immer mehr an eine behaarte Eidechse erinnerte. Seine trockenen Augen scannten wie zwei Suchscheinwerfer die Umgebung, verharrten irgendwo in der Leere, huschten plötzlich zur Seite, um sich dann wieder an einer undefinierbaren Stelle in der Dunkelheit festzukrallen. Vielleicht wich er auch nur unseren Blicken aus. Seine Aura verströmte eine gefährliche Unruhe und infizierte die Atmosphäre. Wir merkten, dass er aufgrund der einleitenden Worte des Devils zunehmend saurer wurde.

Spätestens jetzt kippte die Stimmung endgültig. Mein Verlangen danach, dass mich der Leguan mochte, hielt sich in Grenzen. Wir machten die Kamera aus, verabschiedeten uns und sahen zu, dass wir da wegkamen.

Am nächsten Tag frühstückten wir mit Ausblick auf den Turm der Verdammnis, in dessen Schatten 1291 n. Chr. die Mamluken alle Kreuzfahrer massakriert hatten, worauf Akko für gut 200 Jahre eine Ruine bleiben sollte. Keiner von uns hatte Lust, den Devil wieder zu treffen. Wir lasen uns aus der Offenbarung vor, tranken Nescafé (eine in Israel verbreitete Krankheit) und fuhren am Nachmittag zu Eli Avivi, einem alten Juden in Toga, der mit seinem langen, schneeweißen Bart und dem von Falten zerfurchten Gesicht stark an Moses erinnerte. Wenn man ihn sah, dachte man unwillkürlich, dass er gerade mit ein paar Steintafeln unterm Arm vom Berg Sinai gekommen sein musste. 1970 hatte Eli kurz hinter Akhziv, nur einen Steinwurf von der libanesischen Grenze entfernt, seinen eigenen Staat Akhzivland gegründet und war dort über all die Jahre trotz mehrerer Raketenangriffe aus dem Libanon, und obwohl die israelischen Cops sein Haus und den Brunnen mit dem »special good water« regelmäßig mit dem Bulldozer plattwalzten, geblieben. Wir blieben zwei Tage bei ihm, badeten im Mittelmeer und interviewten ihn in seiner Hängematte, bevor es schließlich endlich nach Kanaa weiterging.

Das Video zum Text: http://youtu.be/oK9rHmAcaKs

HADAYATULLAH HÜBSCH
Es ist Sonntag
(für Anne Waldman)

Es ist Sonntag, was geschah mit Samstag, was wird
mit Sonntag am Montag sein, mind the gap,
Um in den schwarzen Löchern nicht zu verschwinden, dem
Vinyl, in dessen Rille wir unsere Erinnerungen ge-
speichert haben, cool down, es ist
immer noch Sonntag, wir haben
Die Zeit
Vergessen, on our side, was war mit links, wohin
steuert mind is outer space, ich sehe
Den roten Faden
Im californischen Labyrinth, we had no wine since 69,
Ausgepowert in den Straßen von Barcelona
Auf der Suche nach einer Bleibe,
Sorry, wir sind aus-
gebucht, kein Zimmer frei, no room for you
In Cliffs of Dover, so weit weiß scheinend
Der Schimmelreiter, kopfüber hinein in
Mach was du willst,
Als Marie und ich auf der Burg Rothenfels inmitten all
Der aufbegehrenden Studenten Blumen malten,
Räucherstäbchen anzündeten,
Und ich drehte meinen Joint dazu, breit
Lachend, die Burg umrundend, erkundend
Die Freiheit, die ich meine,
Und sie redeten sich die Köpfe heiß,
Um die Zweifel zu stillen, Cptn. is sick, mighty sick,
Und dann nächtlings
Hicksten sie um die Wette, denn wir sind
Die Revolution, die nicht an Bleivergiftung stirbt,
Verlassen wir die Gefilde der Ohnmacht,
Memories, they're all that's left you,

Eingegraben in den Berg unseres Kopfes,
I am the egghead, ich liebe dich, mich, uns, sie,
Und der Hahn, der schreit kikeriki,
Dreimal bevor des Morgens graue Mauer Einhalt
Gebietet (another brick in the wall, völlig losgelöst
herausgebrochen I want to be free/
like a bird on a tree
Und doch keine Zeit
für Höhenflüge; another time; spaceship Rock'n'Roll),
Und der winzige Gedanke,
Wie geht es weiter,
Verschwindet wie ein Wind, der jemanden verlässt,
No deposit, no return,
Martha, my dear,
Ohren gewaschen, der Kopf voller Aspirin, es stinkt nach
Dem Jucken, kleiner Schmerz nur am rechten Fuß,
Ein Gruß, den der Vogel mir brachte
Von der schweigenden Geliebten,
Halte also inne,
Zurück in den Red Canyon,
In die Kanalisation, LSD kenn ich schon, so ausgewunden
So verbunden,
Hans-a-Plast, we are the plastic people too,
Zwei
Fell
Um das noch zu sagen, als ob wir sie kennen müssten, allein,
Um uns zu überwinden genügt nicht
Auf das Rauschen im Radio zu hören,
Dark Star, enter the arc now,
WIR HÖREN UND GEHORCHEN DEM BESTEN
   VON DEM, WAS WIR HÖREN,
Verlass das Renntier,
Verlass den Windhund,
Verlass die Straßensänger, die um ein paar Cent in ihrem Hut
Buhlen, verlass die Gefahren–
Zone, Go dis one, one and one and one is three,
Und ich will Eiderdaus,

Und ich will Lapislazuli,
Und ich will Sesamöffnedich,
Und du bist so freundlich, dass es weh tut,
Und der Dampfer im Hafen, gib mir noch einen Zug
Aus deiner Zigarette,
Wie Kai aus der Kiste,
Wie ein endlos rotierendes Charlie Chaplin-Fließband,
So diese Buchstaben, Perlenketten im Maul des
Hai-
Fischs, wenn du das Wort Wal umdrehst,
Wird
Law
Daraus, wem hat das was zu sagen, Cptn. Ahab,
Cptn. Wahab, Cptn. you're so mighty sick,
Und ich zieh mir den Schnupfen an,
Und ich steh da im Sternenkindkleid,
Und ich umrunde den Stein meines Herzens,
Flöße die Gier wie Brackwasser in
Die letzten Zeilen vor dem Ende der Auffahrt,
On the highway,
Like a gambler,
Playlink: das ist kein Spiel mehr,
Das ist der beinahe verzweifelte Versuch,
Etwas Klarheit in den Tag zu bringen,
Sunday Morning,
Grau ins Graue malend mit dem Mühlstein um den Hals
Über Kopf
In das Eiswasser in den Frühtau zu Bergen,
Was dir ins Auge fiel gefiel gefallen,
Und inne
Hall
Ten, nein, Revolution so schon schön and it's gone
als wäre der Anfang gemacht,
gemach, gemach,
Als wäre Anna Blume neben mir und gäbe mir einen
Stips,
Als wäre ich mit mir und suchte nach meinen

Fehlern, um aus ihnen zu lernen,
Da war der Kern der Mandarine auf dem Esstisch,
Da waren die Spuren von Maden und Gefleuch,
JEDER HINTERLÄSST SPUREN,
Da war das geräderte Stehenbleiben vor der Schweizer Uhr,
Da spielten sie Hamster,
Da ist das Foto von Hemingway, auf dem er
mit dem Gewehr
auf den
Betrachter
zielt,
Wühlmaus am Wühltisch der Heimlichkeiten,
Im Ausverkauf einen schwarzen Kamm erstehend
Für Geheimnisse,
Und dann zum Kant-Café auf eine Tasse Tee,
Talking about Humanity,
Celebrity,
Frustration, die Rationen für Hungernde, die Ratio
in der täglichen
Aufwach-Sendung von Radio X,
Der Schmerz unten, die Hitze oben,
Einstich, Durchbruch,
Erdnussbruchschokolade aus dem Hinterkopf polkend,
Zierliche, gezeichnete Wolke
Ganz in Blau,
Was genau willst du,
Wohin gehst du, ins Kino, was wird denn gegeben,
Quo vadis, was heißt das, wohin gehst du, ins Kino,
ins KImono, nonono, in den Silver-Apple-Film
Von John Lennon in Madrid, war is over,
If you are wanted,
Wer kann folgen, wer will Folge für Folge den
TV-Screen abtasten mit rotgeäderten Augen,
Taugenichtse,
Marrakesch-Füchse,
Die Büchse der Pandora im Gepäck,
Nackt wie Gott sie schuf,

Wie ein Buch ohne Seiten, ohne Buchstaben,
aber dem gewissen
Etwas,
Das trägt nicht, das trägt,
I am a wanderer,
Das fühlt den Schmerz kommen,
Kommet zu Hauf,
Das ist der Berg Nase,
Das ist das unwillkürliche Zucken des Kopfes,
Wenn im Unterbewussten sich etwas rührt,
Das dir Wasser in die Augen treibt,
Das dich in einen Zustand versetzt,
Nicht gehetzt, cool down, night hire,
Nimm an, lass zu,
Es ist Sonntag,
Nico am OLivenbaum in Ibiza gestrandet,
Start it up,
Wake up little Suzy,
Das Lämpchen in deinem Wuschelköpfchen glüht,
Was mir blüht,
Was der Montag vom Sonntag weiß,
Was mich nicht heiß macht,
Was den Faden abbeißt, der mich gefesselt hält,
Apron String,
Living Doll,
Im Tollhaus der Gefühle und so wühle dich weiter bis zur nächsten Berg&Tal-Fahrt,
aber bewege dich,
Aber sei auf dem Weg,
Kümmer dich nicht um den Schorf,
Die Wunden sind wie Stunden,
Die wir nicht zählen wollen,
Quäl dich nicht,
Sei Gedicht,
Hör nicht auf die Gerüchte,
Warte auf das Gericht
Am anderen Tag, im Anderland,

Sei dir unbekannt,
sei dir anverwandt,
die Kutsche der
Erinnerungen ausgespannt,
wie ein blauer Regenschirm,
Wie eine Welle ohne Ufer,
Lang
Sam
Aus
Roll
End.

Aus: Hadayatullah Hübsch: »beatmanna – Eine Hommage an die Beat Generation«

Florian Vetsch
Nana
Jürgen Ploog zum 77. Geburtstag, 9. Jan. 2012

Den Lift bis zur 67. Etage nehmen
Die letzte Treppe zu Fuß erklimmen
Hinaus aufs Flachdach treten
Die Flügel von Dädalus montieren, durchatmen
& dich in die Wolkenkratzerschluchten stürzen

Zwischen Hochhäusern segeln
In Büroräume winken, in Lofts
Dich auf ein Sims kauern, dem Verkehr zusehen
Dich durchstrecken, mit weit ausgebreiteten Armen abspringen
Langsam zum Sinkflug übergehen & auf dem Asphalt landen

Die Flügel sorgfältig zusammenrollen
Die Lieblingsschuhe zum Scheinen bringen
& den Tanzschuppen in der 23. entern, wo sie
Den besten Cool Jazz auflegen, seit Jahren
& dort auf der Spiegelfläche, lichtumzuckt, ein paar Runden drehen

Schließlich den Belüftungsschacht hochklettern, unbemerkt
Die frische Morgenluft schnuppern, die Flügel ausrollen
& dann steigen, steigen, steigen
Der Großstadtgöttin Nana dankend
– Sie hat dir dies alles geschenkt

Patrick Hegglin
Pitkin County, 1972

»Keep calm, boy. I'm the sheriff.« Er trägt einen Button mit der Aufschrift *Freedom for Lung Cancer*. Er sieht genau so aus, wie ihn sich Harold, 113, aus Worland, Wyoming vorstellen würde: Ein gottloser Freak.

Was soll ich sagen? Soll ich mich fragen, warum es im Nachfolgenden keine Kommunikation gibt? Soll ich Ihnen dazu raten, ihre Golfschuhe anzuziehen, um diesen Morast aus Unsinn durchschreiten zu können? Soll ich im schimmeligen Teesatz lesen, ein bisschen Wahrheit fingieren? Ich könnte diesen Schneespuren folgen. Ich könnte Ihnen anhand dieser Puppe zeigen, wo er mich angefasst hat. Aber das würde nichts ändern. Ich war bloß die Hülle für eine uralte Angst. Der Protagonist des sich manifestierenden Albtraums eines runzligen Sodomiten. Eines ausgesprochen runzligen Sodomiten.

Der Sheriff steigt von der hölzernen Plattform herunter und bahnt sich seinen Weg durch die ekstatische, »Bastonde! Bastonade!« skandierende Menschenmenge. Zu beiden Seiten der Plattform hängen schwarze Banner mit einer roten Faust in einem weißen Sheriffstern darauf. Und dahinter, zwischen der Plattform und dem Gerichtsgebäude steht Justitia und sieht, wie üblich, ziemlich wenig. Auch nicht, wie einige karge Sonnenstrahlen durch die Wolken über den kleinen Billy Miller wandern, der blutig auf den Brettern liegt. Armer ehrlicher Billy Miller, der vom rechten Weg abgekommen war und sein Zeug mit Gemüsebrühekonzentrat gestreckt hat. Ich kenne ihn nicht. Billy Miller hat keine Sprechrolle, er ist bloße Dekoration.

»Follow me«, sagt der Sheriff, als er an mir vorbeiläuft und mir einige bunte Pillen in die Hand drückt. Ich folge ihm kauend.

Bestimmt war die Wahl manipuliert gewesen, die Urnen angeschlossen an atombetriebene Taschenrechner und die Zettel auf tote Prä-

sidentenhunde ausgestellt. Der Kandidat nicht derjenige, von dem in den Geschichtsbüchern die Rede ist. Wie immer. Nur eben anders dieses Mal.

Die Veränderung setzt schnell ein. Auf dem Parkplatz schimmert die Halbglatze des Sheriffs sanft in der Farbe des sterbenden Schnees ringsherum, prallt vor und zurück zwischen hier und jetzt, und mit dem gemessenen Tempo eines Weltunterganges wechselt sie in eine andere Dimension hinüber. Und mit ihr mein Zerrbild darauf. Genau wie alles andere spielt es keine Rolle, ob der Spiegel oder das Objekt schmutzig ist. Poliert man das eine, poliert man das andere. Ich poliere, und nichts wird klarer.

Es spielt keine Rolle. Das tat es nie. Die Zukunft und die Vergangenheit werden alleine durch die Gegenwart bestimmt. Geschichte ist ein Assimilationsprozess, ein Kampf um Auslegung und Vereinnahmung. Gewinner und Verlierer sind ein- und dieselbe Person, auf verschiedenen Seiten einer roten Linie.
  Was ich damit sagen will?
  Dieses Mal war er der Sheriff und das nächste Mal ist er es nicht. Und wenn ich meine Aussage gemacht habe, sind bloß einige weitere Minuten verseucht worden.

»Was jetzt?«, fragt die Stimme aus meinem Mund. Meine Stimme.
  Der Sheriff gibt mir eine verspiegelte Skibrille und setzt selbst eine auf. Unter einem indifferenten Himmel starren wir uns eine Weile lang an und unsere Gesichter verschwinden in sinnloser Repetition.
  »Was jetzt?«, fragt die Stimme aus meinem Mund. Irgendeine Stimme.
  »Pig hunt.«

Wir fahren mit seinem Dienstwagen hoch ins Skigebiet.

Immer kurz vor dem Punkt, an dem der Lärm droht, jedes weitere Geräusch und jeden weiteren Gedanken für immer zu ersetzen, prallt das Heulen der Sirene zurück, wie ein irre gewordener Jagdhund an einem Gummiseil. Wir rasen eine enge und verwinkelte Straße hinauf, durch eine Einöde aus Schnee, Geröll und eingezäunten Villen.

Wir passierten dutzende Gesichter.

Wieder und wieder springt der irre gewordene Jagdhund auf dem Rücksitz des Polizeijeeps gegen das grobmaschige Gitter zwischen uns. Wir fahren viel zu schnell. Und dann reißt das Gummiseil.

Nicht eines trug zu einer möglichen Handlung bei.

Mein Gesicht im Rückspiegel ist nicht mein Gesicht, sondern der Schatten einer Abbildung von Harold, 113, aus Worland, Wyoming. Er zieht sich zusammen und dehnt sich wieder aus, mit jeder aufrechten Säule der aufrechten Gesellschaft, die er auf sich hinunterbröckeln spürt. Ich will raus. Der Zusammenhang dieses Konstrukts ist viel zu lose, die Wände dieses Wurmlochs viel zu dünn, viel zu nah und sie kommen immer näher. Der Parasit, der mich bewohnt, windet sich unter all dem Schrecken, den er durch meine Augen vermutet. Und ich fürchte mich vor der Botschaft, die er erhalten soll. Ich will ihn herausoperieren, aber kein Skalpell ist greifbar. Ich komme nicht darum herum. Heute Nacht bin ich der Wirt eines guten Patrioten.

Es gab keinen Plan. Es gab keine Handlung. Es gibt keine Geschichte.

Es ergibt alles keinen Sinn.
　»Es ergibt alles keinen Sinn«, sagt eine Stimme. Meine Stirn runzelt.

Mir ist bewusst, dass das alles keinen Sinn ergibt. Ich kann es nicht ändern.

Als der Sheriff an seinem Schlüsselbund herumfingert, flimmert er, als sehe ich ihn durch die Luft über einem Benzinfleck auf einer heißen Straße. Er sagt irgendetwas und öffnet die linke hintere Tür des Jeeps. Der Jagdhund springt heraus. Als er sich schüttelt, fliegen Speichelfäden in die Pfützen, die sich vom geschmolzenen Schnee gebildet haben, und dann rennt er davon, in keine spezifische Richtung. Der Sheriff nimmt eine Sporttasche vom Rücksitz.

An mehr kann ich mich nicht erinnern.

Jemand fragt nach.
    Jemand nuschelt.
    »The resident's revenge.«
    »Occupied territories.«
    »This land is your land, this land is my land.«
    Jemand exhumiert eine Leiche und fällt in die offene Grube.

Ich weiß nichts über irgendwelche Blendgranaten. Oder atomare Sprengköpfe. Oder was mit meiner Hose passiert ist.

Irgendetwas geschieht. Irgendwer tut Dinge. Andere Dinge geschehen. Irgendetwas wird irgendwo von irgendjemandem nicht zu Ende gedacht.

Nein, ich weiß nicht, ob oder weshalb wir Wikingerhelme trugen.

Irgendwer hat die Deutungshoheit und macht sehr wenig daraus. Vielleicht Gott. Oder Henry Kissinger.

Ich sagte doch bereits, dass es keine Geschichte gibt.
    Geschichten entstehen nicht einfach von sich aus.
    Geschichten kennen nur diejenigen, die dabei waren.

Eine Explosion und dann steht plötzlich alles still. Es ist ganz leise geworden. Ich drehe mich langsam um mich selbst und sehe, wie sie in den Schnee geschrieben stehen, mit dem Blut der besseren Gesellschaft: All die Möglichkeiten. All die Parallelwelten.
    Nixon in einer Hotelsuite, wie er sich selbst im Fernseher betrachtet. Er sieht gut aus, gut gebräunt, sein Lächeln kommt sym-

pathisch rüber.

Nixon auf dem Weg in die Sonne, als ein Streichholz explodiert.

Die Flugzeuge wenden, in Vietnam fallen die Blätter aufwärts und am Ende einer Dominoreihe geht die Welt unter.

Tim Leary ist als Papst genau so drauf, wie alle Päpste vor ihm, bloß die kleinen Kinder bleiben glücklicher. Und schwule Mutantenaliens zerstören die Hauptstadt mit ihren rosafarbenen Lasern. Der Sheriff ist der Sheriff ist der Sheriff. Und manchmal ist er es nicht.

Die Vergangenheit ist tote Materie. Man kann sie nach Belieben über einem Kamin arrangieren.

All die roten Linien.

Ein Schneeball rollt durchs Bild. Salzige Cowboystiefel knarzen. In Fat City klickt die Kirchenuhr auf 12/12. Der Sheriff zieht. Und schießt. Und schießt und schießt und schießt, mitten durch das Raum-Zeit-Kontinuum. Die Gegenwart lächelt milde und macht Platz für eine exakte Kopie ihrer selbst, als die Kugeln durch sie hindurchfliegen.

All die doppelgesichtigen Arschlöcher, drüben, auf den anderen Seiten.

All das Gleiche, für immer und immer wieder.

Die Ewigkeit dreht sich um ihre eigene Achse, bis alles zerrieben ist, bis nichts mehr übrig bleibt als ein Sandkorn in der Bikinizone Gottes. Tabak kauend schaut er auf mich herunter und spricht: »Du hast es gesehen. Du hast es gespürt. Ich erwarte nicht, dass du es verstehst. Hauptsache du vergisst eines nicht: Du darfst diese Freaks niemals gewinnen lassen. Niemals!«

Gott wendet sich ab und spuckt braun in die Gesichter der schlechteren Menschen. Es gibt ihn also. Er ist Republikaner. Schau an.

Weiter habe ich nichts beizutragen.

Marco Kerler
Langstreckenbomber

Ich hätte Lust
ein Feuer zu entfachen
stattdessen B52
und vergesse das Ding mit dem Strohhalm
denke der neben mir
hätte das Teelicht geext
verbrennt mein Plastikhälmchen dabei
ziehe mir einen Wein
davor oder danach
wer weiß
auf jeden Fall B52
also Langstreckenbomber
ich meine zu glauben
mich an nichts mehr
erinnern werden zu können
schmeiße Glas in die Runde
das niemand begreift
da rempelt mich jemand an
oder ich ihn
alter Freund
falls nicht
übergebe ich
zur Vorsicht
meinen Langstreckenbomber
und mich hinterher
also als Bombe
über sein Hemd
die lange Strecke
quer drüber
und er nun Bombe
schreit in mein Ohr
was ich auch nicht verstehe

also ich weiß schon und so
aber wenn du so weiter
dann mit Absicht noch mal
»Bedienung
'ne runde Zerstörung
auf mich«

Max Schober
Kaktuseis

Hartfried steht, ich sitze. An meinem AP, kurz für Arbeitsplatz, also auf meinem Stuhl, an meinem Schreibtisch, vor meinem Flachbildschirm und meiner dreistöckigen Aktenablage, in der ausnahmslos bedeutungsloser Scheiß abgelegt ist und darauf wartet, dass ich endlich kündige und meinen AP räume. Für den bedeutungslosen Scheiß ist das die einzige Chance, noch mal etwas anderes als die braune Plastikablage zu sehen – und wenn es der Papierkorb ist.

Ich sitze, brumme *hmmmm* und *ahaaa* und starre penetrant auf meinen Bildschirm. Hartfried steht neben mir, unangenehm nah, sein Schritt auf Höhe meines Gesichts, und kratzt sich am Schwanz. Das Kratzgeräusch treibt mich in den Wahnsinn, *krch - krch - krch*, er erzählt etwas, lacht, kann etwas Banales nicht fassen, lacht in Abwesenheit lustiger Begebenheiten über ärgerliche Dummheiten anderer Schreibtischschwuchtelin. Ich hasse Hartfried. Jeden Tag zur Arbeit und telefonieren, E-Mails schreiben, Excel berechnen, Anträge ausfüllen, jeden Tag der gleiche Abfuck, Hartfried ist neunundvierzig, er macht das schon über zwanzig Jahre. Und er lacht.

»DuArschlochichbringedichumhöraufzulachenaaaarrhggl!«, schreit eine innere Stimme und ich spüre meine Kiefermuskeln hervortreten und höre meinen gepressten Atem durch die Kehle zischen, »hauabduHurensohnichbringdichumverpissdichlassmichinRuhemeinAPistsoschondermieseseOrtimUniversumaberlassmichwenigstensmitdeinerSCHEISSGESCHICHTEinRuheduPENNER!«

»Hartfried, ha,ha, echt unglaublich, ha, ha, ha, ha, ha, ha, ha! HA! HA! HA!«, sage ich harsch und laut und stehe abrupt auf. »Ich muss arbeiten! Lass mich in Ruhe!«

Das Schwein hält inne in seinem Sermon, sieht mich mit in seine papiergelbe Fresse gefaltetem Lachen an und kratzt sich unsicher am Schwanz. Mein Computer klingelt, ein Fenster poppt auf, Outlook, ein Termin, 14:30 Uhr, Hans Warner, Personalabteilung, Unterbereich Führungskräftebetreuung. Betreff: »Sommergespräch«. Ich lasse ihn stehen und renne aus dem Raum. Scheiß-Hartfried.

(»Ich muss arbeiten, Hartfried, ich habe einen Termin. Merk dir den Rest der Geschichte, ich würde ihn wahnsinnig gerne nachher noch hören. Du ARSCH!«)

Im Foyer der Firma steht Hans Warner mit feistem Grinsen jovial an einen der Kaffeeautomaten gelehnt. Sein teigiges Gesicht unter den hochgegelten Haaren glänzt ziemlich ungesund. Einer meiner Peers wippt vor ihm von einem Fuß auf den anderen, ein anderer High Potential von der Watch List, der sich um jeden Preis bewähren will, immer gierig nach Management Attention. Einer, der Business Management oder International Politics studiert hat, Krawatte und poliertes Schuhwerk, Anzug, trendiger Dreitagebart. Einer wie ich. Ich trete durch die Vereinzelungsanlage zu den beiden Businesskaspern, »Hallo Herr Warner, hallo Yannick«, sie verabschieden sich und Yannick sieht zufrieden aus, der miese Penner. Warner, der Scheiß-Hans, wie ich ihn immer dann nenne, wenn er nicht zuhört, glänzt mich speckig an, schüttelt meine Hand in seiner fleischigen Pranke und will mich zu einem Kaffee einladen.

»Wie viele hatten Sie denn schon, Herr Warner, Sie führen doch Sommergespräche mit allen aus dem Talent Pool?«, frage ich ihn.

»Ja das stimmt, so sechs werden es schon gewesen sein.«

»Ihnen ist ja schon ganz heiß, sie schwitzen, was soll der ganze Kaffee? Wollen Sie nicht lieber ein Eis?«

Er will. Klar, nach sechs Kaffee, eingepresst in Casual Business Wear bei knapp dreißig Grad im September.

»Ich darf Sie einladen«, stellt Warner fest und steckt seine Karte in den Schlitz am Eisautomaten. »Was wollen Sie denn?«

»Ein Kaktuseis, Herr Warner. Das mag ich. Auch wenn es komisch aussieht. Aber wenn es um Kaktuseis geht, darf man sich nicht mit Skrupeln aufhalten. Man muss seinen eigenen Weg gehen.«

Warner sucht auf dem Bedienfeld nach Kaktuseis. Er findet es. Es ist lächerlich. Warners Muppetgesicht erhellt sich: »Ganz genau, Herr Jäger, das finde ich auch«, lügt der Schleimer, der statt Meinungen Visitenkarten und Rollköfferchen besitzt, »denn was schmeckt, das schmeckt nun mal. So eins will ich auch!«

Er drückt den Knopf, die Maschine spuckt das Kaktuseis aus.

»Na dann guten Appetit, Warner«, sage ich, »hauen Sie rein. Ich nehme doch lieber einen Kaffee.«

Wir sprechen über nichts im Speziellen. Ich lästere über den Vorstand. Warner nickt. Ich denke an Hartfrieds widerliches Kratzen. Warner leckt verschämt am Kaktuseis. Ich kann nur ahnen, wie er sich fühlt, das arme Schwein. Aber die Zeiten des Mitgefühls sind definitiv vorbei. Wirklich böse wird der Mensch erst, wenn er nicht mehr brutal sein darf.

Zwei Stunden später sitze ich auf dem Balkon meiner Wohnung und trinke Bier. Im Grunde war der Tag ein Erfolg. Nichts beraubt einen Mann so zuverlässig jeglicher Autorität wie ein Kaktuseis. Warner ist geliefert. Aber ich fühle mich leer. Das Bier hilft, aber der Gedanke an fünf Minuten ohne lässt mich verzweifeln. Wie können Männer wie Hartfried überleben? Was denken sie den ganzen Tag? Was zum Teufel spielt sich in ihren Köpfen ab? Haben sie Vorstellungen oder leben sie nur im Moment? Kurz, ganz kurz versuche ich ernsthaft, mich in Hartfried hineinzuversetzen. Mir wird schlecht. Ich hätte ein Foto von Warner machen und posten sollen. Chance vertan. Hartfried sitzt wahrscheinlich immer noch am AP. Es muss einen Weg aus der Langeweile geben, ein Ticket aus der Endlosschleife aus Bier und Hass. Ich denke nach, zermartere mir das Gehirn. Dabei ist es klar. In Zeiten, wo die Liebe tot ist und der Mensch endgültig jede Hoffnung auf Rettung durch Werte und Erkenntnis verloren hat, kann nur Sex mich retten. Wenn dein Verstand kaputt ist, muss dein Körper dir helfen. Wenn das nichts bringt, bist du am Arsch. Hoffentlich hast du dann noch die Kraft, dich umzubringen. Ob Hartfried sich einen Teil seines Gehirns hat amputieren lassen? Ob ich das auch machen sollte? Welcher miese Quacksalber bietet diese einzige nützliche Operation an? Was ist erstrebenswerter, als sich über einen Tag voll Arbeit und Juckreiz im Genitalbereich freuen zu können? Oder ist Hartfried ein höher entwickeltes Wesen? Führt Evolution in Abwesenheit nicht schädlicher Betätigungsmöglichkeiten des Gehirns notwendigerweise zu Mutanten wie Hartfried und Warner? Wer würde gewinnen, wenn die beiden kämpfen müssten, auf Leben und Tod? Alles dreht sich. Warum nicht ficken gehen? Warum nicht Sex, warum nicht gleich um die Ecke? Warum in die Kneipe, warum so tun, als sei ich nicht gefährlich, als sei ich sogar nett? Als sei ich interessant? Niemand ist interessant! Ich schreie, so laut ich kann: »Aaaaaaarrhhh! NIEMAND!«

Noch vier Flaschen Bier, dann ist der Kasten leer. Noch drei. Ich pisse vom Balkon. Auf der Straße schreit jemand, ich brülle ihn an und schmeiße eine volle Flasche in seine Richtung. Noch zwei. Jemand droht mit der Polizei, ich werfe noch eine Flasche. Hunde, die bellen, beißen nicht. Ich ziehe meine Hose an. Die letzte Flasche trinke ich auf dem Weg zur Tür. Ich brauche Geld. Im Flur treffe ich die Nachbarin, will was sagen. Sie hält nicht an und dann ist sie weg. Ich pisse ins Treppenhaus.

Im Puff ist schummriges Licht. Ein Scheißpuff, keine Bar und ohne Stangen, an denen sich die Mädchen räkeln. Nur Flur, Treppen, geschlossene Türen. Gelber Teppich, rosa Wände. Meine Hand klammert sich ans Geländer. Eine Stimme spricht mich an, ich zucke zusammen. Es ist eine Frau. Ich bin erleichtert. Sie macht die Zimmertür zu und verlangt Geld. Ich gebe ihr vierzig Euro. »Zieh dich aus«, sagt sie. Sie trägt nur einen Büstenhalter und Strapse. Untenrum nichts. Kein Höschen. Ich brauche einen Moment, bis ich wahrhabe, dass ich auf ihre blanke Möse starre. Ich schäme mich, warum? Vor wem? Ich setze mich auf einen Stuhl und ziehe Schuhe und Hose aus. Ich habe einen Ständer und muss an das Kaktuseis denken. Ich ziehe meine Jacke, mein T-Shirt und schließlich meine Socken aus. Ich bin vollkommen nackt. Nackter als die Nutte. Sie zieht den BH nach unten, ihre Brüste schwappen darüber und sind plötzlich ganz nah. Sie küsst mich. Küsst mein ganzes Gesicht. »Du riechst nach Bier, warum trinkst du so viel?« Sie ist farbig, nicht ganz schwarz und nicht europäisch, vielleicht Brasilianerin oder so ähnlich. »Wo kommst du her?«, frage ich, »Nicht fragen« sagt sie und küsst mich weiter, »Du stinkst nach Bier!«, aber sie küsst weiter, küsst mich auf den Mund und riecht warm und erdig und süß und ich öffne den Mund und wir knutschen wie Fünfzehnjährige. Sie setzt sich auf meinen Schoß, mein Schwanz zeigt zwischen unseren Bäuchen gerade nach oben, wie ein Kaktuseis, aber der Gedanke an Warner und sein ekliges Lecken verflüchtigt sich, wirkungslos, und kann meiner Latte nichts anhaben. Ich umarme sie, ziehe sie an mich, sie rutscht auf meinem Schoß zur Seite, reibt vor und zurück, reibt sich an meinem Schenkel, hinterlässt feuchte Spuren, beißt in mein Ohr, ihr heißer Atem geht stoßweise. Sie richtet sich auf und ihre Brüste sind direkt vor meinem Gesicht. Ich öffne den Mund und sauge an ihren Brustwarzen. Sie stöhnt. Dann packt sie meinen Schwanz und setzt sich drauf. Ich bin in ihr, sie ist überall, ihre Brüste, ihr Mund, ich bekomme Druckstellen am Hintern von dem harten Puffstuhl und bald auch Blasen, so wild bewegt sie sich vor und zurück. Sie packt meinen Kopf und drückt ihn gegen ihren Hals, ich kriege kaum noch Luft, rieche meinen eigenen Atem, Bier und Zigaretten, dann komme ich und sie spürt es und hält mich noch fester, während ich mich Schwall um Schwall in sie ergieße und mein Gesicht in ihr vergrabe, bis mir schwarz vor Augen wird. Sie bleibt auf mir sitzen und streicht verschwitzte Haare aus meinem Gesicht. Sie ist mindestens so groß wie ich, ein paar Jahre jünger, fest und stark. Sie ist wunderschön. Sie küsst mich, wieder mit Zunge, ich liebe sie, trotzdem wird mir schlecht, alles dreht sich, aber ich will nicht kotzen, jetzt nicht, ich reiße mich zusammen. »Ich liebe dich!«, rufe ich und küsse sie gierig, »Ich liebe dich!«, mein Penis steckt immer noch in ihr, wir haben kein Kondom benutzt, fick dich Hartfried! Dann bekomme ich halt AIDS – ich liebe sie!

Sie steht auf. »Du musst gehen«, sagt sie, »oder noch mal zahlen. War schon viel zu lang.«

Ich habe kein Geld mehr. Nichts im Geldbeutel. Unten habe ich einen Automaten gesehen, will Geld holen, aber sie schüttelt den Kopf. »Geh schlafen«, sagt sie, »Komm wieder. Ich komme zu dir, wenn du willst. Du kannst mich anrufen. Wo ist dein Handy?«

Ich verstehe nicht, will nicht gehen, finde mein Handy. Sie diktiert mir ihre Nummer. Ich tippe sie ein, drücke »speichern«, das Handy fordert einen Namen und ich weiß nicht, wie sie heißt, aber hat sie es nicht vorhin gesagt? Ich weiß es nicht mehr, vielleicht María, aber wahrscheinlich nicht, ich möchte mich auf den gelben Teppich legen und schlafen, traue mich nicht zu fragen. Fange an zu tippen, ein N, ein U, was soll ich machen? Ein T, noch ein T, ein E, drücke »speichern«, das Handy zeigt den Eintrag an:

Vorname: NUTTE
Nachname:
Nummer: 0176 21532927.

Sie sagt »Zeig mal«, will sicherstellen, dass ich die Nummer richtig eingetippt habe, nimmt mir das Handy aus der Hand. Sie betrachtet das Display, die Zeit gefriert, sie erstarrt. »Geh«, sagt sie. »Ich …«, sage ich, sie drückt mir das Handy in die Hand und sagt lauter: »Geh! Zieh dich an, geh! GEH!« Ich ziehe mich hastig an, stolpere, falle hin, ein Bein in der Hose und eins nicht, rappele mich auf und mache die Hose nicht mal richtig zu. Als ich das Zimmer verlassen habe, schlägt sie die Tür hinter mir ins Schloss. Ich renne die Treppen hinunter und auf die Straße, torkele hundert Meter in irgendeine Richtung und kotze in einen Hauseingang. Rotz fließt über mein Gesicht.

Irgendwann bin ich zu Hause. In allen Taschen suche ich den Hausschlüssel, er ist nicht da. Ich weiß sofort, wo ich ihn verloren habe.

Lutz Steinbrück
Urbane Fotostrecke

(I)
Sie ritten bäuchlings
durch die Fledermauslounge
und summten ihr
waghalsiges Schweigen,
in einem Tonfall
souverän getarnter
Skepsis zogen sie die
Spuren ihrer Grenzen
im Raum: Vorsicht!
wer ihnen folgt, findet
ein Netz engmaschiger
Blickkontakte und sieht
im Anschlag: die Pupillen,
geweitet

Aus: Fluchtpunkt:Perspektiven, © Lunardi Verlag Berlin, 2008

Max Beckmann
Tag der digitalen Einheit

08:42 – Südliche Stadtgrenze von Leipzig, 87,9 m südwestlich der B2, auf einer kleinen Lichtung im Auwald: Dipl. Ing. a. D. Heinz-Georg Lehmann, 68, prüft ein letztes Mal die Komponenten seines großen, monatelang geplanten Experiments. Neben ihm steht ein 4,20 m hoher Metallzylinder von knapp 1 m Durchmesser, komplett mit Stabilisierungsflügeln und Startrampe. An der Spitze der Experimentalrakete ist eine HD-Kamera angebracht, geschützt von einer dicken Plexiglaskuppel. Einen Steinwurf von der Rampe entfernt parkt ein flaschengrüner Jeep, auf dessen Motorhaube sich unzählige von der Rampe ausgehende Kabel schlängeln. Diese bündeln sich schließlich zu einem einzigen, welches in einem Laptop endet, an den ein Smartphone angeschlossen ist. Der füllige, mittelgroße Mann, dessen graues Haar unter einer grellroten Wollmütze hervorquillt, öffnet seine Multifunktionsjacke in der gleichen Farbe ein wenig, atmet durch und gibt konzentriert einige Befehle in den Rechner ein. Der Luftraum scheint frei zu sein. Ein letzter Systemcheck, dann kann der Countdown beginnen. Sein Finger nähert sich dem Knopf, der die Startsequenz auslöst, als ihn ein lautes Röhren erschrocken zusammenfahren lässt. Panisch reißt er den Kopf herum, Bilder vom Pipelinebau in Sibirien flackern in seinem Kopf auf, die Kälte, der Tiger, der Schuss; dann wird das Röhren leiser und der Wald wieder still, es war nur ein Auto. Da er auf Behördenwahnsinn und das Ausfüllen endloser Anträge keine Lust hatte, ist dieses Experiment hochgradig illegal und Herr Lehmann entsprechend nervös. Mit schweißfeuchten Handinnenflächen wirft er noch einen Blick in die Büsche, dann wendet er sich erneut dem Laptop zu.

8:49 – Leipzig-Connewitz, 127,3 m nordwestlich der Ausfahrt Koburger Straße, mitten auf der B2: Der Drogenkurier und überzeugte Crystalnutzer Thorben Schönefelder, 23, schaltet einen Gang runter und gibt Vollgas. Aufbrüllend lässt der getunte

Sechszylindermotor den mattweißen 3er BMW nach vorne schießen, vorbei an einem Reisebus voller Senioren mit aufgerissenen Augen und verkniffenen Mündern.

»Noch eine Fehlzündung, voll geil Mann! Bei 160 durchdrehende Reifen! In dem Tempo können wir noch eine Ehrenrunde durch die Innenstadt machen!«

»Erstmal das Paket holen und – Alter, wir verpassen die Ausfahrt!«, ruft Ulf, sein Cousin und Beifahrer für heute.

»Scheiß Spaßbremse, komm mal runter. Wir verpassen hier gar nichts!«

Thorben reißt hart am Lenkrad, das tiefergelegte Gefährt schießt quer über drei Fahrspuren, fädelt sich quietschend bei etwa 90 km/h in die Ausfahrtspur ein und fegt nur unmerklich langsamer werdend den Berg hinunter. Ohne auf das Stoppschild zu achten, beschleunigt er sofort wieder, rücksichtslos weiter. Richard-Lehmann-, Karl-Liebknecht-Straße, mitten durch die Baustelle auf der Riemannstraße hindurch, einen Donut auf dem Bayrischen Platz gezogen, dann gegen die Fahrtrichtung in die Arthur-Hoffmann-Straße, rechts in die Kurt-Eisner, rechts auf die Karl-Liebknecht, weiter Richtung Innenstadt, dann harte Vollbremsung.

»Mann, Alter, scheiß Navi – wir waren hier doch gerade! Verdammte Technik, ich dreh gleich frei!«

Ruckartig reißt er das Navigationssystem aus der Halterung, dann die Tür auf – und schleudert einen Fahrradfahrer hart zur Seite. Dieser kollidiert mit der Straßenbahnhaltestellenabsperrung und segelt darüber. Thorben steigt aus und blickt erst einmal ins Leere. Nach kurzer Zeit rappelt sich der Radfahrer wieder auf und brüllt:

»Kannst du nicht aufpassen? Das hätte ganz leicht ins …«

Weiter kommt er nicht, da Ulf Thorben anstupst und ihn dadurch schlagartig aus seiner Trance holt, wodurch Letzterer dem Fahrradfahrer aus Reflex das Navi an die Schläfe schleudert. Als dieser erneut zu Boden geht, blicken sich die beiden Methköpfe kurz an und springen laut loslachend zurück ins Auto. Noch bevor sie sich beruhigt haben, hat die Tachonadel die 80 km/h-Marke wieder überschritten und sie rasen weiter in Richtung Innenstadt.

9:02 – Leipzig-Zentrum, 138,3 m südlich der Moritzbastei, in der zum Leuschner-Platz zeigenden Ecke des Ringhauses, 3. Stock: Das 20 m² große Altbauzimmer ist vollständig abgedunkelt. Lediglich diverse Kontrollleuchten und Monitore schaffen eine flackernde Dämmerung, in der vor einem Schreibtisch der Netzwerkadministrator und Hacker Robert Schicken, 36, in einem schweren Ledersessel sitzt. Die Linux-Hintergrundbeleuchtung wirft blaues Licht in ein dürres, nagetierartig geschnittenes Gesicht, umrahmt von ausdünnenden, schwarzen Haaren. Die letzten Tage verbrachte er in einem Rausch aus Betäubungsmitteln, Pizza und dem neuen Konsolenbestseller, aber seit einigen Stunden arbeitet er wieder. Mit einem Lächeln bestätigt er den letzten Befehl; sein neuestes Geldbeschaffungsprogramm piepst kurz, fährt die digitalen Krallen aus und springt. Die heutigen Opfer sind die PayPal-Konten von etwa 1,2 Millionen amazon.de-Nutzern.

»Und wir sind drin!«

Zufrieden rollt er den Sessel zu einem anderen Schreibtisch, auf dem nur ein Bildschirm thront, flankiert von einer kleinen Satellitenschüssel und diversen piepsenden und fiependen Metallkästen mit Kontrollleuchten in sämtlichen Farben. Während der Geldbeschaffer fast autonom seinen Kontostand erhöht, kann sich Robert nun seinem Lieblingshobby widmen: dem Manipulieren fremder Smartphones. Er legt einen Schalter an einer der Metallboxen um, worauf sich das Fiepen kurzzeitig zu einem quäkenden Crescendo steigert, bis es schlagartig verstummt und auch die Lichtorgel zur Ruhe kommt, so dass schließlich eine Reihe grün leuchtender Lämpchen stetiges Licht auf sein begeistertes Grinsen wirft.

»Dann wollen wir mal sehen. Wer ist an diesem Trauertag schon früh unterwegs und lässt seine Daten zum Handy raushängen?«

Suchend schweift sein Blick über eine Karte von Leipzig, die mit roten, sich teilweise bewegenden Punkten gesprenkelt ist.

09:19 – Südliche Stadtgrenze von Leipzig, 87,9 m südwestlich der B2, auf einer kleinen Lichtung im Auwald. Langsam normalisiert sich Herr Lehmanns Herzschlag wieder und er genießt den Aufstieg seiner Rakete und den HD-Blick in den blauen Himmel.

Der Start hatte sich wegen einer plötzlich auftauchenden Rentnergruppe aus Zwochau ein weiteres Mal verzögert. Diese war an der Lichtung vorbeigenordicwalkt und neugierig stehengeblieben. Erst nach einem 20-minütigen Vortrag ließ man sich davon überzeugen, dass er vom Landwirtschaftsministerium beauftragt und dies keine Rakete, sondern ein hochkomplexes mobiles Labor zur Kontrolle von Wasser- und Bodenqualität sei. Jetzt waren sie endlich gegangen, alle Systeme ein letztes Mal überprüft und sogar der Start hatte reibungslos funktioniert. Die Rakete befindet sich seit einer halben Minute in der Luft und hat in dieser Zeit bereits 10.000 m Höhenunterschied überwunden. Herr Lehmann ist äußerst zufrieden mit seinem Werk. Fast alles wurde von ihm selbst gebaut, sogar das Triebwerk, nur bei dem Steuerprogramm für Rakete und Kamera ließ er sich von einem Studenten helfen. Und wie einfach sich das Ganze bedienen lässt, sogar per Smartphone. Fröhlich pfeifend wischt er sanft über das Display für eine leichte Kurskorrektur und wendet sich dem Bild der Kamera auf dem Laptop zu. Plötzlich ertönt ein schriller Warnton und der blaue Himmel auf dem Bildschirm kippt seitlich weg.

9:21 – Leipzig-Zentrum, 64,1 m nordöstlich des Hauptbahnhofs, direkt auf dem Busparkplatz. Mit quietschenden Reifen hält der weiße BMW, nur wenige Zentimeter vor einigen panisch auseinanderstiebenden Reisenden mit Koffern. Ohne sich um deren Proteste zu kümmern, steigt Thorben aus, schlägt die Tür zu, verriegelt den Wagen per Fernbedienung und marschiert geradlinig auf den Osteingang zu. Der keuchende Ulf schafft es kaum hinterher und kommt erst im Bahnhofsgebäude dazu zu fragen: »Mann, meinst du, wir können da parken? Da stand *Nur Busse* und das Päckchen ist ja im …«

»Halt bloß die Fresse von dem Päckchen, Alter! Wir liegen voll in der Zeit und ich will nur schnell ein Red Bull und eine Bockwurst, dann geht's weiter!«

»Aber hier sind überall Bullen, vielleicht mit Hunden und wir müssen …«

»Jetzt stress nicht so rum, wir müssen gar nichts. Und komm mir bloß nicht mit Hunden, scheiß Köter, ich hasse die Viecher! Und jetzt los, wir wollen ja noch unsere Ehrenrunde drehen!«

09:23 – Westliche Stadtgrenze von Leipzig, 17,5 m nördlich eines Nazis, der gerade von seiner Freundin verprügelt wird, in 8.596 m Höhe über Normalniveau. Die Experimentalrakete schießt mit 900 km/h inzwischen fast horizontal über die nichtsahnende Stadt. Ab und zu zieht sie Schleifen oder schlingert bedenklich. Derweil presst sich Robert aufgeregt in seinen Ledersessel. Während er das Geschoß mit feuchten Händen bedient, leuchten seine Augen und er muss immer wieder grinsen.

»Das ist die beste App aller Zeiten! Wie geil ist das denn? Woah! Vogelschwarm! Das war knapp, ich geh besser mal etwas runter. Diese Geschwindigkeit, ob man das Ding wohl bremsen kann …«

Kurz wendet sich Robert von der Flugsteuerung ab, um in dem gehackten Smartphone nach einem Hinweis zu suchen. Alles was er findet, sind sämtliche Pins und Passwörter von Herrn Lehmann, alle in einer Datei. Mit einem leichten Kopfschütteln startet er von seinem PC aus ein Programm, das dem Opfer in weniger als 30 Sekunden sein gesamtes Vermögen entziehen und den Betrag auf ein Offshore-Konto von Robert überweisen wird. Dann wendet er sich wieder der Raketenfernbedienung zu.

9:27 – Südliche Stadtgrenze von Leipzig, 87,9 m südwestlich der B2, auf einer kleinen Lichtung im Auwald. Heinz Georg Lehmann kann es nicht fassen: Nicht nur hat er die Kontrolle über sein wichtigstes Experiment verloren, die Rakete nähert sich auch noch der Einflugschneise für den DHL-Hub. Zum Glück müsste die letzte Maschine gerade durch und bereits gelandet sein. Doch da erscheint ein gelb-roter Fleck auf dem Monitor, der rasch größer wird. Die Rakete nähert sich dem verspäteten Frachtflugzeug, Herrn Lehmanns Hand schnellt zum Knopf, der die Selbstzerstörung auslöst, aber zu spät: Das Geschoß schlägt von schräg oben kommend genau am rechten Flügelansatz der Maschine ein, dann wird der Monitor dunkel. Erbleichend sieht er sich um und beginnt eilig, die Reste dieser Katastrophe in den Jeep zu laden.

09:30 – Leipzig-Zentrum, 27,2 m westlich des Neuen Rathauses mitten auf dem Ring – Mit äußerster Mühe schafft es Thorben, den 3er unter Kontrolle zu halten, schießt bei Gelb über die Ampel und kriegt gerade noch die Linkskurve den Hügel hinauf.

»Alter, du fährst ja noch schlimmer als sonst! Ich steige nie wieder in die Karre, wenn du auf C bist und auch noch diesen scheiß Gummibärensaft in dir hast! Wir müssen wieder lebend nach Altenburg zurück. Wir müssen liefern, Mann!«

»Müssen, müssen. Wir müssen gar nichts – außer atmen und Gas geben! – Alter, was war das denn jetzt? Hast du das gehört?«

»Da hinten am Himmel qualmt was.«

»Egal, wir müssen weiter, Vollgas!«

Wieder tritt er das Pedal voll durch, der Anpressdruck quetscht beide in die Sportsitze, kristallines Metamphetamin explodiert in Synapsen und Thorben ist plötzlich in seinem eigenen Videospiel. 100 km/h, rechts überholen, 100 Punkte! Lieferwagen geschnitten bei Tempo 110, 500 Punkte, Mache-Eier-Bonus! Drei Spuren gewechselt bei 120, 1000 Punkte, Geschwindigkeitsbonus – Extralevel!

Schlagartig verlangsamt sich die Zeit: 50 m vor ihm an der Ecke der Kreuzung wollen gerade einige Finanzinvestoren aus München, die auf Trabitour durch Leipzig unterwegs sind, nach rechts abbiegen, als von oben ein Flugzeugflügel herabsegelt und alle auf einmal plättet. Das Metallstück bleibt allerdings nicht flach liegen, sondern verkeilt sich so zwischen Pappe, Investorenresten und Asphalt, dass es eine Rampe bildet. Vor Thorbens Augen leuchtet in bunter Schrift die Frage auf:

»Ready for extreme airborne red bull jet action bonus?«

»Ready wie noch nie.«

Sanft lächelnd schaltet er runter, gibt Vollgas und trifft die Rampe mit 150 km/h.

09:31 – Leipzig-Zentrum, 138,3 m südlich der Moritzbastei, in der zum Leuschner-Platz zeigenden Ecke des Ringhauses, 3. Stock. Robert Schicken sinkt keuchend in den Sessel zurück. Alle digitalen Spuren sind verwischt, auf ihn wird man dieses Desaster nicht zurückverfolgen können. Als er erleichtert aufsteht, entfährt ihm ein letzter Gruß des gestrigen Chilis und er merkt, dass das Zimmer inzwischen ziemlich nach nachhaltiger Landwirtschaft riecht. Er zieht das Rollo hoch und denkt daran, dass ihm dieser Feiertag genug Geld gebracht hat, um die nächsten Monate faulenzen zu können. Er reißt das Fenster auf, atmet tief ein – und blickt in das aufgerissene Maul des Kühlergrills von Thorbens BMW. Eine Viertelsekunde lang schießt ihm die Ahnung durch den Kopf, dass er daran schuld sein könnte, dann die Lichtmaschine und der Rest des Motorraums.

Florian Günther
Blind

Homer war es,
James Joyce so gut wie,
Eisenstein vorübergehend,
Ray Charles, na,
wisst ihr ja selbst …

Und ich?
Ich laufe den
ganzen
Tag herum
und sehe
nichts
als Scheiße.

STANLEY DESCHLE
Nachtmar

Was mache ich hier bloß, verdammt?

Ich sitze in dem Wohnzimmer des Nazis und rauche.

Scheiße.

Also, das war so: Ich lief durch die Innenstadt, Donnerstagabend, ganz normal, da sah ich, das heißt zuerst hörte ich sie: eine Traube Menschen und das Gebell irgendeiner arabischen Sprache. Ich wechselte die Straßenseite.

»Kanaken«, brüllte einer, nicht wissend offenbar, dass dieses Wort »Mensch« heißt; wie dem auch sei: Er gestikulierte wild auf der Straße, zeigte Arsch und alles – Stinkefinger und »Fick dich« antwortete die Menschentraube, ich – in gebotener Entfernung – sah halb interessiert hin.

»Dietze«, brüllte da der Einzel-Mensch und bevor ich abhauen oder mich verstecken konnte, kam er auf mich zu. Scheiße, dachte ich, das ist ja Chris, na prima. Ich war wie eine Fliege an die Wand genagelt, Flucht unmöglich – Mann, zwei Jahre hatte ich's geschafft ihm aus dem Weg zu gehen, jetzt hatte er mich, hatte mir seinen Arm um die Schultern gelegt, billiger Alk im Atem, Tellerpupillen und er schwitzte. Vergeblich versuchte ich mich von ihm zu lösen. Endlich schaffte ich es, seinen Arm von meinen Schultern zu bekommen.

»Kommt doch her«, brüllte er den anderen zu. »Kamelficker. Na los.«

Ich machte mich dünne: Mein Schädel ist zu wertvoll, um auf dem Asphalt zermatscht zu werden.

»Wo willst'n du hin? Eh Dietze, warte mal«, rief er mir nach.

»Ich hab eine Verabredung«, rief ich zurück ohne mich umzudrehen. Der Schwachkopf; für wen hält er mich eigentlich?

»Na kommt doch her, Hurensöhne«, hörte ich ihn hinter mir, blickte neugierig nach hinten und sah Chris auf mich zurennen, drei, vier Leute an ihm dran. Seltsam, dachte ich, das hatte er doch gewollt – aber keine Zeit für ein investigatives Gespräch: Ich rannte los, Chris holte mich ein, Drecks-Raucherlunge, ich bin zu alt für den Scheiß, aber wen juckt das schon? – »Hier, hier«, rief Chris die Taxitür aufhaltend, reingesprungen, er gab irgendeine Adresse an, die mir entging, schon trat der Mann aufs Gas und wir waren in voller Fahrt unterwegs auf dem Ring.

»Du Mitskerl, Chris, du elendes Schwein«, schrie ich.

Er lachte. »Cool bleiben, Dietze«, sagte er.

»Du Pimmelkopp, du Abschaum deiner Rasse, seit wann kannst du dir ein Taxi leisten?«

»Mach dir keine Platte, Dietze, geht schon, alles unter Kontrolle, alles im grünen Bereich.«

Der Taxifahrer sah scheel mit runzliger Stirn zu Chris rüber, der holte sein Portemonnaie raus, zeigte, der Taxifahrer nickte und sah wieder nach vorn. Grüne und braune Scheine waren es gewesen hauptsächlich. Und ich sollte also »cool« bleiben, mit diesem Hirni. Hättet ihr das hingekriegt?

Soviel zum Präludium. Ich sitze also in dieser erbärmlichen Zwei-Zimmer-Wohnung auf dem Sofa einer Sitzgruppe aus schwarzem Kunstleder, vor mir ein Couchtisch mit gekachelter Platte, darauf leere Schnapsflaschen, Aschenbecher, eine Art Fliese aus Schiefer, über der Chris gerade hängt und sich augenscheinlich C reinzieht und neben der Fliese – ach ja, das war so: wir rein in die Wohnung, Chris zog sich das Oberteil aus: Schwabbel, nicht fett, aber weich.

»Zieh dir die Hose aus und ich trete dir in den Arsch, du verklemmter Homo«, sagte ich, denn man kann nie vorsichtig genug sein bei Druffis und Extremisten.

Hatte ich Schiss? Logisch hatte ich Schiss.

Chris lachte, kramte in der Schublade seiner Anbauwand, fand jedoch nicht gleich was er suchte, grinste dieses idiotische Nazi-Grinsen.

»Kuck ma, Dietze«, sagte er, »BÄM!« und ich hatte den Lauf einer Knarre vor meinem Gesicht, meine Zigarette fiel mir aus dem Mundwinkel. Ich hob sie auf, sie war ausgegangen.

»Du Drecksau«, sagte ich mich aufrichtend, die Waffe immer noch vor meinem Nasenbein.

»Chris, du Hund, gib Feuer.«

Chris' Gesicht war eine aggressive Maske.

»Soll ich sie dir anschießen?«, sagte er fast schreiend.

»Fick dich«, sagte ich und schmiss mich aufs Sofa, kramte in meinen Taschen nach Feuer. Chris verdrehte die Augen, schüttelte den Kopf, legte die Waffe auf den Tisch, kramte die Fliese und seinen Stoff raus und wir wären bei meiner aktuellen Situation, sein Schweißgeruch und jener der letzten zwei Wochen vervollständigen das Bild.

Wie komme ich eigentlich immer zu solch morbiden Bekanntschaften? Ich bin studiert, Armin Dietz, Schriftsteller und so fort. Chris hat in seinem ganzen Leben vielleicht vier, fünf Bücher gelesen, wenn's hochkommt und von denen waren zwei Comics gewesen. Was habe ich mit diesem Menschen am Hut?

Ich weiß noch, ich hatte damals in meinen frühen Zwanzigern diese Kumpels gehabt, die in einer Garage probten und ich besuchte sie ab und zu. Die Musik war irgendwann langweilig geworden – mit der Zeit kannte ich alle Lieder, selbst die Verspieler waren immer die gleichen – ich habe mich also ein bisschen auf dem Garagenhof umgesehen, Bekanntschaften gemacht und bei ein paar Bastlern, die mir professionell schienen, habe ich mich dann öfter blicken lassen und mir aus einem Rahmen und Ersatzteilen eine eigene Simme (S 51) aufgebaut.

Eines Tages stand dann auf einmal ein blonder, rotgesichtiger, schüchterner Teenie dort rum mit einem blöden Gesichtsausdruck. Alle taten so, als wäre er nicht da, schließlich kam er auf mich zu und da ich mein Plappermaul schwer im Zaum halten kann, kamen wir ins Gespräch. Ich hatte damals schon das Gefühl gehabt, ich müsste vorsichtig sein bei diesem schrägen Kind. Eines anderen Tages bat er mich mit ihm mitzukommen (die Bastler ignorierten ihn wie gehabt).

»Was soll's«, sagte ich, »wieso nicht?«

Ich folgte ihm also zu einer anderen Garage. Dort bastelte ein noch jüngeres Kind an einem Motorroller herum, an einer gelben Schwalbe um genau zu sein. Chris kramte in seinem Rucksack und fischte eine Dose Bier raus, knackte sie auf.

»Heil Hitler«, sagte er und trank, Kopf im Nacken.

»Mach keinen Scheiß, Chris«, sagte der Teenie mit der gelben Schwalbe. Er war mir sympathisch, wir machten uns miteinander bekannt, Ralf hieß er, intelligentes Kind, sonnenklar, eloquent, hat mir später oft bei meiner Maschine ausgeholfen, seine ganze Garage voller Ersatzteile (geklaut oder vom Schrott): Tanks, Motoren, Auspuffrohre, Gabeln, Rahmen, Felgen und der ganze Kleinkram, Lichtmaschine, Vergaser und so fort – Ironie! Ralf sitzt jetzt in der Klapper und Chris läuft frei rum, tatsächlich hat er noch nie drin gesessen, weder in der Klapper noch im Knast, hat die Taschen voller Geld und zieht sich vor meiner Nase C rein mit der Waffe neben ihm auf dem Tisch.

Apropos: warum ich damals mitkommen sollte: Die beiden hatten sich eine Waffe gebaut, eine Knarre, (Stahlrohr umwickelt mit reichlich Gaffa an einem Ende) ich sollte dem Experiment beiwohnen, es langweilte mich bereits, denn ich fühlte, dass Chris versuchte mich zu beeindrucken, auf seine verstockte Art.

Vorn in das Rohr steckten sie einen China-Böller, eine Mutter, Lunte gezündet: WAMM. Ralf hatte ein Loch in eine der Peitschenlaternen geschossen. Gutes Auge, der Junge.

»Jetzt ich«, sagte Chris rülpsend.

»Hier: bitte schön, Chris«, sagte Ralf, »so ein Hornochse« und lachte.

Ich nahm Chris das Bier ab, trank, setzte mich neben die gelbe Schwalbe auf den Boden und entzündete eine Zigarette.

»Feuer frei!«, sagte ich. »Zur Hölle mit dem verdammten Mist.«

Es passierte nichts, Chris fummelte mit der Waffe.

»Wird's werden?«, sagte Ralf. »Mach keinen Scheiß, Chris. Wie wär's mal mit Anzünden?«

»Ist ja gut«, sagte Chris mit rotem Kopf und knallroten Ohren als säße er zum ersten Mal mit einer nackten Frau im Bett.

»Armin, haste mal Feuer?«

Ich gab ihm Feuer. Armin hieß ich damals noch, jetzt meint diese degenerierte Kreatur mich *Dietze* rufen zu dürfen. Na ja, der Klügere und so fort. Jedenfalls stand er da, Rauch stieg vorn aus dem Rohr auf – Chris: Finger im Ohr, Lider zusammengepresst – es zischt und WAMM. Die zersprengte Waffe fiel zu Boden, Blut fiel auf den Boden, Blut tropfte von Chris' Ellbogen. Ralf sah geschockt hin, während Chris wie in Hypnose seine zerfetzte Flosse anstarrte. Ich seufzte und rief einen Krankenwagen.

»Das war's dann erst mal mit Wichsen, Chris«, sagte ich.

Sein Blick zeigte kein Verständnis für meinen Witz. Wie dem auch sei, seitdem kann Chris seinen rechten Zeigefinger nicht mehr einbeugen.

»Bist du eigentlich völlig bescheuert, Chris?«, sage ich zu ihm, meine Zigarette entzündend.

Chris nimmt die Waffe in die Hand, schlackert sie hin und her wie einen halbschlaffen Schwanz.

»Wieso?«, sagt er.

»Gibt es nicht so 'ne *Einheit gegen Rechts* von den Bullen – ach, mir soll's doch egal sein: zur Hölle mit euch Scheiß-Nazis.«

»Ich bin kein Nazi«, sagt er.

Sagen sie heute alle. Rückgratlose Spinner, finanziert von der Waffenlobby, Müller Milch und vom BKA. Drauf geschissen.

»Du kannst doch eh nicht abziehen mit deinem Krüppelfinger.«

»Willstes wissen, Dietze?«, sagt er und hält die Waffe auf mich.

»Wenn du noch einmal auf mich zielst, latsche ich dir in die Fresse, Junge.«

»Hihihii«, macht Chris und nimmt die Waffe runter.

»Scheiß Nazi.«

»Ich bin kein Nazi. Eh, ich hab *Mein Kampf* gelesen, ja, so ein Schwachsinn.«

Aha, Buch Nummer 6. Er tippt sich mit dem Lauf der Waffe gegen die Stirn.

»Gequirlte Kacke. Außerdem weiß ich noch was du mir gesagt hast, Dietze und ich hab mal echt drüber nachgedacht.«

Ich?? Was soll ich bitte schön gesagt haben, außer dass mir dieser Nazidreck am Arsch vorbeigeht?

»Du hast gesagt, ja, dass ich schön blöd bin, von wegen Ausländer, ja, dass wir alle gleichermaßen verarscht werden, die Ausländer, die Zecken, die Nazis und uns die Bonzen schön gegeneinander aufhetzen, ja, und du hast voll recht damit.«

Er schlägt sich mehrmals mit der Faust gegen die Stirn, Zähne bleckend.

»Weeste, ich war doch mal in Frankreich auf Montage gewesen. Ich hab dir doch davon erzählt.«

»Wo du die Nutte angemacht hast?«

Er grinst.

»Ja genau. Ich hab die gefragt, ob ich sie mal in den Arsch ficken kann und die schreit rum, dann kommt ihr Macker und will mir aufs Maul haun, ich hol mein Chaku raus und dann kommen die Bullen, diese – na?«

»Flicks.«

»Flicks, ge-nau. Dabei war gar nichts passiert – und das waren richtige Nazis. Die haben mir mein Chaku abgenommen und uns irgendwo in Westfalen auf der Landstraße ausgesetzt, mich und meinen Kollegen, zwanzig Kilometer von der Grenze.«

»Tja, Chris.«

»Und genau genau genau davon wollt ich dir erzählen, von dem Kollegen. Der war so ein Iraker, Mustafa hieß der oder Ali Baba oder so, Scheiß drauf und der sagt mir genau dasselbe wie du und der war auch so gebildet wie du. Der hat mir dann auch *Mein Kampf* gegeben und der war krasser unterwegs als jeder richtige Deutsche den ich bisher getroffen hab.«

»Aha. Ich will dir mal was sagen: der hat garantiert nicht dasselbe gesagt wie ich.«

»Doch. Ich weiß ja, Dietze, du bist selber so 'ne Scheiß-Zecke und hörst das nicht gern, aber ich hab dir immer gesagt – warte mal.«

Er steht auf.

»Ich zeig dir mal was«, sagt er und kommt auf mich zu. Hinter mir ist das Fenster. Er kniet sich neben mich aufs Polster, die Waffe schlackert und klackert neben meinem Ohr. Meine Faust kreist präventiv neben seinem Gesicht.

»Da«, sagt er, »das sind se, die Wichser.«

Das? Ich drehe mich um, sehe aus dem Fenster. Ein paar Gestalten stehen unten auf der gegenüberliegenden Straßenseite vor der Haustür. Nichts besonderes.

»Die Wichser«, sagt Chris. »Bäm, Bäm, Scheiß-Wichser.«

Die Waffe klickt leer neben meinem Ohr.

»Bäm, nimm das, du Penner.«

Ich frage mich, weswegen ich eigentlich hier bin. Mein Gedächtnis macht mir zu schaffen. Warum geht es mir so komisch – ach ja: diese Kinder waren das gewesen, vorhin, so Stifte, dürr, Hip-Hop-Klamotten, vielleicht dreizehn, vierzehn.

»Armin Dietz?«, sagte der eine. »Du bist doch Armin Dietz?«

»Willst du mal was Krasses ausprobieren?«, sagte der andere und gab mir einen Dübel aus Zellulosepapier, violett. Ich wurde meinem Ruf gerecht, rauchte. Es schmeckte wie das letzte Drecks-Gras, gestreckt mit Küchenkräutern, ich hustete, mir wurde klar: Legal High. Na, scheiß drauf. Ich hab das Ding ganz locker aufgeraucht, die Kippe weggeschnippst und in ihre entsetzten Gesichter gesagt: »Scheißdreck. Holt euch erst mal vernünftiges Gras, ihr Hosenscheißer.«

Leichte Übelkeit war zu verzeichnen gewesen aber ich kam gut voran und mein Verstand war klar. Dann habe ich die aufgeregten Stimmen der Araber gehört. Alles klar?

Aber was wollte ich hier?

Wir waren unten im Taxi gewesen, Chris hatte bezahlt und gesagt: »Klar hab ich.«

Schnaps!

Ich klatsche Chris auf seine nackte Schulter.

»Schnaps«, sage ich.

Er schaut mich an, Augen aufgerissen, seine Fresse verzieht sich zu ungewollten Grimassen.

»Eh, diese Wichser«, sagt er.

»Scheiß drauf. Du gibst mir jetzt Schnaps, du Terroristen-Schwein.«

Er schlägt sich mit der Faust an die Stirn.

»Im Schrank«, sagt er und sieht wieder aus dem Fenster, wischt sich mit der Hand übers Gesicht.

Ich gehe zu der Anbauwand, reiße Schubladen auf, wühle wie bei einer Razzia.

»Eh Chris, ich finde deinen tollen Schnaps nicht«, sage ich mich umdrehend und sehe wie Chris das Fenster öffnet.

»Bäm, Bäm.«

Die Waffe klickt. Er schüttelt sie, springt auf, hetzt an mir vorbei ins Bad. Es klappert im Bad, Schubladen werden aufgerissen, zugeknallt. Chris kommt zurück.

»Sind nur Platzpatronen«, sagt er.

Ich packe ihn fest am Arm.

»Wo ist dein Scheiß-Schnaps, Chris?«

»Im Schrank. Ist mir jetzt auch scheißegal, Mann.«

Ich überlege noch, ob ich weiter suchen soll, da steht Chris schon auf dem Sofa vor dem offenen Fenster.

PACH PACH PACH PACH

»Ihr Scheiß-Wichser«, brüllt er.

Ich packe meinen Tabak und hetze aus der Wohnung, knalle die Tür hinter mir zu, vielleicht bringt ihn das zur Vernunft. Treppen runter, Haustür auf: nicht zu hastig, keinen Verdacht erregen. Die Straße der Nacht ist menschenleer. Ich höre Chris brüllen.

»HEIL SADDAM! HEIL MICKY MAUS! HEIL TÜRKE! HEIL NIGGER! HEIL JUDE! HEIL HEEEIIIIIL!«

Das Fenster wird geschlossen. Es ist wieder still.

Mann, mit so viel Blödheit komme ich nicht klar. Mag sein, dass in dem Mann irgendwo ein liebender Mensch steckt – aber die Suche habe ich aufgegeben.

Ich gehe los, null Orientierung. Ich versuche nach den Sternen zu navigieren, der Himmel ist bedeckt, scheiße, was würde Hunter S. Thompson jetzt machen? Ich laufe. Es rauscht in meinem Kopf. Wenn ich wenigstens die Taxifahrt erinnern könnte, die ungefähre Richtung – nichts; verfluchtes Legal High, verdammtes.

Mein Handy brummt. Ich gehe ran.

»Dietze?«, höre ich Chris. »Eh, wo steckst'n du?«

»Du widerwärtige Ratte, du elendes Subjekt! Wo ich stecke? Sag du's mir!«

»Hast du meinen Schrank durchwühlt?«

»Welches Viertel das hier ist will ich wissen, verdammt, welches Viertel, du Opfer, du HonK*!«

»Eh hast du meinen Schnaps geklaut?«

»Scheiß auf deinen Schnaps, Mann. Welches Viertel, du Clown.«

»Du hast meinen Schnaps geklaut, du Hurensohn.«

»Aaahr, fick dich.«

Ich lege auf: so ein Mistdreckshuren – verdammt. Ich kann mir nicht mal ein Taxi rufen, wenn ich nicht weiß, wohin. Hier muss doch irgendwo ein verdammtes Straßenschild sein. Scheiß-Dunkelheit, Scheiß-Platte, Scheiß-Stadt.

Es brummt: wieder Chris. Ich schalte das Handy aus, nehme den Akku raus, werfe die SIM-Karte weg, rufe: Scheiße, suche sie, finde sie, stecke sie wieder ins Handy. Zu Hause werde ich die ganzen wichtigen Nummern aufschreiben und dann erst schmeiße ich sie weg.

Es blitzt blau an einer Hauswand: die Bullen. Das Ende der Party. Ich biege in einen Seitenweg ein und durchquere den Innenhof eines Häuserblocks. Ich höre: Geschepper, Geschrei, Gewimmer einer Frau – scheißegal. Geht endlich pennen.

Ich habe gerade meine eigenen Probleme, verdammt.

--
* HonK: Hauptschüler ohne nennenswerte Kenntnisse

Marco Kerler
ClubGeschichte

Wir zappeln
wild als müssten
wir auf Toilette
Prophet dieser Nacht
wechselt Riddims
auf Geschwindigkeit
Apokalypse
darf warten
Von der Bar aus
erkenn ich Venus
sogar schon doppelt
Muschel mit Box getauscht
klitschnass geschwitzt
Shirt lässt alles zu
Verdrehen sich unsere Augen
im Sekundentakt
beginnt Licht zu flackern
und Fledermaus
überm Haupt
Stroboskop aus Unheil
flatternder Engel
Handgefuchtel
letztes Bild Venus
im Magen der Bass
dann Stopp
Ich begebe mich
zurück in mich
Nacht war Tag
nun Nacht in mir
bis die
Sirenen heulen

Tales from a strange time

ROBSIE RICHTER
Anthropophagus

Dies ist ein Bericht über Phantasie. Ein Bericht, der seinen Ursprung darin hat, zu ergründen, wie man mit wenig Phantasie aber viel Blut viel Geld verdienen kann, und der darin endet, wie Phantasien in die tiefsten Tiefen menschlicher Abgründe führen können. Auch an seinem Ende spielt Blut eine herausragende Rolle. Und es ist ein Bericht über Neugierde und wie sie dazu führen kann, Menschen zu treffen, die man niemals kennen lernen wollte. Menschen, von deren Existenz kaum jemand etwas ahnt und die man höchstens in Milwaukee vermutet, aber doch niemals in Buxtehude, Bielefeld oder Hinterwäldlershausen. Menschen, die einem einzigartigen Hobby frönen, einer Tätigkeit, der sie, von einem inneren Zwang getrieben, nachgehen müssen, da sie sonst den Sinn ihres Lebens verlieren würden. So wie ein Poet ein Gedicht schreiben muss, so wie ein Plattensammler das Internet durchstöbert, um die eine Scheibe aufzuspüren, von deren Existenz er nur vom Hörensagen weiß und für die er seine Seele verkaufen würde, nur um sie zu bekommen. Einen solchen Menschen habe ich getroffen. Einen, mit einer außergewöhnlichen Leidenschaft, ein außergewöhnlicher Mensch. Denn der Mann, den ich an einem regnerischen Nachmittag getroffen hatte, ist ein Menschenfresser.

Das Internet ist ein Ort grenzenlosen Wissens, eine Bibliothek, deren Wachstum niemals aufhört. Mit wenigen Klicks findet man Antwort auf alle Fragen.

Meine Fragen waren nicht gerade kompliziert und die Antworten, die ich zu finden hoffte, sollten lediglich als Ergänzung zu den Kenntnissen dienen, die ich zuvor schon mein eigen nannte. Für das Exploitation Magazin *Blutbilder* sollte ich eine möglichst umfangreiche Abhandlung über die schlechtesten Kannibalenfilme aller Zeiten schreiben. Lenzi, D'Amato, Deodato, die alle sind bei Genreliebhabern bekannt, aber was gab und gibt es darüber hinaus? Welche Filme lockten noch den geneigten Zuschauer in schmuddelige Bahnhofskinos? Welche unentdeckten Schätze lauern auf Bandsalat geschädigten VHS Kassetten, die es nie über 10 Kopien hinaus gebracht haben? Wer machte sie und welche Ich-war-jung-und-brauchte-das-Geld-Holzpuppen-Schauspieler spielten da mit?

Der Kannibalenfilm erreichte die Blüte seines Erfolges Ende der 70er Jahre des letzten Jahrhunderts. Nachdem man mit nach Gehirn lechzenden Zombies kaum mehr einen Hund hinter dem Ofen hervorlocken konnte, war man auf der Suche nach neuem Nervenkitzel, nach bizarreren Menschenfressern. Die Zombies der 70er und 80er Jahre waren zwar in gewisser Weise sehr menschenähnlich, was von einigen deutschen Gerichten auch sehr offiziell bestätigt worden war, um Verbot und Beschlagnahme rechtfertigen zu können, aber dennoch glichen sie doch eher unwirklichen Monstern, Tote, die aus ihren Gräbern stiegen, Phantasiegestalten, tumbe, schwerfällige Kreaturen, die allenfalls in der Masse gefährlich waren. Waren da echte, lebende Menschen, so überlegten findige Filmemacher, die ihre Felle davonschwimmen sahen, nicht die besseren Monster? Menschen, die sich das Fleisch ihrer Artgenossen einverleibten? Was mochte mehr Angst erzeugen als die Vorstellung, von seinem Gegenüber gefressen zu werden und zwar mit Haut und Haar und bis zur letzten Darmschlinge?

Natürlich lebten die neuen Zelluloidmenschenfresser nicht in der Nachbarschaft, sie wohnten nicht in schicken Appartements, fuhren keine schnellen Autos und gingen auch keiner geregelten Arbeit nach. Nicht in unserer Zivilisation lebten die Monster, diese Wilden, die Unbezähmbaren. Nein! Sie lebten dort, wo die Natur noch unberührt und Gottes Wort so unbekannt war wie die genaue Anzahl der Sterne am Firmament.

So schickte man also Horden an Forschern, Reportern, Glücksjägern in die Urwälder Amazoniens, immer begleitet von rassigen, wenig bekleideten Damen, wo man auf eben jene Unterart der Gattung Mensch traf, die gottlos, dunkelhäutig, wild war und ein Gebaren an den Tag legte, wie es noch nicht einmal die Tiere taten, zumindest keine, die aus mehr als zwei Zellen bestanden: den Kannibalen. Dreckige, verlauste Halbmenschen, die mit verkrusteten Händen in Tiergedärmen wühlten, das weiße Menschenfleisch am liebsten gleich roh verschlangen, solange noch Blut daraus sprudelte und die Muskeln zuckten und die ansonsten den lieben, langen Tag nichts besseres zu tun hatten, als sich Foltermethoden auszudenken, die selbst die grausamsten mittelalterlichen, europäischen Blutphantasien in den Schatten stellten.

Der Exploitation Film erreichte neue Höhen. Nicht bei den Kritikern, aber an den Kinokassen und in den Videotheken, die sich in den Innenstädten ausbreiteten wie heute ein schlechter Hoax auf Facebook.

So setzte ich mich an den Rechner und tippte bei Google den Suchbegriff *Menschenfresser* ein. Aber ich landete nicht bei Lenzi und co. Stattdessen fand ich diesen Vermerk, der auf eine ganz besondere Seite verwies:

Da hier immer wieder Kannibalen und Kannibalinnen nach Menschenfleisch und Langschweine nach Metzgern/Metzgerinnen suchen, wollte ich noch mal auf meine Kannibalengruppe ... hinweisen, die schon seit einigen Monaten existiert und ziemlich aktiv ist. Sie ist praktisch ein Treffpunkt für alle kannibalistischen Interessen in deutscher Sprache. Hier könnt ihr euch austauschen, hier könnt ihr euren Trieben freien Lauf lassen. Sucht nach Menschen zum Essen oder bietet euer Fleisch an. Postet Bilder zum Thema, gezeichnete, gerenderte oder gephotoshoppte Bilder. Postet Realbilder von Menschenfleisch – Autopsien, Leichen, Tatortfotos. Der Kannibalismus ist mitten unter uns, die »Kannibalen« sind wir selbst und nicht irgendwelche »Wilden« am Amazonas. Hannibal Lecter ist längst Kult und wir sind davon fasziniert, Menschen zu essen. Macht mit, vielleicht könnt ihr euren Hunger stillen oder endlich einen Metzger oder eine Metzgerin finden. Oder postet Bilder, Geschichten und Videos ...

Ich klicke auf den Link und meldete mich als Anthropophagus mit neu eingerichteter Mail-Adresse beim Administrator der Gruppe an.

Womit ich nie gerechnet hätte: Zwei Tage später erhielt ich den Zugang. So einfach war das.

Der erste Eintrag, den ich las, stammte von eatmeslowly: *Ihr da draußen: Mein Fleisch ist warm und weich. Suche jemanden, der es genießen will.* Eatmeslowly erhielt drei Antworten auf seinen Post, jeweils mit der Bitte um Zusendung von Bildern und weiteren Informationen.

Ich scrollte weiter und las dutzende von Einträgen. Schnell stellte ich fest, dass die Metzger, die Hungrigen in der Überzahl waren. Fleischlieferanten hingegen waren rar.

Das eigentlich schockierende daran war aber weniger, dass sich hier ein Tummelplatz extremster Psychopathen befand, sondern dass dies in aller Öffentlichkeit stattfand. Offensichtlich konnte jeder Zugang erhalten, der Interesse bekundete, und verfolgen, wer als nächstes in der Pfanne landen würde. Und selbst wenn das Gros der Forenmitglieder wie ich nur neugierig war und nicht zu Messer und Gabel greifen wollte, blieben immer noch erschreckend viele übrig, die ganz besondere Delikatessen liebten.

Aber wer waren diese Leute?

Nach ein paar Stunden der Besinnung hatte das Forum einen neuen Lieferanten. Anthropophagus bot sein Fleisch auf dem Marktplatz zum Verzehr an.

Natürlich war es nicht meine Absicht, auch nur annähernd in persönlichen Kontakt mit Leuten zu kommen, zu deren Hobby das Ausweiden von abgeschlachteten Menschen gehörte. Es war nur ein Spiel. Und ich wollte wissen, ob es Mitspieler gab. Würde sich jemand melden, der tatsächlich darauf wartete, mein Fleisch zu verzehren? Und wenn ja, wer würde es sein?

Bis zu diesem Zeitpunkt hatte ich noch die insgeheime Hoffnung, bei dieser Gruppe würde es sich doch um einen Fake handeln, dass sich hier einfach nur Leute mit zu viel Zeit trafen, die ihre Befriedigung darin fanden, unbedarfte Mitmenschen wie mich zu schockieren und sich insgeheim eins ins Fäustchen zu lachen.

Kurze Zeit später jedoch stand ich in regem Kontakt mit Bocuse. Erst tauschten wir Kochrezepte aus, dann diskutierten wir per E-Mail weiter. Nur einem Austausch von Fotos verweigerte sich Bocuse vehement. »Bilder sind nur Schein«, schrieb er, »eine Illusion, der man sich nicht hingeben sollte.« Und damit hatte er nicht unrecht, denn schließlich hätte ich ihm natürlich nie ein wahres Bild von mir präsentiert, aber mir wäre schon ein Konterfei eingefallen, dem ich ein Ende in der Backröhre gegönnt hätte.

Dennoch kam das Unvermeidliche. Bocuse schlug ein Treffen vor. Bocuse wurde hungrig. Ihm lief schon das Wasser im Munde zusammen. So hatte er es geschrieben.

Es regnete in Strömen, als ich – ausgerechnet – die Pforte der örtlichen McDonald's Filiale öffnete. Nach fünf Stunden Autofahrt an einen Ort, von dem ich noch nie etwas gehört hatte und der offensichtlich am Eingang zum Ende der Welt lag, war ich abgekämpft. Meine Neugierde wich einem stumpfsinnigen allesegal-Gefühl.

Was mach ich hier eigentlich?, fragte ich mich, als ich mich in die Schlange stellte. Bocuse hatte mir erst zwei Tage zuvor Ort und Zeit genannt und mir geraten: »Seien Sie pünktlich und achten Sie auf den Blumenmann.«

Aber was meinte er damit? Nur schwer konnte ich mir vorstellen, dass Bocuse als tamilischer Rosenverkäufer auf Jagd ging.

Kurz überlegte ich, auf dem Absatz Kehrt zu machen, mich ins Auto zu setzen und den Weg zurück in die Zivilisation anzutreten. Aber tatsächlich hatte ich Hunger und die Aussicht auf weitere fünf Stunden auf regennassem Asphalt war wenig verlockend. Also hockte ich mich mit meinem Tablett schließlich an einen der Plastiktische. Instinktiv hatte ich den Platz so gewählt, dass ich den gesamten Raum und vor allem die Eingangstür im Blick hatte. Leicht angewidert biss ich in meinen Cheeseburger und hielt Ausschau nach einem Menschenfresser. Aber: Hier gab es nur Dorfteenager und einen Kindergeburtstag.

Zwischen jedem Bissen fummelte ich an meinem Smartphone herum. Ich hoffte, vielleicht im Fall der Fälle unauffällig ein Foto schießen zu können, eine gruselige Erinnerung, die ich mir in höherem Alter zu Gemüte führen konnte, oder ein Fahndungsfoto für Aktenzeichen XY.

Und dann kam er.

Der Blumenmann.

Ich erkannte ihn sofort, als er zur Tür hereinkam, obwohl er ganz anders aussah, als ich ihn mir vorgestellt hatte. Elegant, äußerst gepflegt. Vielleicht 50 Jahre alt. Angegrautes Ziegenbärtchen. Gegeltes dunkelblondes Haar. Er blieb stehen, schaute sich um. Kurz traf mich sein Blick, dann schweifte er weiter, bevor der Mann weiter Richtung Verkaufstheke ging und sich in die Schlange stellte. Er trug einen dunklen Anzug, Armani vielleicht, und im Knopfloch des Jacketts steckte eine rote Nelke.

Drei Tische weiter hockte er jetzt. Ich hatte ihn genau im Blick, sah, wie er genussvoll in seinen Big Mac biss und sich dabei ständig suchend umsah. Ich drückte den Auslöser, während ich so tat als würde ich eine SMS checken, einmal, zweimal, dreimal, wischte mir den Mund ab. Ich hatte, was ich wollte. Es war Zeit zu gehen.

Es regnete immer noch Bindfäden, als ich endlich hinter dem Steuer saß. Durch die Windschutzscheibe sah ich den McDonald's. Zwei neue Kunden betraten gerade das etwas andere Restaurant. Ein Pärchen. Sie würden sich ein Mac-irgendwas-Menü bestellen, zwei Cokes dazu. Dann würden sie sich an einen Tisch setzen, Pommes in blutrotes Ketchup tunken, an der Cola nippen und dann würden sie darüber diskutieren, was sie am Abend in diesem gottverdammten Nest unternehmen könnten. Und ein paar Tische weiter saß Bocuse, verärgert, missmutig, denn so langsam würde ihm klar werden, dass er sich für das Abendessen einen neuen Speiseplan zurechtlegen musste.

Und schon kam er durch die gläserne Eingangstür, steckte sich eine Zigarette an, richtete sein Jackett, bevor er weiterging – direkt auf mein Auto zu. Vor der Fahrertür blieb er stehen, beugte sich herab und klopfte gegen die Scheibe.

Ich kurbelte sie herunter.

»Entschuldigen Sie«, sagte er. »Sie haben etwas vergessen.« Und dabei fischte er etwas aus seiner Tasche. Es war kein Tranchiermesser, wie ich erst voll Schrecken vermutete. Stattdessen hielt er mir mein Smartphone vor die Nase.

»Danke«, sagte ich. »Vielen Dank!« Und nahm das Gerät an mich.

»Keine Ursache«, sagte er. »Immerhin: für so ein Gerät muss man viele Kartoffeln schälen, selbst als Anthropophage.« Dabei lächelte er. Dann drehte er sich um und ging von dannen.

Missionare und Forschungsreisende berichteten immer wieder von grausamen Ritualen. Von Heiden, die noch nicht vom Heiligen Geist beseelt waren, die in den tiefsten Urwäldern Südamerikas oder Zentralafrikas hausten, die das letzte Tabu der Menschheit brachen, ihre Gefangenen schlachteten und auffraßen. In Papua Neuguinea soll es noch bis zur Mitte des letzten Jahrhunderts Kannibalen gegeben haben, aber sie wurden von der Zivilisation davongefegt wie welkes Laub auf einer Dorfstraße am Samstagvormittag. Heute gibt es keine Menschenfresser mehr. Außer auf der Kinoleinwand. Glaubt man.

Falsch.

Die Kannibalen leben unter uns. Sie tragen Armanianzüge und hoffen, dass die Gefriertruhe niemals leer sein wird.

Anmerkung des Autors: Den im Text zitierten Hinweis auf eine Kannibalen-Gruppe findet man im Netz tatsächlich. Ebenso die Gruppe selbst. Ich habe mich allerdings davor gehütet dieser oder ähnlichen Gruppen beizutreten.

BEATPOETEN
Zumindest nicht so scheiße wie gestern

Die Aperol Spritz-Welle rollt durchs Land. Ein Online-Redakteur der *Welt* wird dafür direkt vom Presserat gerügt. Da wären werbende Formulierungen im Artikel. Wir schenken nach. Gesöff aus Gelbem Enzian. 1919 erfunden von den Brüdern Luigi und Silvio Barbieri.

13 Uhr. Wir versuchen still wie Italiener zu lachen. Irre. Am Nachbartisch wird geheult. Ein Kind entdeckt Dekobälle. Ein Paar den Frühling und den Ballast einer Partnerschaft. Es riecht nach Tränen und Pesto. In der Zeitung schrillt es: Skandal. Ein Professor mit politischen Ambitionen analysiert, dass nur noch Pädophile sich um deutsche Kinder kümmern. Ein Gag. Keiner lacht. Das Kind am Nachbartisch rutscht vom Stuhl. Dem Dekoball nach. Wie lange dauert eigentlich Frühschoppen? Auf Luigi und Silvio.

Der niedersächsische Samstag erbricht sich in die Innenstadt Hannovers. Diesem Anti-Sehnsuchtsort und doch Heimat einiger meiner liebsten Menschen. Die Einkaufsstraßen sind vollgestopft mit pickeligen Teenagern, die braune Tüten tragen, mit verantwortungsbewussten Funktionsjackenträgern, die bunte Tüten tragen, und mit den Alten, die Pfand in Tüten tragen. Die informelle Währung unserer Hochkultur. »Heute ein König«, steht auf einer Flasche, die der Herr ausleert, in einen Blumenkübel aus Beton. Blumenkübel. Faszinierendes Wort.

Auf dem Kröpcke brüllt ein Langbärtiger vom Frieden, und die Glattrasierten von Freiheit. Die Polizei ist aufgerüstet wie Football-Spieler, und die Punks wollen einfach: »Was sehen fürs Geld.« Ein paar Meter weiter ist Markt, und die nervösen Hausfrauen mit Haarfarben, die französische Fantasienamen haben, handeln mit Pakistani über den Meterpreis für Wachstischdecken Marke Toskana.

»Wir müssen was erleben«, sagt Egge zwischen zwei Ladungen schwarzem Kaffee. »Etwas Neues, von dem wir keine Ahnung haben.« Der Flachmann ist voll. Noch ein geiles Wort eigentlich, supergeil. Mein Bruder hat über irgendeine Quelle kubanischen Rum besorgt. *Mulata* heißt der, und bei dem Brackwasser, das es sonst im Kaufhof gibt, ist dieser ein Genuss. Was erleben. Was trinken. Etwas Werbung: Eine Abschlussschau einer Modehochschule im Theater. »Grüne und nachhaltige Mode«, lautet das Versprechen. Wir ziehen in die Markthalle. Vorbereitung.

Jemand hat geheiratet und zeigt Fotos auf einem Smartphone rum. Der Ring muss noch einmal angepasst werden. Einer stolzen Freundin packt er unabsichtlich mit breiter Planke an den Arsch. Ein verlegenes Lachen auch am nächsten Tisch. Getränke auf die neue Wohnung. Ich habe Trennungsflüche im Kopf und stelle mir vor, wie ein Aquarium zerbricht. Wie zersplittert eigentlich ein Blumenkübel, den kreative Perlenkettenträgerinnen mit reichlich türkisfarbenen Mosaiksteinchen verziert haben? Es riecht nach mediterranen Pasten. Und frittierten Resten. Am Tresen Pferdesportler und Friseure bei der Akquise. Egge bestellt Sekt. Die Bedienung muss suchen. Ossi.

Hannover ist eine Drecksstadt. Gerade wenn es geregnet hat. Und das tut es im ach so anglophilien Norden gern und intensiv. Die grauen Wolken hängen prall gefüllt gefühlte zwanzig Meter über der Erde. Independence Day. Auf der Straße vermischen sich die Reste vom Vortag mit dem Besten des Winters: Ein angebissener Cheeseburger, Hundescheiße, Flyer, die für einen mexikanisch-chinesisch-italienischen Bringdienst werben. Dazu noch die Postwurfsendung der letzten evangelischen Kirche im Viertel. »Finde zu Gott und finde dich selbst.« Geile Baupappe. Hat Keule zumindest immer behauptet. Alles ist vergänglich. Die Essenz von zehn Jahren *How I met your Mother*. Wiederholt bis in die Subkutis. Wir starren durch Scheiben und erholen uns vom Starren auf Bildschirme. Das schreiben wir den Freunden per SMS. Heute ein König.

Der erste trübe Gedanke kommt mit dem Geruch von Menschen in Abendgarderobe. Die Zeile: »Anleger verlieren 600 Millionen Euro.« Der O-Ton: »Was soll das heißen? Durch was verlieren sie? Wer sagt das überhaupt? Hast du irgendwo da eine Ortsmarke gesetzt? Ist echt nicht wahr mit dieser Scheiße.

Komm, setz dich auf deinen Platz, ich mach das schnell selbst.«
Der Schnellschuss: Ich strecke einer Frau hinter einem Sprechfenster Geld entgegen. Tickets für die Modenschau, die nachhaltige. In Gedanken begrüße ich die wegsortierte Arbeitswoche. Endlich gehen die Lichter aus.

Die roten Sessel versprechen Kinoschlaf. Die Atmosphäre hat was von Vorführungen der Theater AG im Vorstadtgymnasium. Alles frei vom Inklusionsgedanken. Zum Glück stänkern die Punker nicht wieder. Um uns herum stolze Väter mit geraden Rücken und gebügelten Hemden. Väter, deren Töchter entweder Mode entwerfen oder Mode tragen, und die sich sonst über solch aufreizende Kostüme echauffieren würden. Heute brüllen sie bei Dubstep und Stroboskop, wenn ihre Leonie, Jana, Franziska ihre Sekunden of Fame hat. »Leonie! Hier!« Ein Camouflagehintern sucht den väterlichen Schall.

Mein Sekt ist schon wieder alle. Egge holt neuen, mit genau einem Eiswürfel drin. »Für Ihren Freund«, wird er angesprochen. Es ist 2014, und auf einer Modenschau wird man automatisch für schwul gehalten, wenn man Sekt mit Eiswürfel bestellt. Konservative Rebellen mit Maßband. Geile kreative Klasse.

Irgendwann setzt der Schlussapplaus ein. Gruppenbild. Die Moderatorin dankt der Modeschule. Die Modeschule dankt der Moderatorin. »Ein unvergesslicher Abend.« Egge entdeckt lauter aufgeschürfte Knie. Und die Models mit Teppichen um den Hals, Käfigen auf dem Kopf und monströsen Schleifen an der Hüfte lächeln. Dafür werden sie bezahlt. »Leonie! Hier!« Ich suche nach einem Luftgewehr. Die Kinder des Monsieur Mathieu feiern als Elektrovocalschnipsel Auferstehung.

Ich brauche Eiswürfel. Viele.

An der Kreuzung der erste Flashback. Alkohol funktioniert wie eine Chartshow. Wenn man nicht mehr damit rechnet, kommen die alten Geister. Ich sehe Klassenfahrtenfluchten durch vergessene Klofenster. Ich baue Autoradios ein, um amerikanischen Rap besser zu verstehen. Und noch ein Cut. Gestern Abend im Szenevorgarten. Teenager in zu knapper Kleidung, ein Typ mit einer Gummipuppe im Arm, Männer um die vierzig mit karierten Hemden und teuren Digitalkameras vor dem Wohlstandsbauch.

Die Messe macht Feierabend. Laut Juwelieren, Taxifahrern und Prostituierten lief es wohl nicht so geil in diesem Jahr. Messer werden immer gekauft. Endlich grün.

Egge erzählt von nächtlichen Reisen. Uferschönheiten habe er entdeckt, Sprachen ohne Vokabeln gesprochen, es roch nach Waldmeister und Pfirsichen. Es riecht in seinen Träumen immer irgendwann nach Pfirsichen. Diesmal ließen sich zumindest Frühlingszwiebeln rauchen. »Und?« »Hab ich vergessen.« Trotzdem eine neue, immer bessere Welt. Positivoptimierung. Gut, dass es Kalender gibt, mit denen man gesellschaftliches Engagement aufteilen kann. Ist die Woche voll, ist es das Boot auch. Ordnung und Übersicht. Anarchie bedeutete noch nie Chaos. Herrschaftsfrei an mir vorbei. Jetzt eine Frühlingszwiebel. Doch es gilt einen letzten Auftrag durchzuführen. Kommando Pimperle.

Vor uns sitzen etwa zwanzig Kurden und Türken, deren Familiengeschichte sie irgendwann einmal in diese Stadt gespült hat. Deren Onkel in Knästen sitzen, und deren Tanten bei Demonstrationen angepackt wurden oder schlimmer. Sie tragen Gedichte vor gegen den Polizeistaat, gegen das böse System Kapitalismus, das aus Ländern Kolonien macht und aus Menschen Human Ressources. Ich schaue auf meine neuen Schuhe. Sie stechen heraus mit ihrer Farbe und der Form. Eigentlich wollte ich nur neue Joggingschuhe haben, jetzt trage ich sie jeden Tag und werde jeden Tag darauf angesprochen. Egge hat Rotwein besorgt. Ich verzichte auf Nebensätze.

Achtung, Präsentationseinlage. Scheinwerfer an. Gerade sitzen. Durchatmen. Contenance. Bühnensituation. Irgendwo klappen Hände aneinander. Das einstudierte Zeichen. Ich wünsche mir Eiswürfel für den Rotwein. Frühlingszwiebeln für den Kopf. Es riecht nach Pfirsichen. Luigi und Silvio kaufen Wachstischdecken, supergeil. Anleger verlieren die Fassung. Ja was soll das denn heißen? Freiheit? Es geht um Freiheit! Freiheit, wie sie unser Bundespräsident immer wieder proklamiert. Egge spricht von Redefreiheit. Base als Basis.

Ich erinnere mich. Wir versprachen an diesem Abend – im Rahmen einer Lesung – den Begriff Freiheit einmal neu zu interpretieren. Als Beitrag für kämpfende Genossen. Sagt man doch so. Politische Gefangene. Die Guten. Wir lesen: David Hasselhoffs *I've been looking for freedom*, George Michaels *Freedom*, Kreislers *Deine Freiheit, meine Freiheit*. Zwischendurch CDU-Slogans der sechziger Jahre. Vor ein paar Tagen fanden wir es noch lustig. Nun hadern wir mit dem eigenen Verständnis. Kunst wird nicht gemacht. Kunst kann nur zugelassen werden. Wir sind zu und gelassen. Das Publikum und die vier Mitglieder der örtlichen Antifa warten auf die Pointe. Es gibt keine.

»Im besetzten Haus wurde am Wochenende Hochzeit gefeiert.«
»Welches?«
»Das, was einmal ein Schwesternwohnheim war, im Norden.«
»War gut?«
»Wundervoll.«
»Eine glückliche Braut, ein entspannter Bräutigam.«
»Wie man sich das wünscht.«
»Ja! Die haben in dem Haus auch ein Paradies geschaffen.«
»Es gibt halt doch eine Alternative, und sie funktioniert.«
»Ich habe neulich auch mit einigen anderen gesprochen, ob man sich nicht eines der alten Häuser am Stadtrand kauft und dort einen Bauernhof etabliert. In der Stadt, aber eben doch eine Trutzburg. Mit selbst gepflanzten Tomaten. Ja, und Tee auf dem Dach.«
»Oh, wie schön.«

Egge fallen die Augen zu. Er redet trotzdem. Von Sitzkissenmode. Und Frauen in Teppichen. Ich muss lachen. »Ebola ist zurück«, flüstert jemand. Ich finde keinen passenden Mund zu den Worten. Und was ist mit Dortmund und der Ukraine? Ich suche weiter. Nichts. Sind Zyniker eigentlich Menschen, die es besser wissen oder nur Menschen, die es nicht besser wissen wollen? »Weißt du«, frage ich Egge, als wir in der letzten Kneipe des Abends sitzen. »Ich habe keine Ahnung mehr, was ich da tue. Mein ganzes Leben rast an mir vorbei, und ich kann mir nichts mehr merken.« Er öffnet die Augen und starrt durch die Fensterscheibe ins Nichts. Es soll Kinder geben, die an Dekobällen erstickt sind. Sie wurden in Blumenkübeln beerdigt. Ganz hübsch, mit türkisfarbenen Mosaiksteinchen beklebt. Looking for freedom.

Klaus Bittermann
Erinnerungen eines Flüchtlings

Ich bin ein Heimatvertriebener. 1981 musste ich aus dem schönen Nürnberg fliehen und erhielt schließlich in Berlin Asyl, weil die dort jeden nahmen, denn damals wollten alle aus Berlin weg und niemand hin. Also nicht so wie heute, wo jeder hin will. Sogar Politiker.

Damals hatte Nürnberg die höchste Polizeidichte in der ganzen Republik, aber kaum natürliche Feinde, also keine Verbrecher oder politischen Krawallmacher. Nur mich. Oder fast nur mich. Dabei hatte ich gar nichts getan. Außer gelegentlichen Diebstahl von Whiskey begangen. Vielleicht hatte ich auch ein wenig so gewirkt, als sei ich gefährlich. Wenn man jung ist, macht man das so. Jedenfalls kümmerte sich die Polizei fürsorglich um mich, fuhr mir dezent in zivilen Fahrzeugen hinterher und schlug gegenüber meiner Wohnung in Ghostenhof ein Lager auf. Ein bisschen viel Zuneigung, dachte ich, und zog nach Berlin, wo man andere Sorgen hatte. Zum Beispiel Hausbesetzer und einen fetten Bauskandal. Und richtige Krawallmacher. In Nürnberg ließ sich kein Krawall machen, weil da nämlich für drei auf einer spontanen Demo zu Bruch gegangene Schaufenster mehr Leute verhaftet und verurteilt wurden als überhaupt an der Demo teilgenommen hatten. Das hat bislang keine andere Stadt fertiggebracht. Nur einen, der dabei war, haben sie nicht erwischt, und das war ich.

Seither bin ich immer nur heimlich und inkognito nach Nürnberg gereist, auch weil mir aufgrund eines kleinen Städteporträts von Nürnberg, in dem ich meine traumatischen Erfahrungen verarbeitete und mit dem ich es sogar auf die Titelseite der Nürnberger AZ schaffte, öffentlich damit gedroht wurde, mich mit »Bratwürsten zu steinigen«, sollte man meiner ansichtig werden. Sie werden also verstehen, dass mein Verhältnis zu meiner »Heimat« etwas getrübt ist.

Aber ich habe in Franken eine wunderbare Zeit verbracht. In meinem Heimatstädtchen Kulmbach, wo ich meine gymnasiale

Schulausbildung genoss, konnte ich zum Beispiel immer umsonst rauchen, denn es gab einen Zigarettenautomaten, aus dem sich mit einem kleinen Trick auch ohne Münzen Zigaretten ziehen ließen. Und an der Schule gab es richtige Nazis. Aber nicht so wie heute unter den Schülern, sondern im Lehrerkollegium. Und von denen konnte man nicht behaupten, dass sie Verständnis für unsere Sorgen und Nöte aufbrachten. Aber sie förderten unser Selbstbewusstsein und unseren Widerstandsgeist, und es war schön, sie schließlich an unserer Unbotmäßigkeit verzweifeln zu sehen. Auch wenn es mich meinen Verbleib an der Schule kostete.

Aber in Nürnberg gab es ja auch Schulen. Dort musste ich zwar auf Selbstgedrehte umsteigen, weil kein Automat mehr umsonst Zigaretten ausspuckte, aber auch in Nürnberg war es schön. Zum Beispiel konnte man jederzeit ins schöne Umland fahren, was man in Berlin dann nicht mehr konnte, weil da DDR war und schön war es da schon gleich gar nicht. Und auch sonst konnte man auf eine wunderbar unproduktive Weise sein Leben verplempern, indem man mehr Energie darauf verwendete, ohne Geld auszukommen als welches zu verdienen. Heute ist das umgekehrt, aber es kommt nicht nur genauso wenig dabei heraus, es ist auch weniger schön.

Außerdem gibt es in Nürnberg das Reichsparteitagsgelände, auf dem ich Bob Dylan sehen konnte, nachdem ich mich durch den Einlass gemogelt hatte, und das Justizgebäude, in dem die Nürnberger Prozesse stattgefunden haben, und welche Stadt hat das schon. Und wenn ich das mal sagen darf: die Bratwurst ist auch nicht so schlecht. Ich erwähne das, weil ich mich mal abfällig über sie geäußert habe. Aber da war ich etwas verbittert.

Und auch das fränkische Langzeitgedächtnis, das nur mit dem der Elefanten zu vergleichen ist, muss ich hier lobend erwähnen. Denn Nürnberg hat mich nie wirklich vergessen. Während eines Kurzbesuchs entdeckte ich eine Postkarte, auf der mit einem Spruch von mir Werbung gemacht wurde: »Noch heute leide ich unter den Langzeitschäden, die ein Jahrzehnt Nürnberg hinterlassen hat.« Ich weiß aber nicht mehr, für was damit Werbung gemacht wurde.

Atman Schopenhauer
Deutscher Nasenzyklus

> *Über allen Gipfeln*
> *Ist Ruh',*
> *In allen Wipfeln*
> *Spürest du*
> *Kaum einen Hauch;*
> *Die Vögelein schweigen im Walde.*
> *Warte nur, balde*
> *Ruhest du auch*
>
> (J.W. von Goethe)

Der Begriff der *Demonstration* leitet sich vom lateinischen Verb *demonstrare* ab, das ein *Zeigen*, ein *Hinweisen auf etwas* bedeutet und in Deutschland das Recht auf öffentliche Meinungsäußerung beschreibt. Das Demonstrationsrecht ist ein Grundrecht, das jedem Menschen in § 8 GG die sogenannte Versammlungsfreiheit garantiert.

Im Prinzip, denn eingeschränkt wird das Demonstrationsrecht vor allem durch die Versammlungsgesetze der Länder mit zahlreichen Regelungen, die eine asymmetrische Machtverteilung zwischen Staatsgewalt und Demonstranten erzeugen. Hierzu zählen unter anderem das Vermummungsverbot, das 1985 unter der Regierung Kohl per Gesetz geregelt, oder das Verbot der Passivbewaffnung, das 1989 von derselben Regierung eingeführt wurde. Lederhosen, Schutzbrillen, Atemschutzmasken, Baseballkappen und vieles mehr gelten daher heute als Gegenstände, die geeignet erscheinen, den Demonstranten vor dem Zugriff durch die Staatsgewalt zu schützen. Der demonstrierende Bürger aber soll erkenn- und verwundbar bleiben.

Begonnen hatte alles mit den Notstandgesetzen, die von der Zweidrittelmehrheit der GROSSEN KOALITION von CDU/CSU und SPD in den Jahren 1966 bis 1969 verabschiedet wurden, nicht zuletzt wegen der damals anhaltenden Proteste der deutschen Jugend und der Studenten. Die Notstandsgesetze geben seither den Staatsorganen auch im Falle des inneren Notstandes die Möglichkeit, die Grundrechte der Bürger einzuschränken.

Demonstrieren heißt: auf etwas hinzuweisen. Gestisch ist der Mensch in der Lage, dies beispielsweise mit Handbewegungen zu tun. Nun ist dies aber im Falle von großen und unübersichtlichen Demonstrationen wenig hilfreich. Eine demonstrierende Geste könnte bei unbedachten Bewegungen von Seiten der Staatsmacht sogar als körperliche Drohung missverstanden werden. Dann würde die Hand, die Faust, der Arm, der ganze Körper des Demonstranten zur Passivbewaffnung, denn Gesten können eine immense Bedeutung erlangen. Man denke hierbei nur an den ausgestreckten Mittelfinger.

Die zweite Möglichkeit ist die Meinungsäußerung durch Reden, Rufen, Schreien oder auch Brüllen. Hier hat das deutsche Versammlungsrecht eine erkennbare Lücke, denn außer von einer ruhigen, argumentativen Überzeugungsstrategie der Demonstranten in Richtung Staatsmacht, ist den Rednern, den Rufern, den Schreiern und selbst den brüllenden Demonstranten rechtlich nur schwer beizukommen. Da kann eine Demonstration in der Lautstärke schnell physikalisch-akustisch aus dem Ruder laufen. Zusammen mit Trillerpfeifen wären die Grenzwerte für den Lärm am Arbeitsplatz der Polizeikräfte dann sehr zügig überschritten. Deshalb sind beispielsweise bei Demonstrationen am Frankfurter Flughafen gegen die Flughafengesellschaft FRAPORT und die Hessische Landesregierung keine Trillerpfeifen zur Demonstration gegen Fluglärm zugelassen.

Letztlich dient dies auch dem Schutz der Bürger vor sich selbst und einer möglicherweise strafrechtlich zu ahndenden Körperverletzung der Polizeikräfte. Es wäre nicht das erste Mal, dass ein lautes Anschreien der Polizeikräfte durch Demonstranten zu nachhaltigen körperlichen Schäden bei den Ordnungskräften, entsprechender Dienstunfähigkeit und späterer strafrechtlicher Verurteilung des Schreiers führen würde.

Die Staatsmacht verliert das Wohl des demonstrierenden Bürgers nicht aus dem Auge. Und an diesem Punkt kommt nun dessen Riechorgan ins Spiel.

Biologisch betrachtet ist die menschliche Nase das Organ, mit dem Wirbeltiere die Atemluft ein- und ausatmen. Erst die Nase ermöglicht es Menschen auch mit geschlossenem Mund zu atmen. Der Bürger atmet in körperlicher Ruhe in der Regel durch die Nase, sofern nicht anatomische Anomalien vorliegen. Interessanterweise wird nicht durch beide Nasenlöcher gleichmäßig geatmet, sondern mit abwechselnd verringertem Luftstrom, um die Nasenschleimhäute wechselseitig regenerieren zu lassen. Dies nennt man den Nasenzyklus. Die Forschung hat dabei herausgefunden, dass die wechselseitige Verringerung des Luftstromes durch eine Anschwellung der Nasenschleimhaut erfolgt, die wiederum durch den Hypothalamus und dementsprechend den Sympathikus geregelt wird. Die Eingeweihten wissen, dass der Sympathikus im menschlichen Körper allgemein die Handlungsbereitschaft erhöht, was unter dem Begriff »Fight or flight« bekannt geworden ist.

Im Falle der lautstarken Meinungsäußerung von demonstrierenden Bürgern besteht bei entsprechender Übererregung tatsächlich die Gefahr, dass eine Hyperregulation der Nasenschleimhäute einsetzt, die bei fortgesetzter Schreitätigkeit des Demonstranten unweigerlich zu krampfartiger Ventilation bis hin zum Erstickungstod führen kann, da in nicht wenigen Fällen die Atemwege schlagartig blockiert werden.

Die deutschen Polizeikräfte sind daher angewiesen, solchermaßen hörbar gefährdete Demonstranten gezielt aus Demonstrationen herauszuziehen und einer präventiven, beruhigenden Behandlung zuzuführen.

Als Sofortmaßnahme werden die Polizei- und Sondereinsatzkräfte schon seit vielen Jahren intensiv trainiert, den gefährdeten Personen bereits auf dem Weg zur Aufnahme der Personendaten und

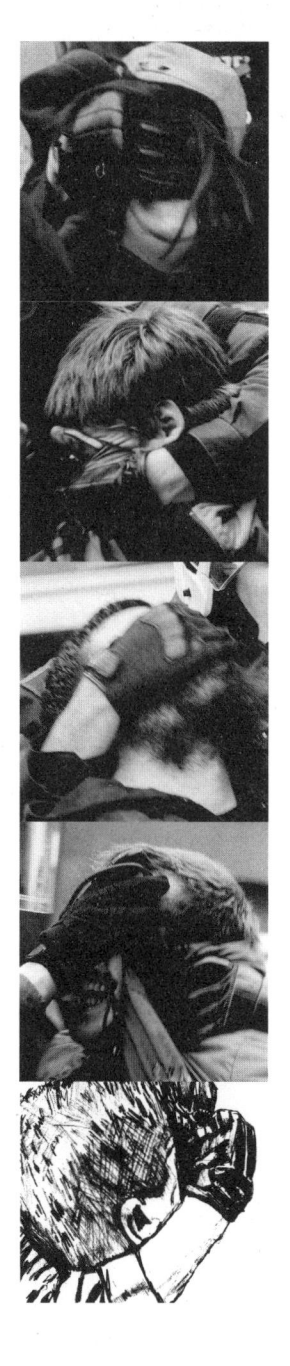

Unterbringung in auswärts gelegenen Auffanglagern, Nasen, diese spürbar nach oben biegend, dicht zu verschließen. Dies dient dem Zweck, die Nasenschleimhäute des Betroffenen vor einem gefährlichen Zuschwellen zu schützen.

Die jahrelange Praxis der Ordnungskräfte, die nun auch bildlich dokumentiert wurde, hat gezeigt, dass diese präventive Maßnahme dazu beiträgt, die Lautstärke von Demonstrationen auf einem bürger- und polizeifreundlichen Niveau zu halten.

Florian Günther
Eine Frage der Chemie

Ich hatte diese Wahnvorstellungen;
meine Gedächtnislücken
wurden immer größer, und
manchmal fürchtete ich mich
sogar davor, ein Brot zu kaufen.
Also ging ich zum Psychiater.

Das ist alles eine Frage der
Chemie, sagte er. Wenn Sie das
Trinken lassen, kann
ich Ihnen helfen.

Ich hörte auf und aß
von nun an diese Pillen.

Ich bin ein völlig
neuer Mensch geworden.

Ich gehe gern tanzen. Weiß
immer wo mein Wagen
steht, und manche
Frau behauptet, ich schaute nicht
mehr ganz so düster
drein.

Ich liebe meine Eltern,
freue mich schon auf die
nächste Wahl und
glaube fest daran, dass jeder,
der nur Arbeit will, auch
eine finden kann.

Meine Miete könnte
ruhig ein wenig höher sein,
und jeden Samstag
schaue ich mir 7 Tage 7 Köpfe
an, denn ich hab selten
so gelacht.

Steve Blame
Zwischen Rotwein, Filetsteak und Popstar-Neurosen

STEVE: Damals, zur Zeit von *Ray of Light*, wirkte es, als hätte sie tatsächlich eine andere Richtung eingeschlagen. Eminem hat das vor gar nicht so langer Zeit auch getan. Weg von der egoistischen, idealistischen Phase und hin zu einer sozialeren. Wenn Madonna seit 1998 ernsthaft eine Veränderung durchlaufen hätte, hätte sie aber wohl kaum 2012 bei einem Auftritt in der Türkei ihre Brüste gezeigt. Sie wirkt heutzutage künstlicher, mehr darauf aus, ihre Schwächen zu verstecken, als je zuvor.
GUIDO: Typischer Exhibitionismus.
STEVE: Aber ist das wirklich alles? Lotet sie nicht vielleicht wieder Grenzen aus? Eine Frau, nicht mehr die Jüngste, aber immer noch mit einem tollen Körper, die einfach tut, wonach ihr ist, ohne sich darum zu kümmern, was die Gesellschaft für altersadäquates Verhalten hält.
GUIDO: Klar, man könnte auch sagen: Hey, super, sie ist selbstbewusst und sieht für ihr Alter toll aus, warum also nicht? Denk mal an Johannes Paul II., als er kurz vorm Sterben war. Er hat immer noch den Gottesdienst geleitet, obwohl man ihn kaum noch verstehen konnte. Da gab's auch geteilte Meinungen. Manche haben gesagt, er solle sich endlich zurückziehen. Andere meinten, toll, da wird uns das wahre Leben gezeigt, bis zum Schluss. Dasselbe gilt auch für Madonna: Sie zeigt uns die Realität.
STEVE: Ihr Streben nach Ruhm scheint nach all den Jahren immer noch ungebrochen. Nur in ihrer spirituellen Phase schien sie dieses Ziel kurz aus den Augen verloren zu haben. Da beschäftigte sie sich dann plötzlich mit Höherem. Mit Religion. Mit Kabbala. Mich nervt das immer wahnsinnig, wenn jemand so eine Art Religion oder spirituelle Lebenseinstellung für sich entdeckt und dann dafür sorgt, dass das auch ja jeder mitbekommt. Als wäre derjenige der erste Mensch, der Religion für sich entdeckt hat. Ich meine, klar, es gibt auch Leute, die das ernst meinen. Mein Prob-

lem damit ist auch nicht die Religion oder Spiritualität selbst. Ich kann es nur nicht leiden, wenn diese Leute dabei so unglaubwürdig sind. Die machen eigentlich genauso weiter wie vorher, tun aber plötzlich so, als würden sie jetzt nach irgendeinem höheren Prinzip leben. Auf Facebook zum Beispiel. Was da für ein spiritueller Schwachsinn gepostet wird. [...] So was regt mich echt auf.

Steve wird immer wütender.

STEVE: Die sind doch alle leer innen drin, die tun nur so, das sind unglückliche, egoistische Arschlöcher, die einfach irgendeinen Glauben benutzen, um besser dazustehen. Oder um sich wichtig zu machen.

Steve knallt sein Glas auf den Tisch. Sebastian und Guido tauschen wissende Blicke aus.

STEVE: Aber wie du schon meintest, man hasst nur, was man selbst ist.
GUIDO: Hm.
SEBASTIAN: Madonna ist Teil dieser spirituellen Popkultur. Aber dass sie sich vom kurzzeitigen Sexsymbol zur Wunderheilerin gewandelt haben soll? Glaube ich nicht. Spiritualität ist in ihrem Fall ja nur Mittel zum Zweck – im positiven Sinne.
STEVE: Vielleicht wollen wir alle einfach nur herausfinden, wer wir wirklich sind. Ich auf jeden Fall, sonst wäre ich ja nicht hier. Also, ich glaube zumindest, dass ich es damit ernst meine. Wahrscheinlich sehen sich diese Arschlöcher auf Facebook genauso. Und selbst, wenn sie es tatsächlich nicht ernst meinen, sollte man sich wahrscheinlich trotzdem nicht so darüber aufregen.
SEBASTIAN: Künstler gehen den Pfad der spirituellen Heilung nie bis zum Ende, denn dort würden sie ihre emotionale Vaseline ja wieder verlieren. Die ist ja ein Werkzeug für sie, mit dem sie die Tür zu ihrem Gefühls-Ich und zu neuen kreativen Räumen öffnen können.
STEVE: Diese Reise endet also nie, weder für den Künstler noch für mich?

GUIDO: Eine andere Frage, die sich dabei stellt, ist – fühlen die sich alle innerlich tatsächlich erfolgreich und glücklich? Hat ihnen diese Art der Kompensation ihrer Kindheitstraumata dabei geholfen, ein ganzer Mensch zu werden? Ist Tina Turner glücklich? Hat Madonna ihrer Meinung nach Erfolg im Leben gehabt? Würde das nicht bedeuten, dass sie sich irgendwann zur Ruhe setzen müssten? Und wenn sie das nicht tun, bedeutet das dann, dass sie immer noch unglücklich sind?
STEVE: Sind Zufriedenheit, Ruhestand, Anonymität also einfach nicht möglich?
SEBASTIAN: Ein Künstler kann seine Wunden in Weisheit umwandeln, darin besteht seine besondere Fähigkeit. Kann er also jemals ein zufriedener und ausgeglichener Mensch werden? Eigentlich nicht, denn das würde Stagnation bedeuten. Das geht Popstars genauso wie allen anderen »großen Persönlichkeiten«. Alexander der Große – der war unglücklich und depressiv, und das hat ihn angetrieben. Mozart und Beethoven – wie ich schon sagte: waren das verzweifelte Menschen! Unsere inneren Stimmen helfen uns dabei, unser Leben zu leben, immer weiter zu machen. Wenn sie verstummen, haben wir ein Problem. Wir tragen vielleicht zwanzig, dreißig oder vierzig dieser Stimmen oder Egos in uns, und wenn eins unserer Egos erfolgreich wird, wächst und verändert es sich natürlich. Wie man das zum Beispiel sehr gut an Bruce Springsteen erkennen kann.
STEVE: Madonna hat ja irgendwie immer noch die Verbindung zu ihrer ursprünglichen emotionalen Vaseline. Das Problem besteht vielleicht einfach darin, dass sie mit den Dingen, mit denen sie früher immer Aufmerksamkeit bekommen hat, heute keine mehr kriegt, weil man damit niemanden mehr provozieren kann, weil das alles schon mal da war. Damit lockst du heutzutage niemanden mehr hinter dem Ofen hervor. Da ist die Verbindung zu ihrer emotionalen Vaseline unterbrochen. Oder Madonna ist eben geheilt.
SEBASTIAN: Die Popkultur von heute besteht zu neunzig Prozent aus Angst, Leid und Ego. Dieser ganze Kulturbetrieb nährt – wie es der Philosoph Eckhart Tolle sagen würde – den »Schmerzkörper« des Menschen. Der Teil von uns also, der sich

aus negativen Erfahrungen gebildet hat und mit dem wir uns in einem hohen Maße identifizieren. Indem wir die Popkultur feiern, feiern wir immer auch diesen »Schmerzkörper« – letztlich das, worunter wir leiden. Das ist schon paradox. Wir wollen alle Heilung, Erlösung von der Angst, die aus unseren Momenten des Verlorenseins hervorgeht. Vielen Menschen geht es aber so, dass sie, wenn sie denn dann geheilt sind, ihren Antrieb, den sie vorher aus dem Verlorenheitsgefühl gewonnen haben, verlieren. Das mag für den entsprechenden Menschen vielleicht gut sein, für den Rest der Welt ist das aber schlecht. Was ziemlich gemein ist, wenn man mal darüber nachdenkt.
GUIDO: Wenn du dich mit deinem ursprünglichen Trauma aussöhnst, passiert es unter Umständen, dass du gefühlsmäßig irgendwo ankommst und dadurch deine Kreativität verlierst. Das ist schwer zu akzeptieren.
STEVE: Da fällt die Wahl schwer, worauf man lieber verzichten will.
GUIDO: Ich habe mal gelesen, dass David Lynch bei einem Analytiker in Behandlung war und ihn in einer Sitzung gefragt hat: Wenn ich mit der Therapie weitermache, verliere ich dann vielleicht eines Tages meine dunkle Seite und kann nicht mehr die Art von Filmen drehen wie bisher? Der Analytiker hat geantwortet: Ja, das kann passieren.
STEVE: Wie hat er reagiert?
GUIDO: Er hat die Therapie sofort abgebrochen.
STEVE: Dann sollte ich wohl lieber auch so bald wie möglich damit aufhören.
GUIDO: Sting und Peter Gabriel waren auch beim Analytiker – und man weiß ja, was die danach für Musik gemacht haben …
STEVE: … hör auf!

Auszug aus: Steve Blame | Zwischen Rotwein, Filetsteak und Popstar-Neurosen. Ein Dinner mit Steve Blame und der Frage, wie Popstars die dunkelsten Momente ihres Lebens in ihre größten Erfolge verwandeln | ISBN: 978-3-944564-02-9 | gONZoverlag

Marcus Mohr
Selbstmord

Sie sagte,
sie würde es mit
Rattengift machen.
Er sagte,
er würde sich 'nen Strick
nehmen, ihn an die Reling
der Deutzer Brücke
binden und abspringen.
Und du,
fragten sie mich,
wie würdest du es anstellen?
Mein Leben
weiterleben.

Andrea Mohr

Der Weltuntergang und wie man ihn täglich aufs Neue überlebt

> Mein Grabstein wird die Inschrift tragen:
> »Der Pixies Scharen sollen
> zu Ehren Andreas die Flügel schwingen«

Ich sitze in der Praxis meines alten Freundes Philippe, ein Typ, der ein einziges Verbrechen, doch das täglich begeht: das Verbrechen, unter Tausenden von Verrückten zu leben, aber selbst kristallklar bei Verstand zu sein. Seine berufliche Wahl – Psychiater –, traf er nicht, wie er mir eines Tages gestand, aus dem auf der Hand liegenden Grund, der sicherlich die meisten seiner Kollegen antreibt, diesen ehrwürdigen Beruf auszuüben, sondern weil er tatsächlich daran interessiert war zu erkunden, warum und wie es dazu kommen kann, dass der Verstand eines Menschen *krank* ist. Man fragt sich unwillkürlich: Wo ist der Typ geboren und aufgewachsen, an welcher Zweigstelle im Universum schleuderte man ihn zur gewöhnlichen Rasse der Menschen.

Philippe sitzt bequem in seinem Sessel, vor ihm ein niederer Tisch mit diversen, eigentlich den uns üblichen Accessoires, das Überlebensnotwendige.

Ich sitze ihm gegenüber.

Philippe, relaxed, ein Glas Whiskey in der einen Hand, die andere streckt er lässig nach mir aus, beginnt: »Wie geht's dir, altes Haus? Bei dem scheiß grauen Regen finde ich an nichts Spaß ... Aber mal ehrlich, was bringt dich zu mir?« Entspannt zu wirken, ist wohl einer der Grundkurse an der Uni in diesem doch vielen Menschen mysteriös scheinenden Fachbereich.

Ich unterbreche ihn: »Na, na, wer wird denn übers Wetter reden, bist du Engländer? Und überhaupt: miese Laune als Therapeut ... tsetse ... Mainstream Arsch in Insel-Manier.« Dabei greife ich nach dem vor mir stehenden Wasserglas, um mir anschließend von dem daneben stehenden Tequila einzuschenken und zu nippen. Ja, schmeckt lecker, alter Schwede, ein Patron, klasse Tequila.

Ernsthaft und unbeirrt fährt Philippe fort: »Ich kenne ja deine Ansichten über Therapie zur Genüge, um zu wissen, dein unerwartetes Kommen verdanke ich nicht einer deiner großzügigen Launen, weil du Leute wie mich, Therapeuten, auch Geld verdienen lassen möchtest. Ich kenn ja deine Überzeugung, dass jeder Mensch Therapie machen sollte – so wie man in der Schule Sprachen lernt – zumindest bis man die Grundzüge verinnerlicht hat, um selbst weiterzuspinnen, so weit man in die Tiefen der Thematik eben spinnen möchte. Wohin spinnen wir heute?«

Wir schauen uns freundlich in die Augen, vertraut, doch nur genau so lange, dass es nicht unangenehm werden würde, kein stieren, nur für die Dauer eines intimen Hallosagens.

»Nebenbei bemerkt,« fange ich das Gespräch auf, »ich danke dir, lieber Philipp, dass du es, wie auch immer du es angestellt hast, geschafft hast, dass ich keine Verbiegetechnik anwenden musste, um bei dir eine Einzeltherapie zu bekommen. Nicht, dass ich Therapien im Allgemeinen besonders schätzen würde, aber zu meiner extremen Abneigung gegen Gruppentherapien fehlen selbst mir die Worte.« So nun ist es raus! »Du weißt ja, Gruppentherapien finden eben in dem durch die Institution gesteckten Rahmen statt und …« Ach, was solls! »Ach, meine Meinung kennst du, Institutionen sind der größte … besser … Institutionen sind nicht einmal in der Lage, dir das Scheißen beizubringen.«

Philippe lächelt nachsichtig. »Ich kenne deine Ansichten. Ist schon gut, Andrea. Sollte deine Weltanschauung Realität werden, würde das zu meiner wie der Arbeitslosigkeit von vielen anderen führen. Wenn dein Weltbild Bestand hätte, wären die heutigen Arbeitslosen die Herrschenden und umgekehrt.«

Der bringt's wie immer auf den Punkt, na dann los.

Ich: »Ja. Nun, hier stehe ich und kann nicht anders«, lächele ich verschmitzt, gleichzeitig denkend: Besser ich lasse das süffisante Lächeln. »Bei dem Wetter ist mir nach traumhaftem Tequila mit teuflischem Tramadol, hast du welches?«

Jetzt ist mein Lächeln zu einem breiten Lachen geworden.

Philippe schüttelt mit dem Kopf und brummelt etwas wie: Immer du, du Wahnsinnige, schauen wir erst mal, rede doch erst mal weiter du Kindskopf ...«

»Na gut. Weswegen ich hier bin: Ich will bei dir, eigentlich mit dir, meine Kindheit erforschen, da mein guter alter Freund Michael mir immer wieder sagt, ich solle ein Buch über meine Kindheit schreiben. Ich tu es ja, da ich ein weiteres Buch schreiben will, aber ...«

Jetzt schüttele ich schon wieder den Kopf, ahm, Tequila, ja. Ich trinke. Das tut gut.

Philippe sagt sichtlich überrascht, doch keinesfalls unangenehm, eher aufhorchend: »Ein weiteres Buch? Klingt spannend. Aber Kindheitsforschung?«

Ich: »Wie, du kannst es verstehen, dass man ein weiteres Buch von mir lesen will? Mir würde es nicht in meinem wildesten Tequila-Tramadol-Rausch einfallen einen Verlag zu gründen, der Bücher wie die meinen verlegt!«

Jetzt muss ich laut lachen und Philippe lacht herzlich mit. Ich mag Philippe, ein geistreicher Typ, den ich schätze, doch seine Meinungen teile ich nur dann und wann. Dabei erstaunt mich immer, dass ich nicht das übliche Dilemma verspüre, ihn deshalb, eben weil ich ihn mag, nicht mehr zu achten, ganz im Gegenteil.

Philippe sagt: »Normalerweise brauchst du einfallsreicher Pessimist meine Hilfe doch immer nach einem Buch, weil dich seine Vollendung unglücklich macht. Aber zu Beginn eines Buches? Das ist neu. Und danke für die ungewollten Lorbeeren, dass du mir versteckt zu verstehen gegeben hast, dass du mich konsultiert hast, weil ich deine Wertschätzung verdiene, weil du mich nicht in die lange Reihe der nichtstaugenden Hirnfurzer einreihst.

Zu deiner Kindheit, ja, das ist wie mit allem und jedem, es unterliegt den Gesetzen des Universums, in wieweit man seinem gesunden Menschenverstand trauen kann, beziehungsweise inwieweit jener Verstand gesund ist. Ob der Menschenverstand gesund ist, das sagte ich dir schon, das bemisst man am besten nach zwei Kriterien.«

Ich bringe ihn gerne aus dem Rhythmus und sage: »Ja, die Antikörper meiner Sympathie regen sich bei dir nicht, aber nun mal zur Sache. Im Zuge meiner Kindheitsforschung versuche ich schwerpunktmäßig für Folgendes den Grund oder die Gründe zu erkunden: Zum einen, warum ich immerzu im Sexbusiness gearbeitet habe, es sogar geil fand, mich daran ergötzte. Heute, das fasse ich nicht, fehlt mir dieser perverse, verkackte Job manchmal. Zum anderen, beschäftigt mich, warum ich im Privatleben Probleme mit Beziehungen, im speziellen denen zu Männern habe. Mon Chére Philippe, nach welchen Kriterien meinst du entwickelt sich diesbezüglich mein Verstand, sind diese Entwicklungen meinerseits einem gesunden oder ungesunden Menschenverstand zuzuordnen?«

Ich schaue ihn fragend sowie erwartend an.

Philippe: »Also, das Ganze ist nicht urteilend zu verstehen und lässt sich nicht in Schubladendenken erklären. Erstens: Wie genau man sich an Vergangenes erinnert, hängt davon ab, inwieweit man die Realität wahrnimmt und akzeptiert. Zweitens: Es spielt bei deinen Erinnerungen eine Rolle, inwieweit du Neues hinzuziehst, sprich zulässt, inwieweit du neue Ideen, neue Menschen und diese gewonnenen Erkenntnisse mit deinen eigenen Gefühlen vermischen, sie einfügen kannst. Kurz: Inwieweit du das Neugewonnene importierst. Wie in einer Ehe, eine ungewollte, doch gerechte Zugewinngemeinschaft sozusagen.«

Da unterbricht ein ungeduldiges Klopfen den Redefluß, Dr. Brainscrapers und Groucho betreten den Raum. Den Namen *Groucho* verpassten wir Philippes Assistenten in einer dieser Wahn-Koks-Tequila-Psycho-Sitzungen.

Neugierig fragt Groucho: »Kann ich kurz unterbrechen – hi Andrea. Brauche einen Drink, bei dir kann ich unterbrechen, du bist ja easy.«

Ich nicke abwesend mit dem Kopf, doch könnte ich auch was vertragen, da wirft Philippe ein: »Hey Groucho, langsam, ok, hier, nimm die Flaschen auf dem Tisch – wo die Gläser stehen, weißt du ja – und schenke uns auch einen ein.«

Die beiden trinken einen Rum, ich einen Tequila dazu ziehen wir eine Line, dann springt Groucho auf, da die Klingel schellt und er schließt so abrupt wie er gekommen war im Gehen die Tür. Alter, ich wollte bei mir hätte das Zeug noch diese Wirkung.

Ich nutze den Moment für eine Frage: »Ja, aber sag mal zuerst, woher weiß ich denn, ob meine Erinnerungen falsch oder richtig sind?«

Die Antwort schießt mir noch während ich den Satz ausspreche durch den Kopf.

Philippe: »Einfach. Falsch ist, sobald man Aspekte übersieht. Richtig ist, wenn man alle Aspekte eingeschlossen hat.«

Ich: »Und Punkt. Du machst es wieder einfach, zumindest wenn man weiß, dass du die Begriffe *falsch* und *richtig* nicht urteilend verwendest. Richtig ist für dich, was die Menschen im Leben weiter bringt und falsch eben Gegenteiliges. Stimmt's?«

Philippe unterbricht mich abrupt: »Aber ich gehe davon aus, dass ich mit einem nicht urteilenden, nicht schubladenidiotendenkenden Menschen rede, so viel kann ich bei dir ja wohl voraussetzen.«

»Ja, klar alter Junge, und cherio, hoch lebe die Tiefenpsychologie.« Wir prosten uns zu und ziehen noch eine Line, während ich fortfahre: »Kommen wir mal zurück zum Punkt. Also ich erinnere mich an eine Situation, das war an Weihnachten, mein Vater war sehr erbost und zornig über irgendeinen blöden Mist, wie so oft, aber bei diesem Ereignis schlug er wütend, echt gewalttätig auf meine Mama ein. Ich hatte Angst, zitterte. Der Springende Punkt ist, dass ich in meiner Erinnerung deutlich sehe, wie er meine Mama schlägt, aber nicht mich, mich sehe ich eben nur ängstlich und zitternd zusehen. Doch meine Mama, sagte, als ich sie vor wenigen Jahren darauf ansprach, dass er mich auch geschlagen hätte. Welche Erinnerung ist nun richtig, welche ist falsch?«

Philippe: »Nun, zum einen tendieren wir dazu, mehr auf unsere eigenen Erinnerungen und Erfahrungen zu vertrauen als auf die der anderen. Doch deine Frage ist eher: Warum sollte sie Lügen? Ich fürchte, darauf werden wir keine Antwort finden. Aber denk mal über Folgendes nach: Nehmen wir eine Landkarte auf der ein Fluss eingezeichnet ist. Stehst du aber an diesem auf der Karte markierten Punkt, findest du dort keinen Fluss. Bedeutet das, die Landkarte ist falsch? Oder stehst du an dem Punkt und behauptest hier sei ein Fluss, obwohl kein Fluss zu sehen ist? Oder denkst du wider besseren Wissens du stehst an der falschen Stelle?«

Ich: »Aber klar, wo kämen wir da hin? Wenn die Landkarte einen Fluss aufzeigt, fahr ich einfach weiter, als gäbe es keinen und hinterher, nachdem ich ersoffen bin, beschwere ich mich beim Navi oder dem Landkarten Master persönlich oder besser, nein, ich gehe höher, ich beschwere mich beim Allermächtigsten im Himmel oder wo auch immer ich dann eben bin, der bekommt einen Ärger.« Wir lachen und ich nehme die Konversation wieder auf: »Du willst sagen: Würde die Landkarte haargenau alles beinhalten, wäre sie die Landschaft und nicht nur eine Abbildung davon, oder? Und eine eigene Erfahrung zählt mehr als eine Erzählung bzw. Darstellung eines Dritten? Aber du sagtest, Neues zu importieren wäre wichtig. Ah, auch das verstehe ich, glaub ich mal, da ist es wieder was mich ankotzt, ihr Psychiater beantwortet nie unsere Fragen, aber ihr drängt uns welche zu stellen.«

Da kommt man mit Fragen und hinterher hat man zwar Antworten, aber zu Fragen, die man nie gestellt hat. Oder doch?

Philippe: »Wir bauen uns Karten für unseren Geist, eben wie Landkarten für die Erde, die uns leiten, führen, helfen Entscheidungen zu treffen, denn ohne unsere mentalen Richtlinien wüssten wir nicht mehr was wir tun sollten, würden wir keine Entscheidungen treffen. Und klar, diese mentalen Richtlinien sind Abstraktionen, sie sind nie vollständig und manchmal sogar falsch im Sinne von unvollständig.«

Ich: »Verstehe, aber worauf kommt es an? Klar wie positiv und falsch zu verstehen ist, aber egal, was mich stört ist, dass du es sagst, als wäre es nicht wichtig, ob sie falsch sind oder nicht, wieso?«

Philippe: »Nicht so ungeduldig. Es kommt alleine darauf an, ob wir diese Richtlinien positiv oder negativ nutzen, also, ob wir unsere Fähigkeit zu abstrahieren positiv oder negativ einsetzen oder ob wir die Landkarte vorziehen. Unsere Vorstellung der Realität hängt von unserer Idee der Realität ab, offensichtlich, also solange ich offen bleibe und bereit bin, meine Vorstellungen anzupassen, sprich, sobald ich etwas Neues hinzufügen kann, meine Realität wieder anpassen kann, ist es richtig. Und solange bist du geistig gesund. Du bist nicht mehr geistig gesund, wenn du die Realität nicht richtig, im Sinne von Neues hinzufügend, wahrnehmen kannst, sobald du dich von einer Vorstellung, nehmen wir als Beispiel wie einer religiösen Einstellung, verbieten lässt die Realität immer wieder neu zu sehen, anzupassen.«

Ich: »Alles ändert sich ständig, ich weiß. Und na ja, ich kenne den Wahn, jedoch nicht wie diese Nazis oder andere, wie etwa religiöse Fanatiker, die Menschen, die die Geschlossenen füllen sollten, denn die meisten, die momentan dort reingesteckt werden, denen würde ich gesunden Verstand attestieren, aber gesunden Menschenverstand würdest du mir attestieren, einfach weil ich fähig bin, immer wieder die Realität zu überdenken. Schlichtweg, weil ich dir Fragen wie die heutigen stelle, attestiert du mir gesunden Menschenverstand, aber Antworten lieferst du mir nicht. Das ist auch ein Teil eures Psychiater Tricks: Die Antworten geben wir Patienten uns selbst und um dem Ganzen die Hörner aufzusetzen, bezahlen wir dafür Geld. Na egal. Du willst mir sagen, dass meine Untreue, meine sexuellen, beruflichen Eskapaden alles Erfahrungswerte sind, die ich suchte, um sie zu verbuchen, einzuordnen, et ergo sum, das ist nach deiner Aussage gesund. Doch warum, verdammt noch mal, kann ich keine glückliche Partnerschaft führen?«

Ich brauch 'nen Drink, ansonsten schrei ich.

Philippe: »Bist du in einer dieser Mist-Krisen? Krisensucht ist auch eine Manie. Menschen brauchen Krisen, Phobien und dergleichen – was natürlich auch wieder meinem Beruf eine Berechtigung gibt.« Er schaut mich kritisch an und fährt fort: »Aber, oh je, alles im Universum, Staaten, Menschen durchlaufen genau wie die Wirtschaft denselben Zirkel, so auch die psychologische Entwicklung eines Menschen, alles durchläuft dieselben Stadien der Krisen. Obwohl man nicht *dieselben* sagen kann, denn nichts ist wie das andere, sondern ähnelt einander nur bei oberflächlicher Betrachtung. Nun, nehmen wir die Welt, das Universum: Das Ende, die Apokalypse wird alltäglich in den Zeitungen beschrieben, alle Jammern tagein, tagaus über ihren Miesepeterzustand. Alles ist belastend, genau wie bei Sisyphos, der nie ans Ziel kam, und von dem schon Camus sagte, wir müssen ihn uns dennoch – oder gerade deshalb – als einen glücklichen Menschen vorstellen. Denn die Frage lautet: Wollen wir ans Ziel kommen?

Jeder kommt zu mir, weil er unglücklich ist, weil er nicht ans Ziel kommt, in einer Krise stecke, und als Resultat auf der Strecke in Phobien hängenbleibt. Nun kann ich ihm schwerlich antworten: Hey, du bist doch nur unglücklich, weil du nicht weißt, dass du glücklich bist. Ich würde kein Geld mehr verdienen, wenn ich ihnen das erzählen würde.«

Ich unterbreche ihn belustigt und sage: »Probiers mit dem: Mann, geh nach Haus zu deinem Süßen, deiner Nutte oder wem auch immer und besorgs ihr oder ihm richtig geil, freu dich dran und lass nix aus.«

Philippe drängt sich fast an die Stuhlkante, fehlt nur noch, dass er den ungeduldigen Finger hebt wie in der Schule, als er sagt: »Da fällt mir ein, wenn du zwischendurch mal in deiner gewohnten Manie jobben solltest: Kondome würde ich empfehlen, ganz klar, wegen Aids und allen möglichen Krankheiten, aber auch, weil bei Huren demnächst Kondompflicht vorgeschrieben werden soll. Neulich sah ich in einer Talk Show eine Diskussion, sie wollen Freier bestrafen, die ohne Kondom vögeln. Ich frage mich, ob sie denen zwischen den Eiern eine Webcam, einen Peeping Tom als Falle einquetschen wollen.«

Wir lachen, trinken und ziehen eine Line.

Ich: »Eigentlich sollten wir nicht lachen, denn am Ende sind doch wieder die Straßenhuren die beschissenen, die blechen müssen, denn die Lulu wird erwischt werden, ansonsten keiner der Beteiligten und schon gar nicht die Luden, die sich auf allen Seiten korrupt durch die Lande vögeln. Aber mal abgesehen davon verstehe ich den Zusammenhang, du willst mir sagen, dass sich meine Realität aus all meinen Erlebnissen, auch meinen Kindheitserinnerungen, zusammensetzt.«

Philippe: »Ja, leider …«. Er lacht und fährt fort: »Die Nutten meine ich. Ja, zurück zu deiner Kindheit, deinen Eltern, haben wir das geklärt? Ich meine, zum Beispiel, du hast mir oft erzählt, dass sie wenig Zeit für dich hatten, weil sie eine Firma aufgebaut haben. Vielleicht könnte man sagen, dass du im Sexbusiness, für eine gewisse Zeit, die damals entbehrte Zuneigung, Bestätigung und Liebe gefunden hast, die wiederum hast du weitergegeben. Du hast sehr viel Liebe zu geben, aufgrund deines gesunden Menschenverstandes, im Sinne wie wir es geklärt haben, und eben jener ist die Grundvoraussetzung für einen freien Geist und nur der wiederum kann lieben und glücklich sein. Vermutlich hast du nebenbei viele Jungs glücklich gemacht. Aber bist du denn unglücklich, Andrea? Hast du nicht allen Grund glücklich zu sein?«

Ich: »Also das war ja alles schlüssig, aber mit dem letzten Satz, das klappt nicht, du verkorkster Schnösel, Gehirnakrobat vom Feinsten, du. Erinnerst du dich an diesen Schauspieler, den sie erhängt im Kleiderschrank seines Hotelzimmers fanden? Wie oft habe ich dich oder meine Verlegerin schon erhängt im Kleiderschrank vom Hotelzimmer aus total deprimiert angerufen? Tja und bei dem Schauspieler, genau wie bei mir, sagen alle: Mann der oder die hatte doch alles, warum hat ausgerechnet der sich denn umgebracht?«

Philippe: »Ach, lass uns nicht über diese auspuffickenden Motorrad-Macker reden oder willst du mir erzählen die zu retten, sprich Sex zu verkaufen, gab dir im Gegenzug tief blickende Erkenntnisse für dein Leben? Reden wir aber mal über Depression. Ängste. Phobien. Hattest du Ängste, früher? Und heute? Hast du moralische Prinzipien?«

Ich: »Jetzt bombardierst du mich. Zugegeben, eine Problematik sprichst du gerade an. Moral! Igitt! Kann ich nicht einfach annehmen. Nur weil es irgendjemand von mir fordert, wie treu zu sein oder so? Das funktioniert nicht. Ist ja gut, ich habs, ich brauch eben Erfahrungen, aus denen ich den Schluss ziehe, dass es für mich moralisch besser ist, also zum Beispiel treu zu sein. Ein einfacher Slogan genügt nicht.«

Philippe: »Da sind wir an einer wichtigen Erkenntnis und eigentlich genau am Anfang. Du brauchst deine eigenen Erfahrungen, genau. Und die hast du, wie jeder andere Mensch auch, gemacht. Aber warum vertraust du ihnen dann nicht? Warum musst du sie in Frage stellen? Brauchst du wieder eine Landkarte, um den Weg zu finden oder die Realität zu akzeptieren? Mach es dir nicht so schwer. Prinzipien oder moralische Regeln können auch hilfreich sein, wenn man sie einfach akzeptiert. Von Eltern könnte man sie annehmen, weil unsere Eltern diese Erfahrungen gemacht haben und uns diesen Schluss mitgeben, damit wir darauf aufbauen können, um uns einiges zu ersparen. Dazu benötigt man jedoch Eltern, denen man vertrauen kann, deren Urteilsvermögen und klaren Menschenverstand man nicht anzweifelt.«

Ich: »Klar, ach ja, vergessen wir das. Aber grundsätzlich besteht ein Qualitätsunterschied zwischen der Logik einer Parabel und einer empirischen Erkenntnis, willst du das sagen? Und woher dann diese Phobien – woher die Ängste? Genau dann entstehen Kriege Und sobald diese beendet sind, befindet sich die jeweilige Nation am Arsch, ganz unten, und muss aufbauen, erfindet in dieser aufbauenden Euphorie wieder Schlimmeres, ist schließlich wieder ganz oben, um wieder tief in den Sumpf zu purzeln und so weiter und so fort, dieses Ringelreihen lässt unsere Angst gedeihen.«

Philippe: »Also mach mal halblang! Und lass noch was für unser nächstes Treffen übrig. Das Leben ist gar nicht so schwierig. Und wie du siehst: In fünfzig Minuten haben wir nicht nur dir deinen gesunden Menschenverstand bewahrt, einmal erhängt im Kleiderschrank weniger, sondern gleichzeitig auch noch die Welt vorm Untergang gerettet. Merry go round …«

Ich: »Ja. Eigentlich könnten wir jetzt glücklich sein, denn eigentlich haben wir allen Grund dazu. Und tatsächlich denke ich, dass ich es immer öfter bin. Wenn nur die Momente, in denen ich es nicht bin, nicht so verdammt scheiße wären … aber ja, nächstes Mal, beim nächsten Treffen mit Dr. Brain …«

Marco Kerler
Heile Welt

ein Treppenwitz
einschlafen nackt
im Drahtkäfig
der Mensch
morgens
mittags
abends
begann mit Exzess
und Wölfen
die Zukunft

Peter Frömmig
Zwischen Verweigerung und Übertreibung
Hygiene – Wo fängt sie an, wo kehrt sie sich ins Gegenteil um?

> Der Nachteil von Sauberkeit ist,
> dass durch sie
> der Dreck noch mehr auffällt.
>
> P.F.

Mit Hygieia, der Gesundheit, wurde Asklepiós, dem Gott der Heilkunde, die passende Tochter geboren. So will es die griechische Mythologie. Hygiene nennen wir heute sowohl ein Fachgebiet der Medizin als auch »die Lehre von der Gesundheit, einschließlich Gesundheitspflege und Gesundheitsfürsorge sowie die dafür getroffenen Maßnahmen, die sich mit den Wechselbeziehungen zwischen Mensch und seiner belebten und unbelebten Umwelt befaßt.« (Meyers Lexikonverlag 1985).

DER ASOZIALE, DAS KIND

Der Asoziale verkommt mangels zwischenmenschlicher Beziehungen, wird unhygienisch, unappetitlich – aber vielleicht will er gerade das sein.

Zur Erziehungspflicht der Eltern gehört es, Kindern die Maßregeln der Hygiene fürs Leben in der Gemeinschaft beizubringen. Doch das Kleinkind findet zu seinem Erdendasein zunächst vor allem durch den Schmutz, durch die Erkenntnis der Exkremente, ist magisch »von jedem Dreck« angezogen, im wahrsten Sinne des Wortes. Dreck, der umso besser Bindung schafft, je klebriger er ist. Dreck, der das Äußere der festen Materie umgibt als das, was sich in die Hände schmiegt, durch sie in einem frühschöpferischen Anflug geformt werden kann. Das Kind lebt den Anarchismus des Beginnenden und Unfertigen, zeigt uns die Quellen des

Kreativen, sabotiert die Ordnung und Routine, damit sie nicht in Sterilität erstarrt. Wir Erwachsenen sind es, die Kindern den Spiegel der Sauberkeit vor Augen halten, zum Waschen der Hände mahnen und nach dem Essen »Gesichtskontrolle« üben: »So kannst du nicht auf die Straße …!« Doch wie steht es mit der Selbstwahrnehmung unserer Kinder? Vielleicht sind ja die Kleinen erst dann ganz bei sich, wenn sie Rotznasen und Dreckspatzen sind. Um Abwehrkräfte zu entwickeln, heißt es, braucht das Kind die Berührung mit dem Schmutz.

Spiel nicht mit den Schmuddelkindern sang Franz Josef Degenhardt ironisch in den frühen Tagen unserer Bundesrepublik, deren Bürger durch Ordnung und Sauberkeit vergessen machen wollten, durch welch unsäglichen Dreck sie vor nicht allzu langer Zeit nicht ganz schuldlos gegangen waren.

Es gab Kampagnen gegen Schmutz und Schund, doch die Schmeißfliege dringt ein in jedes noch so gepflegte Heim.

DEMONSTRATIVE VERNACHLÄSSIGUNG

Viele, die das Kindsein hinter sich gelassen haben, rebellieren gegen Vorgaben, Erwartungen und Kontrollen der Erwachsenen, gerade auch gegen die hygienischen. Jugendlichen macht ganz anderes zu schaffen: biologische Umwälzungen, Pickel, emotionale und seelische Schwankungen, unkontrollierbare Erektionen und beginnende Menstruation. Der ungewaschene Flegel will nichts anderes sein als ein solcher. Die Vernachlässigung der Hygiene ist demonstrativ. Wenn überhaupt, wird sie nur beiläufig, flüchtig oder verstohlen ausgeführt.

Auch Kleidung gehört zur Hygiene. Die Mode stellt sich auf die Jugend ein. Kleider sollen ebenso wenig passen, wie die Jugendlichen nach ihrem Gefühl in die Welt der Erwachsenen. Kleider sollen Klamotten sein, schräg, schlampig, abgewetzt, verschlissen und »durch den Wind« – wie das Befinden.

Erst durch den Kontakt mit dem andern Geschlecht, die ersten leiblichen Berührungen, stellt sich bei Jugendlichen ein eigenes Hygienebedürfnis ein. Man will gefallen, ansprechen, appetitlich und gut zu riechen sein. Schlichte Erkenntnis: man muss etwas dafür tun, damit sich ein körperliches Wohlgefühl und Akzeptanz einstellen können. Oder man wählt den anderen Weg, was vor allem bei den Jungens der Fall ist: geliebt sein wollen, egal, wie rotzig und ruppig man ist. Oder gerade deswegen. Verkommen und verwegen sein ist sexy. Männer und Frauen sind auch verschieden in ihrem Hygieneverständnis. Zu fragen wäre, warum das so ist.

EIN FEST DER SEKRETE

Auch wenn romantische Bilder und Vorstellungen es so wollen und vortäuschen, Sexualität ist, ob inner- oder außerehelich, keine »saubere Sache«, die mit einem Kleenex oder Tempo schnell wieder abgerubbelt werden kann. Es ist schon einige Zeit her, als vor allem in amerikanischen Filmen vorgemacht wurde, wie der Weg zur sexuellen Ausübung zunächst über den Hygieneort Badezimmer führt. Doch die Sekrete sind nicht aufzuhalten, wenn Lust aufkommt. Und die kommt nur auf, wenn Mann und Frau sich gehen lassen, nicht mehr die Abfolge von Hygienemaßnahmen im Sinn haben.

In neueren Filmen, die Sitten ändern sich eben, zeigen Kameraeinstellungen am Boden verstreute Kleidungstücke. Leidenschaft erlaubt es nicht, sie vorher ordentlich zu falten und über den Bettrand zu schlagen. Schon in archaischen Zeiten versprach der Fleck, der sich nach der Hochzeitsnacht auf dem Lager zeigte, Familienglück.

EIGENNÜTZIG VERORDNETE HYGIENE

Wenn es nach unseren Krankenkassen ginge, unzweifelhaft genau so an Profit wie am Gemeinwohl interessiert, wären wir alle Musterbeispiele der Gesundheit und Hygiene. In ihren Magazinen einer »Schönen neuen Welt«, eben unweit von Huxley angesiedelt, wird es uns vorgemacht, wie wir gesund und fit werden und bleiben – damit wir den Kassen nicht auf den Taschen liegen.

Für einen jeden, der nicht in allen seinen Handlungen nur zweckorientiert sein mag, der blanke Horror. Seltsam leer und steril wirken diese Vorbilder der Krankenkassen, eher der Retorte entlaufen als aus dem Hygienevergnügen, neudeutsch auch Wellness genannt, hervorgegangen.

Wo sonst sehen wir unsere Interessen der Gesundheitspflege und -erhaltung vertreten? Man muss nur die Werbung beachten. Eine ganze Industrie gibt vor, Hygiene sei das, was man kaufen kann. Man schmiert sich ein, bis jeder natürliche Körpergeruch erstickt ist. Zur Erfüllung der Haushaltspflicht gehört das Töten von Keimen durch Chemikalien, zum Körpergebot das andauernde Duschen, das Überdecken aller körpereigenen Gerüche. Ist dieser Aufwand am Sein als Schein nur Ausdruck der Angst vor dem Nichtmehrsein? Jedenfalls dort, wo Hygiene manische, zwanghafte Züge annimmt. Grinst nicht dem durch Körperpflege und Kosmetik maskenhaft gewordenen Menschen tagtäglich die Fratze des Todes aus dem Spiegel entgegen?

Ingeborg Bachmann schreibt in einem Gedicht unter dem Titel *Gerüche*, einem ihrer letzten:

> Immer hab ich den Geruch geliebt, den Schweiß,
> die Ausdünstungen am Morgen, auch die Exkremente,
> den Schmutz nach langer Bahnfahrt und in einem Bett.
>
> Mein Geruch ist verdammt geworden, ich war eine
> Schnapsfahne in einem wohlbestellten Haus.
> Dreimal Baden auch keine Seltenheit. Am Monatsende
> bin ich gemieden worden wie ein Kadaver.
>
> Ich habe viel bereut, am meisten aber meinen Geruch.
> Am meisten, daß mein Geruch nicht gefallen hat.
> Es erzeugt Haß, Rachsucht, Verdammung werden noch so erzeugt.

In einer Anwandlung von Sozialromantik sang Bertolt Brecht ein Loblied auf die Gerüche proletarischer Männer und Frauen. Es gibt eine Ästhethik des Schmutzes in der modernen Kunst und Literatur. Unsere Klassiker, als gestrenge Überväter, haben sie kondioniert.

STERILITÄT IN LETZTER KONSEQUENZ IST SELBSTMORD

Hygiene kann schlicht heißen: Wie lasse ich die Sau nicht heraus? Aber ist es nicht das Tier, das sich zur Körperpflege in Staub und Dreck wälzt, im Schlamm badet? Längst hat ja auch der Mensch das Schlammbad für sich entdeckt.

Hygiene ist zweifellos auch eine Frage ästhetischen Empfindens. Aber wenn Hygiene nicht selbstverständlich ist, ist sie ein Aufwand, eine Selbstzumutung. Hygiene kann über die Notwendigkeit hinaus Freude an der Reinlichkeit sein oder aber Perversion.

Auf die Spitze getrieben, zur wahren Speerspitze des modernen, pragmatischen Puritanismus wurde Hygiene in Amerika. Verdrängung, Ausklammerung von Krankheit, Altern und Sterben prägen bis heute das Weltbild des ewig gutgelaunten, alterslosen Paradeamerikaners. Dazu gehörte vor einigen Jahren noch (jetzt durch andere elektrische Geräte ersetzt) der Umgang mit Rasierklingen nicht nur der Jungen bald nach der Pubertät, sondern auch der Mädchen; peinlich gepflegte Enthaarung, die Makellosigkeit glatter Haut. (Man beachte die Statistiken der Selbstmorde und Selbsttötungsversuche junger Menschen mit Rasierklingen aus dieser Zeit.)

Wo Reinlichkeit oberstes Gebot ist, kann man sich leicht vorstellen, dass da einiges unter dem Teppich verborgen liegt, wie die Leichen im Keller. Wer sich nicht die Hände schmutzig machen will, hat oft schon genug Dreck am Stecken. Zwischen Verweigerung und Übertreibung findet Gesundheitspflege ihre Goldene Mitte.

Marvin Chlada
Rausch der Utopie
Eine ernüchternde Begegnung mit Karola Bloch

Etwas erstaunt war ich schon, als ich im Sommer 1990 beim Herumblättern in einem Sammelband auf die Dokumentation eines Interviews mit Ernst und Karola Bloch stieß, das zwanzig Jahre zuvor in der Speyerer Schülezeitung *Dicpulus* unter der Überschrift *Haschisch ist ein Herrengift* erschienen war. Wie der Titel, so der Text: Ernst Bloch als Moralapostel, einer, der sich im hohen Alter mit erhobenem Zeigefinger vor den Nachwuchs stellt. Das, so dachte ich mir, gibt's doch gar nicht! Das ist doch nicht der Bloch! Sicher hatte der alte Herr einfach nur einen schlechten Tag gehabt, damals, vor zwanzig Jahren.

Was aber, wenn das Bild, das ich mir von Ernst Bloch bis dato hatte machen können, ebenso utopisch war, wie dessen Philosophie? Ein Wunschbild gar, auf Grundlage schlechter, nicht verstandener Lektüre eines gerade mal zwanzigjährigen Autodidakten? War da nicht im »Prinzip Hoffnung« vom »Trieb am Bunten« die Rede, von der »Lust am Anderssein«, von einem freien, von Ausbeutung befreiten Leben »jenseits der Arbeit« und einer Welt, die der »begabte Haschischträumer« in ein Wunschkonzert zu verwandeln weiß? Gab es da nicht zum Zwecke »profaner Erleuchtung« die legendären Experimente mit Haschisch und Meskalin, deren Wirkungsweise Bloch gemeinsam mit Walter Benjamin im Selbstversuch zu protokollieren versuchte?

Das alles und noch viel mehr schien Bloch an jenem Tag vor zwanzig Jahren vergessen zu haben. »Das können ja Herrengifte sein, die Rauschgifte!«, empört er sich da und verweist dabei auf eine mörderische Tradition: »Haschisch wurde zuerst geraucht im 7. oder 8. Jahrhundert, bei einem arabischen Stammesfürsten, der damit Krieger erzog, die blind, ohne zu achten, was los ist, losschlugen, im Dienst des Herrn. Das war die Wirkung von Haschisch, und so kommt aus dem Wort *Haschisch* das französische Wort *assasin* – Mörder«. Gegenwärtig, so Bloch weiter, sei vor allem die Kommunenbewegung von Kiffern bedroht, soll heißen: »Die besseren Kommunen sind vermutlich die, in denen keine Rauschgifte gebraucht werden.« Nicht auszudenken was der Kerl von sich gegeben hätte, wäre er zum Thema Onanie befragt worden!

Das Gegenstück zu Blochs zweifelhaften Versuchen, auf humorvolle Weise den Mittelpunkt des Gesprächs zu bilden, lieferte dessen Frau Karola, die sich das Kommuneleben durchaus »als etwas außerordentlich Schönes vorstellen« konnte. Viel mehr erfährt der Leser freilich nicht. Denn kaum eine Gelegenheit lässt Herr Bloch ungenutzt, um seiner Frau korrigierend ins Wort zu fallen. Ein Beispiel: Ernst hält einen Monolog über »Wärme- und Kältestrom« im Marxismus, den er mit einem Zitat von Walter Ulbricht beschließt: »Und so gehört zum Wärmestrom die Moral und, mindestens ebenso, die Phantasie. Beides, der moralische Hintergrund und das In-die-Phantasie-Greifen, bringt uns der Praxis näher als das bloße Sammeln von Zitaten, die überhaupt nicht mehr durchdacht werden, so dass, ich sag's gleich im richtigen Dialekt – *eene Idee bei uns nichs anderes mehr is als eene Verbindung von zwee Zidadn*. Das sagte Walter Ulbricht, Sie hätten es kaum erraten. Und ich denke, es ist auf seinem Mist gewachsen.« Daraufhin Karola : »Ich wollte nur folgendes sagen: es klang vielleicht ein bisschen zu einseitig, was Bloch jetzt gesagt hat. Selbstverständlich muss das Ökonomische …« Weiter kommt sie nicht. »Aber das ist doch selbstverständlich!«, unterbricht Ernst Bloch: »Die Ökonomie ist doch die Entlarvung! Man sagt Bibel und meint Kattun: das ist Entlarvung, für die Missionare, meine ich. Und dieses Ökonomische steckt im Kältestrom.« Ein weiterer Monolog hat begonnen.

Kein Zweifel: Blochs taktloses Verhalten all den anderen Gesprächspartnern gegenüber war ebenso peinlich, wie dessen Denunziation des gemeinen Kiffers. Aber auch die zaghaften Versuche seiner Frau, in das Gespräch klärend einzugreifen oder dem Gesagten etwas entgegenzusetzen, irritierten mich. Warum hatte Karola den arroganten Großkotz nicht zurechtgewiesen? Ihm ordentlich Bescheid gesagt? Das war doch nicht die Karola Bloch, von der die älteren Genossen zu schwärmen pflegten, jene Kämpferin, die als Zwölfjährige in Moskau die Revolution miterlebt und sich seit ihrer Jugend organisiert für die Emanzipation des Proletariats stark gemacht hatte, jene Architektin, die den Nazis entkommen konnte, 1957 aus der SED ausgeschlossen wurde, die 1961 nach Tübingen gezogen, sich an den Ostermärschen beteiligt oder im Stuttgarter Club Voltaire vor einer revolutionär gesinnten Jugend Vorträge gehalten hatte. Was ich sicher wusste war, dass Karola Bloch sich im Verein *Hilfe zur Selbsthilfe* engagierte. Dass sie lange Zeit, über den Tod ihres Mannes hinaus, Gretchen und Rudi Dutschke finanziell vor dem Ruin bewahrt hat, konnte ich dem Briefwechsel entnehmen, der 1988 ediert wurde: »Rudi, lieber teurer Freund, wie geht es Dir? Kommst Du finanziell durch? Kann ich Dir vielleicht helfen? Ich habe genug Geld, die Bücher von Ernst gehen bis jetzt ganz gut. Es kommen auch viele Übersetzungen.« (Brief von Karola Bloch an Rudi Dutschke vom 12.09.1979)

Als sich Ende 1992 die Gelegenheit bot Karola Bloch einen Besuch abzustatten, war all das nicht von Bedeutung. Von Philosophie, so viel war bekannt, hielt sie lange Zeit ohnehin nicht viel, erst spät, nachdem sie Ernst geheiratet hatte, begann sie sich für philosophische Fragestellungen zu interessieren, studierte sowohl Kant und Hegel als auch Blochs Erstling »Geist der Utopie« – und war »beeindruckt«. Skeptisch hingegen äußerte sie sich zur Kritischen Theorie der Frankfurter Schule. Antikommunisten seien das gewesen, »unangenehme Leute, eben richtige Gehirnmenschen«, denen das Herz fehle. Derlei Informationen fanden sich in ihren Reden und Schriften, die 1989 in zwei Bänden im Talheimer-Verlag erschienen sind.

Der Grund für meinen Besuch bei Karola Bloch war denkbar einfach: Ich hatte mich gerade mit Ach und Krach durch den »Thomas Münzer« und »Atheismus im Christentum« von Bloch gequält, aber niemanden im Freundes- und Bekanntenkreis, der meine offenen Fragen dazu befriedigend hätte beantworten können – weshalb ich mich mit Sekundärliteratur zudeckte, die letztlich noch mehr Fragen aufwarf. Gescheitert bin ich schließlich an der knapp 650 Seiten starken Schrift von Jin Kim über »Kants Postulatenlehre, ihre Rezeption durch Ernst Bloch und ihre Anwendung zur Interpretation des Buddhismus«. Der Untertitel freilich hätte mir Warnung genug sein müssen: »Zur Unterscheidung zwischen postulatorischer Struktur und Postulats-Inhalten bei der Auflösung der Dialektik des praktischen Vernunftgebrauchs«.

Einen Lichtblick aber gab es aber doch. Ein anderer Autor, Arno Münster, hatte seiner Studie über »Utopie, Messianismus und Apokalypse im Frühwerk von Ernst Bloch« eine Widmung vorangestellt: »Karola Bloch in Freundschaft gewidmet«. Vielleicht hatte Karola ja bereits Herrn Münster in Sachen Blochscher Ungereimtheiten Rede und Antwort gestanden, warum nicht auch mir? Kurz und gut, ein Termin mit der »großen alten Dame der Linken« (Jürgen Teller) wurde vereinbart. Und so machte ich mich im Winter 1992 mit dem »Thomas Münzer« und »Atheismus im Christentum« in den Taschen von Esslingen auf nach Tübingen, wo die inzwischen 87-jährige Karola äußerst idyllisch in der Ernst-Bloch-Straße Nr. 35 wohnte. Es hieß, dass sie an manchen Tagen krankheitsbedingt etwas verwirrt sei, ich solle mich darauf einstellen, dass es unter Umständen nur zu einer kurzen Begegnung kommen würde. Dies war glücklicherweise nicht der Fall. Nach der obligatorischen Begrüßung, etwas Kuchen und Kaffee etc. begann sie erst über den Verfall der Sowjetunion zu sprechen, wechselte dann zum Spanischen Bürgerkrieg – bis sie mich irgendwann fragte, aus welchem Grund ich sie denn nun aufgesucht habe bzw. wobei genau sie mir, wenn möglich, behilflich sein könne. Ich erklärte ihr, dass mir gewisse Texte Blochs Schwierigkeiten bereiten würden, dass es sich dabei streckenweise wohl mehr um Theologie als um Marxismus handle. Ich verwies dabei auf Münsters Arbeit und legte die beiden Bücher von Bloch, die ich mit Anmerkungen versehen mitgebracht hatte, auf den Tisch. Diese nahm sie auf, überflog langsam die Titel (die sie leise mitsprach), legte die Bücher zurück und winkte ab: »Mystik war meine Sache nie.«

Ob ich in diesem Moment enttäuscht war? Sicher – aber äußerst angenehm.

Karola Bloch ist am 31. Juli 1994 in Tübingen gestorben.

Werner Pieper
To live outside the law you must be honest
oder
Ist nicht jedes Passwort eine Manifestation des Misstrauens?

Ich erlaube mir Lenin zu widersprechen, von wegen: »Vertrauen ist gut, Kontrolle ist besser.« Vertrauen ist eine unausgesprochene gegenseitige Vereinbarung. Das klappt oft bei Eltern & Kindern, das klappt unter Freunden und Verliebten blind. Vertrauen ersetzt Vorschriften und Regeln. Je mehr Vertrauen, um so mehr Freiheit des eigenen Handelns – dies- oder jenseits der Gesetze.

Unserer Nachkriegsgeneration (ich bin Jahrgang 1948) wurde das Vertrauen nicht von den Eltern oder in der Schule beigebracht. Der Vorgängergeneration, die ja noch in ihrer inneren Entnazifizierung steckte bzw. verkümmerte, trauten wir nicht. Die späten 60er waren das Jahrzehnt, in dem nicht nur ich lernte, wie geil es ist, Menschen vertrauen zu können. Bob Dylan (»The times they are a-changing«) und psychoaktive Substanzen waren uns dabei eine große Hilfe.

Uli Trepte, in den 60ern Bassist der Gruppe Guru Guru, formulierte unsere damalige Situation so: »Der Nenner für fast alles Wichtige, was in der zweiten Hälfte der Sechziger in der westlichen Welt geschah, waren für mich die psychedelischen Drogen, die zu nehmen, wegen der Stärke des THC und der Güte des LSDs, Mut erforderte und damals nur von Leuten genommen wurden, die wirklich, also existentiell, eine andere Erfahrung machen und auf dieser Grundlage dann ihre Sachen schaffen wollten. Weil es anderen genauso ging, bildete sich zunehmend eine echte Szene ohne Wischiwaschi, wo zwischen Köpfen und Klöpsen deutlich unterschieden und alles dafür getan wurde, mehr das erstere zu sein. Diese Szene realisierte vorwiegend das meiste, was in den Sechzigern an Neuem passierte, obwohl der Staat, die Massenmedien, die Musikindustrie wie das Gros der Erwachsenen und auch eine Menge Jugendliche gegen diese zunehmende Bewegung waren und sie ablehnten, bagatellisierten, desavouierten oder ig-

norierten. Sie waren von innen gewachsen und nicht, wie sonst ja doch beinahe alles, gezielt von außen propagiert worden.«
Wie später die Hacker Szene.

Meine Situation '69: Nach dem Ersatzdienst wollte ich Sozialarbeiter werden, wollte Menschen helfen, aber kein Bürohengst, nicht zum Staatsspitzel werden. Also absolvierte ich eine Dealerlehre, Abt. Haschisch & LSD. Dabei half mir mein Lehrer Red in der Praxis, für die Theorie sorgte Tim Leary mit seinem Beitrag Deal for Real: »Der Dealer als Robin Hood, ein geistiger Guerilla, ein mysteriöser Agent. […] Ich glaube, dass dies der edelste aller menschlichen Berufe ist, und ich möchte jeden kreativen jungen Menschen, der ernsthaft daran interessiert ist, sich zu entwickeln und der Gesellschaft zum Wachstum zu verhelfen, dazu anhalten, diesen alten und ehrwürdigen Beruf in Erwägung zu ziehen. […] Kaufe niemals Drogen von einer Person, die nicht die Ausstrahlung hat, nach der Du suchst.« Eine Sache des Vertrauens.

Die örtliche Polizei wusste von meinem Tun, dass ich nicht mit Pulversubstanzen handelte. So gab es gar eine Zeit, in der wir unsere Psychoaktiva zur Gerichtsmedizin bringen und dort auf Qualität testen lassen konnten. Theoretisch, um vor versauten Drogen warnen zu können. In der Praxis auch ein Service für meine Kunden.

Als es in HD für Händler von psychoaktiven Substanzen tough wurde, gründete ich die Grüne Hilfe, eine Dealer-Rechtshilfe. Aus heutiger Sicht so herrlich naiv, dass es kaum nachvollziehbar ist. Wir packten z. B. wiederholt aus den Erlösen von Weihnachtsbasaren zwei bis drei Dutzend Weihnachtspakete. Dafür kauften wir entsprechend viele Tüten mit Keksen aus der angesehendsten Konditorei Heidelbergs, genossen selbige, und füllten die Tüten mit selbstgebackenen leckeren Haschplätzchen. Als einer von uns mal zu zwölf Monaten Knast verurteilt wurde, stand tags drauf die ganze Kommune vor dem Knast und forderte, dass jeder von uns stellvertretend vier Wochen absitzen dürfe. Wir blitzten leider ab: »Es gibt keine Sippenhaft mehr.« Schade, eigentlich.

Mit meinen Kunden gab es eigene Spielregeln: sie sagten mir, wie viel Geld sie investieren wollten, ich zeigte ihnen, was sie dafür bekommen. Irgendwann war keine Rede mehr von *Woher kommt das?* und *Was kostet ein Gramm?* What you saw was what you got. Die Fragen stellte ich meinem Großhändler auch nicht. Was man nicht weiß, kann man auch nicht verraten. Ich machte den Job sieben Jahre. In diesen Jahren fand ich meine heutigen Freunde. So gesehen der tollste Job, den ich je hatte.

Für meine Zeitschriften KOMPOST & HUMUS recycelte ich in den 70er Jahre anglo-amerikanische Artikel; einige innerhalb der Abmachungen des Underground Press Syndicate, andere dreist: wenn mir was gefiel und ich es für wichtig hielt, wurde es übersetzt und nachgedruckt – ohne uns um das © zu kümmern. Noch heute lebe ich ja in der Illusion, Inhalte zu verbreiten und keine Produkte (daher keine Barcodes auf unsern Covern).

Als ich dann Jahre später erstmals mit den Publikationen Geld verdiente, besuchte ich *raubgedruckte* Autoren in London (John Michell und Heathcote Williams) und den USA und beichtete an ihrer Haustür. Mein Glück: ich hatte – bis auf eine Ausnahme – Überzeugungstäter geraubdruckt. Sie freuten sich, dass ihre Informationen Kreise gezogen hatten. Mein Angebot der Wiedergutmachung: ich verlege einen Deiner Texte Deiner Wahl, auch wenn er mir selber nicht zusagt. Heathcote, der nie einen Führerschein gemacht hat, gab mir ein Gedicht gegen das Auto: *Autogeddon.* Das von Rolf Brück übersetzte Heft konnte ich nicht wirklich verkaufen. Doch dann kam ein Anruf von Lutz Kroth von Zweitausendeins: Er wolle die Rechte für den Text, um daraus ein Buch zu machen, bot 5000 DM. Ich hielt ihn hin, schrieb Heathcote einen Brief. Kroth flog sofort nach Cornwall, um mit Heathcote einen Deal zu machen, doch der verwies auf mich. Worauf Kroth sein Angebot verdoppelte und zunächst ein Buch mit schwarzweißen Fotos, später dann ein farbiges Coffee Table Buch daraus machte. Diese Version des Gedichtes erschien dann auch auf Englisch und wurde in den USA und Japan ein Bestseller, dem mehrere andere folgten. Heathcote hat sich lieb für meine Raubdrucke mit Folgen bedankt.

Als Timothy Leary '82 erstmals nach Deutschland kam, stand ich am Flughafen um ihn zu begrüßen und meine Raubdrucke zu beichten. Er wusste, dass er hier nachgedruckt wurde & loved it, denn in den USA waren all dieses Texte zeitgleich out of print. Es folgten mehrere gegenseitige Besuche, er ließ mir in der Folge bei Übersetzungen seiner Texte völlig freie Hand, ich durfte nach Gutdünken ändern, kürzen und ergänzen (»You know what I want and what the Germans need!«). Er bot mir sogar an, unter seinem Namen zu schreiben, in D. only …

Als ich Albert Hofmann bei einer frühen Begegnung für verkaufte Hefte 500 DM geben wollte, meinte er: »Aber Wärna, wir haben doch keinen Vertrag gemacht.« Ich erklärte ihm, dass ich als Dealer gelernt hatte, auch ohne schriftliche Verträge Absprachen einzuhalten.

Themenwechsel. Wenige Tage, nachdem der Chaos Computer Club (1985) durch seinen ersten (Haspa-) Coup dafür gesorgt hatte, dass die Medien plötzlich auf den Titelseiten über das damals neue Phänomen *Hacker* berichtete, rief mich der mir bis dato unbekannte CCC-Visionär Wau Holland an: Alle Rowohlts und Fischers und Verleger-Kollegen würden gerne ein Buch mit dem CCC machen, und er fragte an, ob ich ihr Hacker-Buch verlegen wollen würde. Klar wollte ich, aber auch wissen: Warum ich? Wau meinte, er habe in meinen Kompost-Magazinen erstmals was über Hacker gelesen, und dann via angegebene Anschrift mit Capt'n Crunch Kontakt aufgenommen. Jahre später kamen sie gemeinsam zu einem VollMondFest vorbei.

Wobei das Verlegen der zwei Hacker-Bibeln tricky war. Als völliger Laie musste ich Wau, was den Inhalt der Bücher betraf, völlig vertrauen. Ich wusste, dass in der ersten ein Trick versteckt war, mit dem man das komplette Telefonnetz der BRD hätte stilllegen können. Ich hatte wegen zwei Brandstiftungen in der Schmiede kein Geld die Hacker-Bibel zu drucken – bis eine Abonnentin mir 30.000 DM vorstreckte – ohne dass ich ihr versprechen konnte, ob und wann ich ihr das Geld zurückzahlen könne. Ich konnte, nach wenigen Monaten. Als Zinsen bekommt sie heute noch alle Grünen Zweige. Mit dem CCC wurde ein Honorar von 10% ausgemacht, was in der Praxis auf etwa 150.000,00 DM kam. Niemand hat das je nachgeprüft. Ich danke für dieses Vertrauen.

Es war doch unser geliebter Wau, der immer wieder davon sprach, dass man die neuen Technologien und Medien erforschen und mit ihnen spielen solle. Aber so wie der coole Dealer keine Drogen anbietet, die er nicht selbst gerne konsumiert, so sollten experimentelle Aktionen im Netz und anderswo – legal oder illegal – niemanden unberechtigt auf einen schlechten Trip schicken. Old school Hacker-Ethik.

Zu unseren Grundbedürfnissen gehört das Vertrauen in andere Menschen. Ohne Vertrauensverhältnisse ist das Menschsein scheiße. Trust me.

Danken wir den Waus & Edward Snowdons dieser Welt.

Nachtrag des Herausgebers: Am 11.05.2014 gab der CCC auf seiner Homepage bekannt:

»Auf der Mitgliederversammlung wurde mit großer Mehrheit ebenfalls beschlossen, sowohl Chelsea Manning als auch Edward Snowden die Ehrenmitgliedschaft im CCC anzutragen. Die Mitglieder wollen außerdem Werner Pieper, in Anerkennung seiner Verdienste in der Frühzeit des Chaos Computer Clubs, als Ehrenmitglied aufnehmen.«

like falling down an elevator shaft ...

Till Frommann
Über die Wahrheit, den Ich-Journalismus und den ganzen Rest

Es ist August 2002, und der Ich-Journalismus ist tot. In Zeitungsartikeln ist es verpönt, »ich« zu schreiben. Oder unvollständige Sätze. Gut, in Kolumnen wird es einem mitunter noch erlaubt, aber das war es dann auch. Denn nicht nur der Ich-Journalismus ist tot, mit ihm hat sich gleichzeitig das Ich aus der Zeitung verabschiedet – wenn man, ja, ja, von Kolumnen und Glossen absieht. Aber wer liest so was schon? In der *Frankfurter Allgemeinen Sonntagszeitung* schreibt Georg Diez im August 2002 mit dem Artikel »Die Ich-Krise« einen Nachruf auf den Pop-Journalismus, den Ich-Journalismus, den Gonzo-Journalismus und auch auf den New Journalism – alles artverwandte Schreibstile, deren vermeintliches Sterben Diez damit begründet, dass auf Grund der Wirtschaftskrise gerade dieser literarisierte Journalismus eingespart worden sei, so zum Beispiel die »Berliner Seiten« der *Frankfurter Allgemeinen Zeitung* oder das Jugendmagazin *jetzt* der *Süddeutschen Zeitung*.»Subjektivität, Krawall, Ironie, Oberflächlichkeit, Geschichtsvergessenheit, Seriositätsdefizit: All das, was mit dem Wort Pop gemeint war, soll nun vorbei sein«, schreibt er. Über Hunter S. Thompson heißt es in dem Artikel: »Sein Leben ist Schmerz, sein Tun Literatur. In seinen Geschichten geraten die Grenzen zwischen Fiktion und Wirklichkeit auf bedrohliche Weise durcheinander. Der Mann ist ein Veteran und ein Wrack und ein Vorbild – ohne Hunter S. Thompson im Gepäck hätte Deutschland nie den Versuch erlebt, einen anderen Journalismus zu bekommen als den, den es verdient.«

Alle guten Menschen sind tot: 2005 beging Hunter S. Thompson Selbstmord, er war der Erfinder des sogenannten Gonzo-Journalismus, einer Weiterführung des New Journalism in die Fiktion. Seine bekannteste Reportage, »Fear and Loathing in Las Vegas«, wurde als Roman veröffentlicht. Darin sollte es eigentlich um ein Autorennen in der Wüste von Nevada gehen, Thompson schrieb aber fast die gesamte Zeit über sich selbst. Das Ich war wichtig – und die Drogen, die es dabei konsumiert hatte.

»Die Vermischung aus Fakten und Fiktionen war aber auch die Krux in Thompsons Leben und Werk«, schrieb der *Tagesspiegel* in seinem Nachruf auf Thompson. »Wo hört die Inszenierung auf? Wenn er auf der Höhe war, tippte er wie besessen, die Zeilen wurden zum Trip.« Ein anderer Journalismus war das! So, wie es der der Zeitschrift *Tempo* gewesen ist, die von 1986 bis 1996 erschien und deren Macher, »dem Journalismus einen anderen Ton, eine andere Härte, eine andere Wahrheit geben wollten«, wie Diez in der *Frankfurter Allgemeinen Sonntagszeitung* weiter schrieb. Die *Tempo* hielt jedes Thema für gleich wichtig: Ob nun Dinge, die die Journalisten selbst interessierten und welche an und für sich keine kulturelle Relevanz besaßen oder Interviews mit wichtigen Politikern – alles war wichtig und unwichtig zugleich.

Und Wahrheit! Was zur Hölle ist das eigentlich? Objektivität ist totaler Unsinn, nur mit Subjektivität kann man die Wirklichkeit vollständig abbilden, jawohl. So, wie es die Zeitschrift *Tempo* gemacht hatte. Journalismus plus Literatur gleich Wahrheit. Ist doch ganz einfach, oder? *Tempo*-Gründer Markus Peichl sagte 2000 rückblickend in einem *Zeit*-Interview: »Wir waren zu Anfang der achtziger Jahre mit Zeitschriften konfrontiert, die den Anspruch auf Faktizität, Objektivität und Wahrheit erhoben haben, ohne ihm im Geringsten gerecht zu werden.« Und weiter: »Sie haben damit ein Klima erzeugt, wo das Faktische nicht mehr faktisch war, sondern nur noch arrogant, überheblich und unwahr. Wir wollten diesem überkommenen und verlogenen Objektivitätsjournalimus eine ehrliche Form von Subjektivität entgegensetzen. Wo der Autor, der Fotograf, der Gestalter sagt, ich setze mich bewusst der Wirklichkeit aus, aber ich beschreibe sie, wie ich sie empfinde. Wo also von vornherein offengelegt wird, man kann Realität nicht eins zu eins abbilden, sondern in dem Moment, wo ich sie in einem Medium beschreibe, schaffe ich eine Fiktion, neue Realität. Das ist ein Ansatz, der weder unmoralisch noch bekämpfenswert ist. Es kann ja nicht sein, dass Schreiber sich nur der Wahrheit und nicht auch einer Ästhetik verpflichtet fühlen dürfen.« Weg also mit diesem gottverdammten, überheblichen, arroganten Journalismus! Die haben nämlich nicht die Wahrheit für sich gepachtet, ganz im Gegenteil, Objektivität, ha, dass ich nicht lache. Und wenn ihre Berichte noch so sachlich wirken: Es sind doch nur die Ansichten eines Einzelnen, es ist ihre eigene, ganz persönliche Auswahl aus ihrer kleinen, mickrigen Welt. Jeder noch so objektive Text ist durch eine subjektive Auswahl von Gesprächspartnern, Informationen und Was-weiß-ich-noch-was entstanden – also in Wirklichkeit (haha!) vollkommen subjektiv. Und schon gar nicht sind Journalisten in der Lage, die Wahrheit, die Wirklichkeit zu erkennen und aufzuschreiben – schon gar nicht diese Schreiberlinge! Eigentlich ist es ihre Aufgabe, dem Leser einen Sachverhalt zu vermitteln, und zwar so, dass sich diese Schilderung nahe an der Wahrheit orientiert. Aber schaffen sie das? Kein Wunder also, was für einen schlechten Ruf Journalisten haben. So vermerkt zum Beispiel Ambrose Bierce in »Des Teufels Wörterbuch« unter dem Eintrag »Reporter, der«: »Schreiber, der den Weg zur Wahrheit errät und diese mit einem Wortunwetter verjagt.«

Aber was ist das schon – Wahrheit? Eine Lösungsmöglichkeit bietet der sogenannte New Journalism, der Journalismus mit Literatur verknüpfte. Diese Art des Journalismus war gegen die etablierte Form, also die Trennung von Meinung und Nachricht, gegen das formelhafte Abhaken der Wer?-Was?-Wo?-Wann?-Warum?-Fragen, mit deren Abarbeiten ein Sachverhalt möglichst objektiv dargestellt werden sollte. Die Vertreter des New Journalism wollten mit Sprache experimentieren, sie sollte eine zentrale Bedeutung bekommen – innerer Dialog wie in der Literatur nun einmal auch, Lautmalerei, ein szenischer Aufbau. Flüche. Schimpfwörter. Wenn man »scheiße« meinte, sollte man auch »scheiße« schreiben dürfen. Damit das klar ist.

Die Gründer dieser neuen Schreibform im Journalismus sind Jimmy Breslin, Gay Talese und Tom Wolfe; zeitlich datieren lässt sich das Aufkeimen des New Journalism auf den Anfang der sechziger Jahre. Vorbilder für sie waren unter anderem Mark Twain, Daniel Defoe, Charles Dickens und Ernest Hemingway, weil diese ebenfalls versucht hatten, ihre zeitgenössische Gesellschaft mit sprachlich-literarischen Mitteln darzustellen. Und: Den Vertretern des New Journalism war es egal, aus welcher Epoche ihre Vorbilder stammten, die Hauptsache war, dass sie es verstanden, mit literarischen Mitteln ihren Zeitgeist einzufangen. Emotion ist wichtig, der subjektive Eindruck ist wichtig, die Personen hinter der Geschichte sind wichtig. Anstelle dessen, einen Sachverhalt objektiv darstellen zu wollen, wird beispielsweise personalisiert: Betroffene Personen werden interviewt, werden zu regelrechten Hauptpersonen der Reportage, unter Umständen ist es sogar der Journalist selbst, der sich ganz egozentrisch zur Hauptperson hochstilisiert, hin und wieder unternahmen die Journalisten auch Selbstversuche, setzten sich Extremsituationen aus und schrieben darüber. Also: Das Ich wird wichtig, die Fakten werden dadurch angereichert. Objektivität ist für diese Journalisten nicht das ideale Werkzeug, um die Wahrheit der Welt abzubilden, da Gefühle nun einmal auch Bestandteil dieser Welt sind. Wahrheit wird nicht daran gemessen, worüber ausgesagt wird, sondern wie und von wem darüber etwas gesagt wird.

Doch dann begannen die Lügen. Die Ästhetik, das Gefühl, kurz: Die Stimmung eines Textes trat immer mehr in den Vordergrund, die Wahrheit hingegen litt. Mit Wortunwettern verjagten die Journalisten die Wahrheit, was auch immer das sein mag. Ein Problem dieses subjektiven, literarisierten Schreibstils war es nämlich, dass er übertrieben wurde – die Literarisierung nahm überhand, die Fiktion wurde immer stärker, und die Fakten kamen auf einmal verlogen daher. Nichts, aber auch gar nichts schien mehr zu stimmen.

Es ist Mai 2000, und es ist die Zeit einer der größten Medienskandale der vergangenen Jahre. Tom Kummer ist einer der Hauptschuldigen dafür, dass Georg Diez zwei Jahre später über den vermeintlichen Tod des Pop-Journalismus schreibt, denn wegen Kummer kam dieser Journalismusstil in Verruf. Kummer begann seine journalistische Laufbahn ebenfalls bei der Zeitschrift *Tempo*. Um sich wieder einmal für die Misere, die er verursacht hatte, zu rechtfertigen, räumte ihm *Cover*, das Medienmagazin des Instituts für Journalistik und Kommunikationswissenschaft in Hamburg, 2005 ein paar Seiten ein. Dort schrieb er: »Wir sind in die vom Schein beherrschte Welt der Postmoderne hineingeboren worden, deren bestimmendes Element die Show ist. In der Show gibt es keine Wahrheit, sondern Effekte. Je brillanter die Show ist, umso überzeugender ist sie gelungen und desto begeisterter werden die Leser- und Zuschauermassen sein.«

Wenn man weiß, was Kummer angerichtet hat, klingt das seltsam, so, als wenn er sein Vergehen noch immer nicht eingesehen hätte – er hatte dem Magazin der *Süddeutschen Zeitung* und anderen Medien wie dem *Spiegel*, dem *Stern*, der *Zeit*, der *NZZ* und der *FAZ* Interviews mit Hollywood-Stars verkauft, die er allesamt mehr oder weniger gefälscht hatte, welche er also entweder nie wirklich geführt und aus Collagen anderer Interviews zusammengesetzt oder einfach mit ausgedachten Zitaten angereichert hatte; er selbst spricht davon, dass er »Interviews mit Stars teilweise inszeniert« habe.

Die Chefredakteure des *SZ*-Magazins verloren wegen Kummer ihren Arbeitsplatz. Kummer schreibt weiter: »Meine journalistische Erfahrung war immer die, dass mit dem Auftauchen von Journalisten die Wirklichkeit implodiert. Ich habe das immer wieder gesehen, ob in der Wartestellung auf den ersten Golfkrieg im Intercontinental-Hotel von Amman, wo die Wirklichkeit von isolierten Journalisten choreographiert wurde. Oder in den Armenvierteln von Lima, wo ich für ›Tempo‹ über die Auswirkungen von Cholera recherchiert habe und die Familien beim Auftauchen meiner Fotografin ihre Hütten zu säubern begannen und sich frische Kleider anzogen und lächelten und lächelten und lächelten.« Kummer zieht das Fazit: »Objektivität ist genauso wie Wahrheit und Wirklichkeit in den Medien ein reiner Mythos. Ich finde, Journalismus kann nur dann Vertrauen zurückgewinnen, wenn die Macher ihren Lesern gegenüber ganz offen zugeben, dass es beim Informationsauftrag, neben der reinen Informationsbeschaffung, um total differierende Wirklichkeitsentwürfe geht.« Und: »Es ist wirklich nicht mehr leicht, Journalist zu sein. Eine Armada von Authentizisten klebt einem im Nacken und fordert Wahrheit, die einzige wahrhaftige Wirklichkeit. Ich weiß wirklich nicht, ob man es immer noch erwähnen muss: Die Wirklichkeit besteht nicht bloß aus Nachrichten und Fakten, sondern auch aus

Emotionen, Erregung, Abstraktion, Fantasie, Ästhetik, Psychedelik, Unerklärbarem, Einsamkeit, Unsicherheit und vielem mehr.«

Nach einem inoffiziellen Schreibverbot durfte Kummer seit Sommer 2003 wieder für Zeitungen und Zeitschriften schreiben – jedenfalls kurzzeitig. Kurz, nachdem seine Stellungnahme in *Cover* erschien, stellte man jedoch fest, dass es Kummer erneut nicht sehr genau mit der Wahrheit genommen hatte: Der *Berliner Zeitung* hatte er eine bereits mehrfach veröffentlichte Reportage als neu verkauft. Er hatte diesmal zwar nicht gefälscht, hatte der Zeitung jedoch, ohne die verantwortlichen Redakteure zu informieren, einen Artikel angedreht, der bereits in Teilen 1998 in der *NZZ*, sowie 1999 im Magazin der *Süddeutschen Zeitung*, erschienen war. Die Krux an diesem Sachverhalt: Die Protagonisten, die er für diesen Artikel interviewt hatte, waren während der Jahre der Erst-, Zweit- und Drittverwertung nicht gealtert – Kummer hatte nicht einmal deren Alter angepasst.

Eine kleine Randbemerkung: Dies ist die dritte Version meines Textes hier. Die erste Version hatte ich als Abschlussessay für meine Magisterarbeit verfasst, in dem es auch noch Passagen gab, die den Ich-Journalismus mit dem Schreibstil von Michel de Montaigne verglichen, dem Erfinder der Essais. In der zweiten Version, die ich für die Website kolumnen.de bearbeitet hatte, entfernte ich diese Vergleiche. Und jetzt? In dieser dritten Version? Versuche ich diesen Text von anno dazumal in die Gegenwart zu manövrieren. Nun ja. Soweit die Randbemerkung, jetzt geht es weiter im Text.

In *Cover* schreibt Tom Kummer: »Ob ich jetzt immer die Wahrheit schreibe? Nein, die reine Wahrheit interessiert mich nur am Rande. Natürlich müssen die Fakten stimmen, und das war bei mir fast immer der Fall. Hinter der so genannten Wahrheit tun sich aber meistens Abgründe auf. So ist das Leben. Davon sollen die Leser erfahren.«

Zurück zum August 2002, zurück zu Diez' Todeserklärung des Ich-Journalismus. Er schreibt weiter: »Was wäre denn die große Gefahr, wenn das journalistische Schreiben in Deutschland literarischer würde, individueller, kühler, origineller, subjektiver, so wie das in anderen Ländern der Fall ist? Was wäre denn das Furchtbare daran, wenn das Wahrheitsmonopol, das die Medien selbst dauernd durchlöchern und doch fast panisch weiter behaupten, auf ehrliche Weise gebrochen würde? Was wäre denn so schlimm, die Widersprüche auszuhalten, in denen das Leben zur Zeit eben stattfindet?«

Ein anderer guter Mensch ist tot: 2003 starb der Journalist Herbert Riehl-Heyse, dessen Schreibstil in der *Süddeutschen Zeitung* folgendermaßen beschrieben wurde: »Er entwickelte eine neue Art zu schreiben. Er versuchte nicht zu verbergen, dass es objektives Schreiben gar nicht gibt. Im Gegenteil: Er stellte sich selbst, 'den Reporter', mit seiner Subjektivität in die Geschichten – eine Methode, die die Medienforscher später ›Objektivität durch Subjektivierung‹ nannten.« Außerdem sei es immer so gewesen, wenn man ihn gelesen hatte, »als würde er uns für einen kurzen Moment die Schleier des Scheins von seinem Gegenstand herunterreißen, damit wir, die Leser, selber nachsehen können, wie die Wirklichkeit und die Wahrheit möglicherweise aussieht.«

Weil Riehl-Heyse sich nun selbst mit in die Artikel als beobachtendes Ich hineinschrieb, verdeutlichte er, dass es für ihn keine Objektivität in diesem Sinne gab, sondern dass er, der Beobachter, immer und überall von seinen eigenen Einschätzungen befangen war. Ein solcher Text, der »Objektivität durch Subjektivierung« herzustellen versucht, wird den Leser dadurch aber meines Erachtens zu einer besseren, eigenen Meinung vom dargelegten Sachverhalt führen, weil er so immer bewusst gemacht bekommt, dass der Autor selbst eine Objektivität nicht für möglich hält und ihm so die Möglichkeit gibt, sich seine eigene Meinung zu bilden.

Wir schauen auf unseren Kalender im Smartphone, und wir sehen, dass wir das Jahr 2014 schreiben. Anscheinend ist es im Nachhinein nicht ganz so schlimm gekommen, wie Diez damals den Teufel an die Wand gemalt hatte. Überall wimmelt es jetzt von Ichs – der *Stern* ist voller Ich-Kolumnisten, in der *Zeit* icht es, es brodert, uslart, wagnert und matussekt überall. Mehr Meinung. Mehr Krawall. Mehr Egozentrik. Mehr Wahrheit? Der Ich-Journalismus ist tot? Lang lebe der Ich-Journalismus!

Eva Szulkowski

Kozlowska besucht eine Ausstellung

Ich hätte nein sagen sollen. Ich hätte verdammt nochmal nein sagen sollen, dachte ich, während ich mir vor den Augen der versammelten Bourgeoisie der Stadt die Seele aus dem Leib kotzte. Vor zwei Tagen, als sie mich anriefen, da hätte ich einfach sagen sollen: Nein, Mann. Kozlowska macht nicht in Kulturelite. Aber dann erinnerte ich mich wieder daran, wie kostspielig mein Lebensstil ist und wie niedrig mein Zeilenhonorar, und ich sagte zu.

Dabei hatte ich von Anfang an kein gutes Gefühl bei der Sache. Hauptsächlich war es die Örtlichkeit, die mir Unbehagen bereitete. Ausstellungen noch lebender Künstler, die in Museen stattfanden, waren mir höchst suspekt. Es schien mir ein wenig, als wolle man die Kulturschaffenden frühzeitig zu Grabe tragen. Außerdem sollte ihnen irgendeinen Förderpreis verliehen werden, und wo es Preise zu vergeben gibt, gibt es auch Leute, die Preise vergeben – und solche, die ausschließlich Kunst konsumieren, der man schon ein offizielles Gütesiegel aufgedrückt hat.

Da ich mich nun aber hatte breitschlagen lassen, hielt ich es für ratsam, mich auf die anstehende Aufgabe gebührend vorzubereiten. Ich setzte mich am Abend zuvor an meinen Schreibtisch, studierte den Pressetext und trank dazu dem gehobenen Anlass entsprechend eine Flasche Rotwein. Zwei Franzosen, irgendein expressionistischer Aquarellmaler und eine surrealistische Bildhauerin, nette Farbkleckse und düster bepinselte Holzskulpturen, die leider ein bisschen sehr nach Gartenzwergen ausschauten.

Weil ich danach keinen Bock mehr hatte, zum Kiosk zu laufen, rief ich Paula an. Paula brachte Rotwein und Whiskey und unerklärlicherweise einen schnauzbärtigen Typen, den ich noch nie in meinem Leben gesehen hatte. Ich erzählte den Gästen von meinem Auftrag und fügte noch hinzu, dass es heute nicht zu spät werden dürfe, wenn ich den Scheiß morgen auf die Reihe kriegen wollte, dann warf ich mich aufs Sofa und entkorkte den Wein.

Als uns in den frühen Morgenstunden der Alkohol ausging, lag der Schnauzbartträger kräftig schnarchend auf dem Boden und sabberte in meinen versifften Wohnzimmerteppich. Neben mir saß Paula und griente. Ich rülpste und trank den letzten Schluck.

Als ich mit meinem Notizblock am Museum ankam, fühlte ich mich beinahe wieder nüchtern, doch die drückend schwüle Luft setzte mir zu. Ich rauchte eine letzte Kippe vor dem Eingang, dann straffte ich meine Schultern, strich mir versuchsweise übers Haar, das teilweise klebrig war und nach Qualm duftete, und schritt mit steifen Beinen über die Schwelle.

Drinnen stand die Luft. Die Reflexion des Sonnenlichts an den kalkweißen Wänden ließ meine Augen brennen, und der Raum war erfüllt von süßlichem Parfümgeruch sowie dem ganz eigenen Odeur verstaubter Leblosigkeit. Schlagartig wurde mir bewusst, dass ich aussah wie der abgewrackte Tunichtgut, der ich nun einmal war, während alle Anzug trugen und Kostümchen und überhaupt richtige Menschen waren oder zumindest so taten. Ich bemühte mich um Haltung und suchte Schutz in der Menge, die nach Geldadel und Lokalprominenz stank und deren belangloses Gefasel meine Ohren klingeln ließ. Um mich anzupassen, schnappte ich mir ein Weinglas von einem vorbeiwandelnden Tablett und fühlte mich schon nicht mehr ganz so nach Fremdkörper.

Bis hierher hegte ich noch die Hoffnung, dieses Unterfangen einigermaßen heil zu überstehen. Ankommen, irgendwohin starren, Notizen machen, jedwede Interaktion vermeiden, so der Schlachtplan. Doch alles, was es zu bestarren gab, waren weiße Wände – vergeblich hielt ich Ausschau nach irgendetwas, das zumindest ansatzweise nach Kunstwerk aussah, doch überall nur weiße Wände und Anzugmenschen, die mich ein wenig konsterniert betrachteten. War ich hier überhaupt richtig? Ich überwand meinen Menschenhass, zupfte einer älteren Dame am Blümchenkleid und erkundigte mich nach der Ausstellung, doch die Blümchenfrau starrte mich nur an, als sei ich ein mutiertes Eichhörnchen, und krallte sich hilfesuchend in den Ärmel eines weißhaarigen Schlipsträgers. Arrogantes Pack, dachte ich mir und quetschte mich zwischen den lebenden Schulterpolstern und ihren fett geschminkten Perlenständern hindurch zum anderen Ende des Raumes, wo ich eine Tür ausmachte. Davor stand ein wichtig aussehendes Männlein, das keifte: »Noch nicht! Noch nicht!«, als wolle er einen besonders vielversprechenden Orgasmus noch eine Weile hinauszögern. Ich hob abwehrend die Hände, stolperte rückwärts und fiel durch eine offene Glastür ins Freie, wo ich mir erst mal eine Kippe ansteckte. Konnte ich das hier wirklich durchziehen? Gab es eine Möglichkeit, zu fliehen?

Durch die Fensterscheiben sah ich die Menschen der Ausstellung, die sich an ihre Sektgläser krallten und stumm die Lippen bewegten, in ihren kunstlosen Raum gepfercht wie ein schillernder Guppyschwarm in einem überfüllten Aquarium. Hier draußen war die Luft nicht ganz so unerträglich, aber immer noch nicht so, als dass man wahrhaft hätte durchatmen können. Was glaubten diese Leute eigentlich, wer sie waren? Hatten die etwa noch nie einen verfickten Journalisten gesehen? Aber es konnte ja nicht sein, dass sich die Kozlowska von Elitegetue einschüchtern ließ. Ich rauchte noch eine Zigarette, stürzte den Rotwein hinunter und fügte mich dem Unvermeidlichen, beseelt von der Absicht, meinem neuen Erzfeind, der mir den Weg zur Kunst versperren wollte, den Kopf in die Magengegend zu rammen. Doch als ich mich durch die Menge pflügte, bemerkte ich, dass sie sich verändert hatte: Das Geplapper war verstummt und man hatte sich in stillem Einverständnis in eine Richtung gewandt. Fasziniert betrachtete ich ihre ausdruckslosen Gesichter, während langsam die Stimme eines einzelnen Mannes zu mir vordrang, ein sonorer Brummton, ein Störgeräusch inmitten dieser unnatürlichen Stille. Den Blicken folgend entdeckte ich den beleibten Referenten an seinem winzigen Podium und begriff mit Entsetzen, dass ich den Wörtern, die er aneinanderreihte, keinerlei Sinn abgewinnen konnte. Hauptsächlich waren es Namen, die mir nichts sagten, eine zusammenhanglose Kombination von Buchstaben, begleitet von einem selbstzufriedenen Grinsen und dem artigen Applaus der trägen Masse. Ich strengte mich an. Von einem Staatssekretär hörte ich ihn faseln und blickte mich hektisch um, da mir das Wissen, mit einem politischen Würdenträger in einem Raum zu stehen, kalte Schauer über den Rücken jagte. Wer war sonst noch alles hier? Der Polizeichef vielleicht, der nur darauf wartete, das einzige Drogenopfer der Veranstaltung unter den Armen untergehakt abzutransportieren? Womöglich sogar jemand vom BND? Ich checkte mein neues Weinglas nach Wanzen ab – soweit schien alles im grünen Bereich zu sein.

Der gemütliche Brummbär am Rednerpult bedankte sich noch bei einigen weiteren Menschen, die sich derart um das Gemeinwohl verdient gemacht haben mussten, dass sie keine Vornamen mehr brauchten, dann trat er ab und überließ die Bühne einem knorrigen Bebrillten, den er als Leiter des Private Bankings der Landesbank vorstellte. Ungläubig reckte ich den Kopf. War ich etwa hier hergekommen, um mir von Repräsentanten des Finanzwesens leere Phrasen um die Ohren klatschen zu lassen? Ich bemerkte, dass auch die Aufmerksamkeit des Publikums nachgelassen hatte – betagte Damen zu meiner Linken feixten und kicherten und beugten sich über ihre mobilen Telefone, zwei Männer steckten ihre Glatzköpfe zusammen und flüsterten. Solchermaßen bestärkt entschloss ich mich, meinem Unmut auf niveauvolle Weise Ausdruck zu verleihen, reckte mein Weinglas in die Höhe, brüllte etwas von wegen *Bankenstaat* und *Geldfetisch* und kam mir überaus geistreich dabei vor. Einen Augenblick lang wurde es wieder still im Saal, ich spürte die Blicke auf mir, voller Empörung und gleichzeitig freudiger Erregung darüber, dass endlich etwas Unvorhergesehenes passierte. Aber ich dachte gar nicht daran, diesen selbstzufriedenen Langweilern eine Show zu bieten. Was ich zu sagen hatte, hatte ich gesagt, und daher nickte ich nur vielsagend in die Runde und stürzte meinen Wein hinunter. Die saure Plörre wehrte sich und quoll mir zu den Nasenlöchern hervor, ich hustete und krächzte. Der Bankmensch schluckte die leichte Irritation herunter und fuhr planmäßig fort.

Zwei weitere Reden mussten überstanden werden, bevor mit dem Museumsdirektor endlich der erste Mensch das Podium betrat, der tatsächlich Ahnung von Kunst hatte. Zu diesem Zeitpunkt aber war mir der Wein schon dermaßen zu Kopf gestiegen, dass ich auch dann wohl kein Wort mehr verstanden hätte, wäre mir das Objekt der Rede nicht seit einer geschlagenen Stunde vorenthalten geblieben. Der Museumsdirektor machte sich also daran, die Bilder zu beschreiben, um uns wenigstens einigermaßen auf den gleichen Stand zu bringen. Verdammt nochmal, dachte ich mir. Konnte ja wohl nicht sein, dass ich mich hier abspeisen ließ mit fremden Interpretationen, mich abhängig machte von den Augen und dem Hirn eines anderen, dessen Meinung mir hier aufgedrückt werden sollte, bevor ich mir eine eigene hatte bilden können! Man hat ja schließlich so etwas wie professionellen Stolz, selbst als fucking Kulturjournalist. Mit zuckenden Fingern langte ich nach einem neuen Weinglas und strebte voller Elan auf mein eigentliches Ziel zu. Ich hatte Glück: Das Sicherheitsmännchen hatte den Weg freigemacht und unterhielt sich im Flüsterton mit einer großbusigen Blondine, deren schmieriger roter Lippenstift sich überall auf dem Rand ihres halbleeren Glases verteilt hatte. Während vorne das Podium für eine Rede der Künstler freigemacht wurde, packte ich mit meinen schwitzigen Fingern an die Türklinke.

Zunächst waren die Stille im Raum und die deutliche Reduktion von Weiß eine Wohltat für meinen geplagten Schädelinhalt. Dann aber begann es in meinen Augen zu rauschen. Grellbunte Farben strahlten von riesigen Leinwänden auf mich herab und blendeten meine Sicht, und zwischen den Farbfontänen taten sich dunkle Schluchten auf, weit aufgerissene Gierschlünde, die mich zu verschlingen drohten; dazwischen unheilige Gestalten aus Ton und Holz, grotesk gekrümmt unter der Last ihres starren, stillen Daseins, mit schmerzverzerrten, hohlen Gesichtern und dreifingrigen Händen, die sie mir anklagend entgegenstreckten, als sei gerade ich es, die sie in diese aussichtslose Lage gebracht hatte. Wer waren sie, und was wollten sie von mir? Warum hatten sie es ausgerechnet auf mich abgesehen?

Ich warf mich hinter einem schützenden Sockel in die Ecke des Raumes und zerrte meinen Notizblock aus der Hosentasche. Das leere Papier reflektierte die grellen Farben und die toten Augen dieser unglücklichen Wesen, die ebenso in diesem Raum gefangen waren wie ich, ohne die leiseste Ahnung, wie sie sich befreien konnten, ohne den blassesten Schimmer, wie es weitergehen sollte, wenn dies hier einmal vorbei war. Ich hatte keine Ahnung, was hier passierte, und nichts ließ mich das so deutlich fühlen wie das unbeschriebene Papier unter meinen Fingern. So schloss ich die Augen und wimmerte ein wenig vor mich hin. Jeder Krümel Selbstvertrauen, mit dem ich an diesen Ort gekommen war, schien sich aufgelöst zu haben, und mir blieb nun nichts übrig als die erschütternde Erkenntnis, dass es mir unmöglich sein würde, einen Text zu schreiben, den das Tagblatt, das mich für meine Schmierereien bezahlte, tatsächlich drucken konnte. Ich hatte versagt, auf ganzer Linie, nicht nur jetzt, sondern überhaupt. Ewa Kozlowska, Journalistin, saß in Fötusstellung auf dem kalkweißen Museumsboden und ließ sich von einem leeren Blatt Papier und dem Gefühl, überhaupt nicht mehr auf die Realität klarzukommen, so dermaßen einen Schrecken einjagen, dass sie drauf und dran war, sich einzupissen. Was machte ich eigentlich hier? Und mit welchem Recht schimpfte ich mich Journalistin, wenn meine Karriere sich zusammensetzte aus uninspirierten Rezensionen schlechter Konzerte und den Premieren provinzieller Theatergruppen, die man nicht kritisieren kann, weil sie sich so viel Mühe geben? Ich hatte keine Ahnung, wie es mit mir weitergehen sollte.

Zu allem Überfluss öffnete sich dann auch noch die Tür, und das mir verhasste Museumspublikum strömte in Massen in meine persönliche Vorhölle hinein, um mir und meiner Selbstachtung beim Dahinsiechen zuzuschauen. Aber im Angesicht meiner eingeschworenen Feinde, die sich wie die Hugenotten auf die Ausstellungsstücke stürzten – wohl um sich im Glanze des zertifizierten Kulturgutes zu sonnen, auf dass ein wenig von dieser wunderbar zurechtrationalisierten Kreativität auch auf ihre geistlosen Häupter abstrahlen möge – war der Hass plötzlich stärker als die Angst. Ich schnellte nach oben, Notizblock und Kugelschreiber in die Höhe gereckt, und starrte mit mahlendem Kiefer in die Gesichter der schamlosen Gaffer, die gekommen waren, um sich an meinem Unglück zu laben. Sollten sie doch! Ich war zwar vielleicht eine beschissene Journalistin, aber wenigstens trug ich dabei keinen Hosenanzug.

Bevor ich jedoch mein Vorhaben, den Nervenzusammenbruch hinter mir zu lassen und endlich meinen beschissenen Job zu erledigen, realisieren konnte; bevor es mir überhaupt gelang, meinen Kopf zu drehen und eines der Bilder auch nur zu betrachten, packte mich eine schwere Pranke bei der Schulter. »Sie sind wohl auch von der Zeitung«, bemerkte der Mann, der zu der Pranke gehörte und den ich nach kurzem, angestrengtem Grübeln als den ersten Redner identifizieren konnte. Der gerissene Hund hatte offenbar die Schreibutensilien in meinen Händen richtig gedeutet und schien jetzt irgendetwas von mir zu wollen, ein Umstand, der mich sofort vollkommen überforderte. »Ach du Scheiße«, gab ich daher zurück, aber wohl gerade leise genug, als dass meine Worte klanglos unter dem herrischen Gebrummel des Mannes untergingen.

»Dann machen wir jetzt wohl am besten gleich das Interview, wo Sie beide da sind.« Interview? Davon war aber nie die Rede gewesen. Wäre ja noch schöner, wenn ich mir jetzt noch von den Künstlern selbst erzählen ließe, wie ich ihre Werke zu lesen habe! »Äh, Moment«, murmelte ich und versuchte mich dem Griff des Offiziellen zu entwinden, doch es gelang mir nicht – nur gerade so schnappte meine zittrige Hand nach einem Rotweinglas, das in der Luft vorbeischwebte. Dann hatte man mich schon an den Tisch bugsiert, an dem mich drei Augenpaare erwartungsvoll anstarrten, als hofften sie geradezu darauf, dass ich sie aus dieser Farce befreite. Die knochige Bildhauerin zeigte verkrampft lächelnd ihre riesigen Vorderzähne, der Maler schaute ernst und hatte die Hände tief in den Hosentaschen vergraben. Zu meiner Linken stand ein Mann mit Pullunder und präzisem Seitenscheitel, der mir vage bekannt vorkam. Auch er hatte einen Notizblock vor sich, der längst nicht so verknickt und kaffeefleckig war wie der meine, dafür aber mit kleinen, fein säuberlich aneinandergereihten Buchstaben beschrieben.

»Ewa Kozlowska, Journalistin«, stellte ich mich vor, auch wenn ich selbst nicht recht daran glaubte. Auf den Gesichtern der Künstler standen Fragezeichen, der Kollege mit dem Seitenscheitel schien die Nase zu rümpfen. »Ich übersetze«, dröhnte der Offizielle und quetschte sich zwischen die Künstler an den Tisch. Um Himmels willen, dachte ich und starrte entgeistert in das stumpfe Teiggesicht, dessen Doppelkinn ihm über den Krawattenknoten quoll. Nein, es schien mir ganz und gar unmöglich, mit diesem Menschen eine vernünftige Konversation zu führen. »Can we speak English?«, machte ich einen beherzten Versuch in Richtung der Künstler. Die beiden nickten, auch mein Kollege nickte, aber da plusterte sich der Museumsmensch zu seiner vollen Größe auf und schmetterte beinahe stolz: »Das geht nicht, ich kann kein Englisch!« Ich röchelte und versenkte meine Nase im Weinglas.

Dem Herrn von der Konkurrenz schien es nicht allzu schwerzufallen, sich auf die Situation einzustellen. Er begann sogleich, den Plustervogel mit Fragen zu bombardieren, die er sich wahrscheinlich während der Reden fein säuberlich notiert hatte, und dabei schaute er die Künstler nicht einmal an. Der Maler antwortete auf französisch, der Museumsmensch übersetzte, der Kollege kritzelte fleißig. Ich kritzelte auch, um den Schein zu wahren, doch nichts von dem, was ich notierte, hatte auch nur im Ansatz mit dem zu tun, was der Übersetzer mir in den Block diktierte. Auch wenn ich kaum Französisch verstand und keine Ahnung hatte, was um mich herum vor sich ging, war ich mir sicher, dass seiner Übersetzung nicht zu trauen war. Kein Wort von dem, was er sagte, entsprach auch nur im Ansatz dem Gefühl, das ich verspürte, sobald mir einer der Dämonen, die wie zum Hexentanz um uns gruppiert waren, ins Auge fiel. Nichts würde ich mir von dieser Pappnase erzählen lassen, das konnte mal schön die Konkurrenz übernehmen. Stattdessen starrte ich bloß die Bildhauerin an, die so verloren aussah zwischen all den Wichtigtuern, und ich fragte mich, wie ich dieses hagere, pferdezähnige Gesicht mit dem hölzernen Grauen, das immer näher rückte, zusammenbringen sollte. Welchem Höllenpfuhl war sie entstiegen? Wie schwarz musste der Teil ihre Seele sein, der diese Kreaturen ans Licht der Welt befördert hatte? Ich versuche, mich auf den Beinen zu halten und meine Panik hinter einem freundlichen Lächeln zu verstecken, um möglichst wenig bedrohlich zu erscheinen. Die Künstlerin wirkte zusehends befremdet und schien ein bisschen Angst vor mir zu haben, aber längst nicht so viel wie ich vor ihr. In meiner steigenden Nervosität hielt ich es für eine gute Idee, der Frau meinen Rotwein als Opfer darzubringen, um sie milde zu stimmen. Dies misslang jedoch, und das Unheil nahm seinen Lauf.

Der Wein siffte über den Block meines Kollegen, der darüber einen spitzen Schrei ausstieß, was wiederum die Blicke der übrigen Kunstversteher auf uns zog. Ihre Glubschaugen bohrten sich in meine Stirn, von der der Schweiß mittlerweile nur so troff. »Alle weitermachen! Hier gibt es nichts zu sehen!«, befahl ich und drehte mich einmal um die eigene Achse, wobei ich den Rotwein in einer schwungvollen Fontäne überall auf dem weißen Boden verteilte. Ein paar Damen quietschten und sprangen rückwärts, allgemeines Getuschel brandete auf, schnöselige Empörung schwappte in meine Richtung. Halt suchend lehnte ich mich gegen den Tisch, was die darauf stehenden Gläser zum Kollaps brachte. Mein Kollege riss seinen Notizblock an seine Brust und beschimpfte mich aufs Unflätigste.

Nun gab es nur noch den Sturm nach vorne. Ich hatte keine Reden gehört, keine Kunst gesehen und den Boden großflächig mit Rotwein eingesaut, und das Letzte, was mich jetzt noch retten konnte, war investigativer Journalismus. »Eine Frage hätte ich noch«, sprach ich bemüht deutlich und nahm die Künstlerin ins Visier. Jener war das Grinsen vergangen, sie versteckte ihre großen gelben Vorderzähne hinter einem verkniffenen Mund und hatte die Augen weit aufgerissen, als fürchtete sie, ich wolle sie anfallen wie ein ausgehungerter Löwe. Dabei versuchte ich doch nur, ausnahmsweise einmal ein sinnvolles, fruchtbares Gespräch zu führen.

»Der Horror! Der absolute Horror!«, brüllte ich und riss eine der Skulpturen von ihrem Sockel, um sie mit ausgestrecktem Arm der Runde zu präsentieren. »Was für ein krankes Hirn muss man haben, um sich so was auszudenken?« Meine Stimme überschlug sich, um mich herum brach ein reger Tumult los. Ich aber blickte wie gebannt in die Fratze dieses hölzernen Dämonen, dessen leerer Blick an meinem Hirn saugte. Mir schwindelte, alles drehte sich, die Farbkleckse flogen von den Leinwänden und mir um die Sinne. Durch die hohlen Augen des Holzteufels sah ich noch einmal das knallrote Gesicht des Übersetzers, und ich meinte gar, ihn höhnisch lachen zu hören, während ich den weißen Museumsboden zu meinen Füßen mit Rotweinkotze bedeckte.

Irgendwer hatte wohl Gnade mit mir. Jedenfalls kam ich nicht in einer Gummizelle, sondern auf einer Wiese im nahegelegenen Stadtpark wieder zu Sinnen. Mein Notizblock und mein Kugelschreiber waren weg, ich empfand es beinahe als Befreiung. Auch die Luft war jetzt viel besser geworden und die Sonne schien mir warm in den Nacken. Auf der Bank gegenüber saß ein Seniorenpärchen und tauschte Zungenküsse aus. Was soll's, dachte ich mir und steckte mir eine Kippe an. Musst du dich halt damit abfinden, dass es keinen Text gibt. Musst du dich halt damit abfinden, dass du für die Wirklichkeit nicht gemacht bist, Kozlowska. Ich streckte die Beine im frischen Gras aus und kapitulierte bereitwillig vor der Realität, die sich nicht fassen lässt, weil sie so ungeheuer ekelerregend daherkommt, dass man gezwungen ist, die Augen zu schließen und die Augäpfel nach innen zu drehen. Eigentlich ist das sowieso der einzige Weg, die Realität zu protokollieren, dachte ich mir und schaute dem Seniorenpärchen beim Schmatzen zu – und wenn dieses Protokoll dann Flecken von Kaffee und Rotweinkotze hat, sind die ohnehin der eindeutigste Beweis für Leben auf diesem verfickten Planeten.

Mara Braun
Früher war mehr Lametta Rum
oder: Lieber Journalismus, was hat dich bloß so ruiniert?

Es ist vielleicht naiv, in den Journalismus zu gehen und zu erwarten, man würde da die Welt verändern oder gar verbessern – und ich bin eigentlich auch nicht die große Weltverbesserin.

Ich meine, nicht dass es da nicht einiges zu optimieren gäbe. Aber ich gehöre doch zu jenen, die am Ende beschlossen haben, das eher im Kleinen zu tun, sprich im eigenen Umfeld, statt Greenpeace-Aktivistin zu werden oder einer der wenigen Politiker, denen es tatsächlich um die Sache geht. And honestly: If you wanna shoot me for that, you've got a lot of shooting to do, because I'm just one in a million.

Wieso geht das hier plötzlich auf Englisch weiter? Dafür gibt es Gründe … Zum einen ist mir in meinem Austauschjahr an einer amerikanischen Highschool bewusst geworden, dass ich Journalistin werden will, pathetischer: muss. (And secondly because the voices in my head always talk in English, don't yours?) Eine ganze Jugend lang war ich davon überzeugt, für mich könne es keinen anderen Beruf geben als Lehrerin, plötzlich aber war die Vorstellung nur noch eine vage Erinnerung. Ich wollte schreiben, die Zeitung voll, jeden Tag aufs Neue.

Geschichten erzählen, Menschen treffen, ihnen eine Stimme geben. Storytelling at its best, and to conquer the world with just a pen and a piece of paper. Yeah well, and maybe with a computer, too.

Ich hatte allerdings nur ein vages Bild davon, wie mein künftiger Job funktionierte, was ich tun sollte, um ihn zu ergreifen oder wie die Geschichten, die ich schreiben wollte, zu mir kommen sollten. Das Bild, das ich überhaupt von dem Beruf hatte, speiste sich vornehmlich aus amerikanischen Filmen und Serien – Journalisten arbeiteten in meiner Wahrnehmung in überfüllten Großraumbüros, in denen jeder mittels eingezogener Wände seinen persönlichen kleinen Hasenkasten bewohnte, in dem tagein, tagaus das Telefon bimmelte und permanent unfassbar spannende Dinge passierten. Like, you know, it happened for Robert Redford and Dustin Hoffmann in »All the president's men«.

Während mich die Vorstellung, in einem eben solchen Hasenkasten mein Jobdasein fristen zu müssen heutzutage eher abstößt, fand ich sie damals prickelnd, ebenso wie die Idee, es handle sich beim Journalismus tatsächlich um einen Job, der die Welt verändert – obschon das keine Garantie war, sie würde dabei tatsächlich besser. Die Medien als Vierte Gewalt, die Einfluss nehmen auf die Herrschenden, erklären und aufklären, das war ein Ideal, das ich faszinierend fand, an dem ich Anteil haben wollte. Nicht etwa, indem ich aus Krisengebieten berichtete oder Investigativjournalistin würde, sondern auch hier – im Kleinen, also: im Lokalen. Klassischer Weg – Studium, ungezählte Praktika und Hospitanzen (what's the difference, really?), viele Jahre freie Mitarbeit, Zeitungsvolontariat. Es folgt die Festanstellung, zwar nicht im Verlag sondern via Leiharbeit, das aber ist zu diesem Zeitpunkt schon so Gang und Gäbe, dass ich nicht mal zucke. But this should already make you wonder: Why is someone who spent years in college and then makes an internship of maybe two more willing to work for a paycheck as low as the one of many young (haha) journalists?

Ach, lieber Journalismus, was hat dich bloß so ruiniert – und zuckst du eigentlich selbst noch ein bisschen? Du willst die Vierte Gewalt im Staate sein, aber deine Durchschlagskraft ist die eines Mäusefäustchens. Du beklagst den Niedergang der Meinungsvielfalt im Regionalen und Lokalen durch Stellenabbau, aber verschließt die Augen davor, dass in deinen Zeitungsmänteln überall dieselben Agenturmeldungen sitzen. Du betonst deine verdammte Wichtigkeit beim Sortieren und Moderieren des Weltgeschehens, aber scheiterst daran, jede Geschichte, die ein bisschen weiter weg passiert, von mehr als nur der einen, offensichtlichen Seite zu betrachten. And of course shrinking staff is a big issue – but the ones that still do have a job wouldn't kill themselves by developing an own trail of thoughts every once in a while, would they.

Das Elend der Branche hat viele Gründe. Der eine, ganz offensichtliche, ist der finanzielle Einbruch – eine Auseinandersetzung mit diesem Thema ist übrigens fester Bestandteil der täglichen Arbeitsroutine von Journalisten, weil es niemals ruht und die Kürzer vom Dienst nicht müde werden, davon zu erzählen. Nun denn, die Misere des Anzeigenmarktes und die Verschiebung von Print zu Online haben viel Geld gefressen und tun es noch. Die Verleger reagieren darauf wie die großen Konzerne, deren Sozialpolitik sie in ihren Blättern gern mal anprangern: Stellenabbau, Tarifflucht und so weiter – gekürzt wird immer da, wo es weh tut. Weh tut es aber nicht nur den Journalisten, die sich gefeuert oder unterbezahlt in der harschen Realität der Medienwelt wiederfinden, weh tut es auch den Lesern, Stichwort Qualität, und so auf Dauer wieder den Verlagen. Dieser Teufelskreis ist nun wirklich nicht neu oder überraschend, dennoch wird er nicht durchbrochen. Im Gegenteil – die Leser, in der Annahme, das bisschen Journalismus bekomme doch jeder hin, ergo müsse es eine Gratisleistung sein, machen sich dabei noch zu Komplizen des Beelzebubs. And as Nazareth already knew: everybody hurts, sometimes ... But where does that leave us? Well, my friends, hold on to your bottles of rum, we'll get there.

So folgt fast zwangsläufig die zweite Seite, von der man sich der Misere der Branche, die ich doch so liebe, annähern kann: Qualitätseinbuße. Wo zum Beispiel Zeitungsjournalisten früher in der nicht ganz unkomfortablen Lage waren, sich vor allem um die Recherche und das Schreiben kümmern zu müssen, sollen sie heute echte Alleskönner sein – das Internet und die Sozialen Medien verstehen und bedienen, unterwegs noch ein paar Fotos schießen oder Videos drehen und natürlich die Organisation in ihren Redaktionen wuppen. Da bleibt unterm Strich für alles viel zu wenig Zeit: Wer den Lokalteil planen, Foto- und Textaufträge rausgeben, Seiten layouten und nebenher noch Artikel und einen Kommentar schreiben soll, bevor er alle eingelaufenen Texte redigiert, online setzt und twittert, der kann gar nicht anders als Fehler machen. Und selbst wenn er nicht für jeden Schritt selbst oder alleine zuständig ist, darf davon ausgegangen werden, es sind nie genug Leute da, um die anfallende Arbeit ordentlich zu erledigen.

Wer nun einwirft, diese Feststellung gelte heute für zig Branchen muss sich fragen lassen: Macht es das denn besser? They say society is over-sexed and under-fucked. In todays media though, many journalists are over-educated and under-payed – and it's even worse for freelancers. But if your mind's occupied worrying about how to put food on the table, how are you supposed to be creative?

In dieser permanenten Unterbesetzung der Redaktionen schlummert der Qualitätsverlust nicht nur da, wo jeder Idiot ihn am nächsten Tag entdecken kann, in groben Rechtschreibverstößen und sinnentstellenden Kürzungen also, sondern auch in einem Bereich, nach dem heute schon fast kein Hahn mehr kräht: Viel zu viele Journalisten haben viel zu wenig Zeit für Recherche. Klar sprießen auf der einen Seite die sogenannten Investigativressorts aus dem Boden, aber die Tatsache, dass hier teils gezielt investiert wird darf nicht darüber hinwegtäuschen, wie wenig Zeit Journalisten in der Breite für die Recherche einer guten, alltäglicheren Story bleibt. Und das ist nun wirklich eine Tragödie, denn zum einen lebt der Journalismus schon immer von den Geschichten, die er erzählt, zum anderen nimmt die Bedeutung von eben guten Geschichten in sämtlichen Medien permanent zu: Die reine Nachricht ist heute oft längst bekannt, wenn der Griff zur Zeitung oder Fernbedienung geht – hier braucht es dann gute Stoffe sowie die viel beschrieene Einordnung. Stories, people, that's what it is all about. Stories. You can explain any matter as good as you want, it won't get you half as far as connecting it with an actual person and telling it within a really good story.

Bis hierhin erschließt sich das wohl noch jedermann, egal ob er mit der Branche verbandelt ist oder nicht – aber jetzt wird's richtig lustig. Weil die Zweiklassengesellschaft der Gehaltszettel zwischen tarifgebunden bezahlten Kollegen und solchen mit niederklassigen Verträgen allein nicht genug Unruhe stiftet, wird ein zweiter Graben gezogen: zwischen den »alten Medien«, wie Print auf der einen, und Online auf der anderen Seite. Hüben sitzt die alte Garde, die sich schwer damit tut, dauernd neue Aufgaben zu denen hinzu zu übernehmen, die ihnen vertraut sind und die sie für sinnvoll erachtet. Drüben sprießen Onlineredaktionen aus dem Boden, in denen neue Formate sowie Ideen ausprobiert werden und nicht selten die Überzeugung herrscht, jenen alten Hasen könne man die notwendigen neuen Hüpftechniken ohnehin nicht mehr beibringen. So beäugen sich beide Lager misstrauisch, die vermeintlich Ewiggestrigen auf der einen, die angeblichen Techniker auf der anderen Seite, vollgestopft mit Vorurteilen und Ängsten, so dass sie lieber über- als miteinander reden und sich lieber gegenseitig blockieren, anstatt das Logische und Sinnvolle zu tun: voneinander zu lernen. If form beats function, does function follow form? Meaning, how important are the channels journalists use? And (what) does it matter if they wear a hoodie doing it?

Dann wären da noch die Blogger, mal auch Journalisten, mal öffentliche Tagebuchschreiber, mal Netzaktivisten, mal Strickliesen mit Internetzugang, die sich in Konkurrenz sehen, als solche bisweilen auch empfunden und zudem der Einfachheit halber alle über einen Kamm geschoren werden. So lange, bis eine Zeitung auf die Idee kommt, ihre Redaktionen bloggen zu lassen – wobei oft haarsträubende Fehler unterlaufen, was der sogenannten Netzgemeinde wiederum ein vorhersehbares »War ja klar« entlockt. So kann es passieren, dass statt Inhalt und Qualifikationen bei der Besetzung einer Stelle plötzlich die Tatsache in den Vordergrund rückt, dass der Kandidat im Büro gerne seinen Kapuzenpulli trägt: Kann er dann aber Journalist sein, oder ist er lediglich ein Netzkenner? (Geführt wurde die Debatte im März 2014 angeblich bei der *Süddeutschen Zeitung* in der Diskussion darum, ob *SZ.de*-Chef Stefan Plöchinger in die Chefredaktion aufrücken soll oder nicht. Dem Internet bescherte sie zehntausende »Selfies« von Journalisten mit »Hoodies« – allein das Word, pardon: die Wörter …) Apart from hoodies, selfies, online and paper though, isn't the real question at stake what journalism is really worth to a society and whether or not people are willing to pay for it?

Wer von außen auf die Branche schaut, ist da längst kopfschüttelnd ausgestiegen, und doch, das Thema geht uns eben alle an: Journalismus bleibt wichtig und muss lernen, den Beweis dafür wieder viel häufiger zu liefern. Übrigens, Schleifchen zurückgeflogen zu den Finanzen – da gerade junge Kollegen oft als Onliner unterwegs sind, befinden sie sich in der misslichen Lage, tatsächlich auch schlechter bezahlt zu werden als die »Alten«, was sich anfühlen muss, als hätten die Recht mit ihren Vorurteilen in Sachen Bedeutungsunterschied. But seriously, you should all drink more booze. I mean like – way more. You all look very dry to me. I guess that's why you make up fucking conflicts, instead of telling stories.

Ich kannte mal einen Volontär, der hat einer Kellnerin, die seiner Meinung nach nicht flott genug sein Getränk gebracht hat gesagt, sie bediene hier die künftige journalistische Elite des Landes und solle sich entsprechend besser sputen. Ich hoffe, er stößt nie in diese vermeintliche Elite vor, aber hier ist noch so ein Problem des heutigen und künftigen Journalismus: Wenn es zig unbezahlte Jahre dauert, sich ausbilden zu lassen und die Bezahlung anschließend mies ist – wer wird diesen Job dann machen können außer den Prinzesschen und Thronfolgern, denen Mama und Papa den Lebensunterhalt finanzieren, bis sie das Familienerbe antreten können?

Und was blüht dem Berufsstand erst, wenn immer weltfremdere Menschen, die allesamt aus einer Klasse kommen, entscheiden, was es wert ist veröffentlicht zu werden und was nicht? Droht dann nicht eine Presse, in der gerade viele soziale Themen überhaupt nicht mehr auftauchen, weil sie den handelnden Personen vollkommen irrelevant erscheinen? Und das ausgerechnet in einer Branche, die einmal voll war von Überzeugungstätern ... You don't have to loose a leg to be able to tell the story about a guy who did, but if all people in journalism were to come from the same world, what would that mean for the other worlds?

Ich kannte mal einen Redaktionsleiter, der war so phantastisch, man wollte ihn in Scheibchen schneiden und an die Kollegen verteilen, damit sie von ihm lernen könnten: Es gibt viele gute Journalisten, auch einige brillante, die nach wie vor für ihre Sache brennen, bei denen der Job wunderbar aufgehoben ist. Aber können sie ihn retten?

Ich kannte mal einen Redakteur, der war ein solches Arschloch, mal wollte durch ihn hindurchfurzen, um die Kollegen darauf aufmerksam zu machen: Es gibt viele schlechte Journalisten, auch richtig miese, die den Job nicht verstanden haben und das vielleicht längst sinkende Schiff weiter in eine völlig falsche Richtung lenken. Aber werden sie ihn zerstören? You have to start somewhere, don't ya? So, go and start with yourself. Trust me, it's the very best you can do.

Vielleicht sollten die Alten und Jungen, Print-, Fernseh-, Radioleute und Onliner, Festangestellte und Freie mal alle zusammen nach Puerto Rico fliegen – ein paar Tage viel zu viel Rum saufen, noch mehr Burger fressen und sich dabei über das Gestern, Heute und Morgen austauschen: Wie sie in den Job gekommen sind, warum sie ihn so lieben und wie sie ihn gemeinsam retten können?

Es wäre vielleicht ein Anfang, ganz sicher aber ein famoses Gelage. Denn ob in Puerto Rico oder an jedem anderen Ort der Welt, es ist an der Zeit, die Branche wieder aus der livetickernden Belanglosigkeit herauszuholen, in die sie sich selbst manövriert hat.

And maybe it's time to put the gonzo back in journalism …

Hollow Skai
Ein Mann sieht grün

Die Manager der Film- und Pop-Stars waren in den 1990ern über die Maßen darauf bedacht, dass nicht am Image ihrer Klienten gekratzt wurde, und schirmten sie von wissbegierigen Reportern ab, so weit es nur ging. Interviews wurden damals nur noch sehr selten gewährt, und wenn einem der auflagenstärksten Magazine mal eins gestattet wurde, dann wurde es nicht selten so inszeniert wie das Gespräch, das der Schweizer Journalist Tom Kummer mit Whitney Houston für den *stern* führte: in einem New Yorker Nachtclub stellte er der Pop-Sängerin seine Fragen, die per Headset mit einem Berater verbunden war, der ihr die Antworten ins Ohr flüsterte.

Üblich waren damals – und sind es noch immer – auch Gruppeninterviews, so genannte *Junkets*. In *Blow Up*, der Story seines Lebens, die 2007 im Münchener Blumenbar Verlag erschien, beschrieb Kummer solch eine PR-Veranstaltung:

»Ein Junket ist ein sehr spezielles Erlebnis. Alles, was in der Suite abgewickelt wird, ist sorgsam kalkuliert: das Gruppeninterview für die Leute der europäischen Blätter und Presseagenturen sowie das Extended Thirty Minute One-on-One für die Edelfedern von *New York Times* oder *Vanity Fair* […], also für jene Leute, die gerne damit angeben, auf dem Schoß der Berühmtheit gesessen zu haben.«

Von einem Interview konnte unter solchen Bedingungen keine Rede mehr sein, wie Kummer schon bald feststellen musste, als er an einem Junket mit dem *Bay Watch*-Star Pamela Anderson teilnahm:

»Ein hypererregter holländischer Nachrichtenagentur-Journalist sitzt dort und stellt die wichtigste Frage, die Holland seit dem Bau der Deiche bewegt: *Ich habe gehört, Sie kommen demnächst nach Holland, Miss Anderson. Stimmt das?* Genau so muss ein Interview beginnen! […] So viel weiß ich bereits über die Kunst des Interviews, auch wenn ich noch ein Novize bin.«

Statt weiterhin in Junkets die Zeit zu vertrödeln, erinnerte Kummer sich an eine Methode, die er bereits in der Schule erfolgreich angewandt hatte. Um die Tristesse in seiner Heimatstadt Bern zu überleben, hatte er seinerzeit Storys aus Büchern, Magazinen oder aus dem Fernsehen geklaut und sie seinen Freunden auf dramatisch aufgeblasene Weise so erzählt, als ob er diese Geschichten tatsächlich selbst erlebt hätte. In Los Angeles katapultierte er mit dieser Technik das Themeninterview in eine völlig andere Galaxie.

Für ein Interview mit dem Schauspieler Charles Bronson (*Ein Mann sieht rot*) zog er zum Beispiel ein Buch aus seinem Regal – Dieter T. Kuceras *Das Innenleben von exotischen Pflanzen* – und baute das Gespräch, das nie stattfand, um die Kraft der smarten Pflanzen herum auf. Bronson, der große Death-Wish-Action-Kinostar der Siebzigerjahre, wurde dadurch zu einem Experten, der in den Pflanzen sein Seelenheil fand. Kummer verkaufte das Interview in zwanzig Länder und an das *SZ-Magazin*, wo es im September 1997 erschien, unter dem Titel *Ein Mann sieht grün – wieso Charles Bronson am liebsten mit Pflanzen spricht.*

Im Stau, beim sanften Gleiten durch den Lichtkörper, erfand er die schönsten Monologe von Hollywood-Stars:

»Ägyptische Gnostiker nutzte ich für Brad Pitt. Auf mein Interview mit Tom Hanks bereitete mich der Feng-Shui-Experte P. K. Rai vor. So ergaben sich viele interessante Paare: Sean Penn und Robert Musil. Sharon Stone und Søren Kierkegaards *Tagebuch des Verführers*. William S. Burroughs' *Nova Express* und Johnny Depp. Jennifer Lopez und Christian Kracht. Winona Ryder und Denis Johnson. Stan Libudas Biografie und George Lucas. *Panik* von Johanna Margraf und Angelina Jolie. Andy Warhol und Ivana Trump. Quentin Tarantino und Luis Trenker.«

Nachdem das Magazin *Focus* den Schwindel aufgedeckt hatte, mussten die Chefredakteure des *SZ-Magazins* ihren Hut nehmen. Immer wieder hatte man sie darauf hingewiesen, dass Kummer eine *Tempo*-Reportage bei Richard Ford abgeschrieben, Ivana Trump philosophische Äußerungen in den Mund gelegt hatte, die aus einem Andy Warhol-Buch stammten, der Sänger Phil Collins »stinksauer« sei, weil er ein Interview »nie in dieser Form« gegeben habe, oder er mit Interviewten »nachweislich nie geredet« hatte. Vor allem Poschardt, der nach seiner Entlassung bald wieder von *Vanity Fair* und der *Welt am Sonntag* mit Führungsaufgaben betraut wurde, ließ sich davon jedoch nicht beirren, obwohl ihm selbst aufgefallen war, dass Kummer sich mit der Rock-Sängerin Courtney Love über einen Comic, *Lucky Luke*, unterhalten hatte, der in den USA gar nicht erschienen war.

Bereits in seinem 1996 erschienenem Buch *Good Morning, Los Angeles. Die tägliche Jagd nach der Wirklichkeit* hatte Kummer dargelegt, »wie belastend und erregend zugleich es ist, Journalismus als Fälschung zu betreiben« (Nils Minkmar). Dass Kummer in dem Buch, das er nicht als Roman, sondern als »persönliche Geschichte« deklariert hatte, keinen Hehl daraus machte, wie ihm in seinem Beruf die Wirklichkeit abhanden gekommen war, auf »diesen abwegigen Gedanken«, so Minkmar, sei niemand gekommen.

In *Blow Up* verteidigte Kummer schließlich seine Methode, Interviews frei zu erfinden, abzuschreiben und aufzumotzen als »Borderline-Journalismus«. Zu seiner Verteidigung zitierte er den mehrfach mit dem Egon-Erwin-Kisch-Preis ausgezeichneten *Spiegel*-Reporter Alexander Osang:

»Sean Penn erzählt im Gespräch mit Kummer so viel gute Sachen über Amerika und die Langeweile, dass es mir egal ist, ob sie ausgedacht sind oder nicht. [...] In einem Interview mit John McEnroe lerne ich mehr übers Leben als in allen Leitartikeln, die [der *Focus*-Chefredakteur] Helmut Markwort je geschrieben hat.«

Diese Rechtfertigung brachte nicht den gewünschten Erfolg, bescherte Kummer aber immerhin einen neuen Auftrag. 2007 erschien ein neues Buch von ihm: *Kleiner Knut ganz groß. Der berühmteste Eisbär der Welt im Gespräch mit Tom Kummer.*

Florian Günther
Schade eigentlich

An einem der
Sockel im
Deutsch-Russischen Museum
in Berlin-Karlshorst
war ein Kärtchen angebracht:

STALINS PFEIFE

Aber auf dem
Sockel
war nichts.

Hätten die
da nicht die Pfeife
irgendeines
Pförtners oder
Ofensetzers hintun
können?

Wen kümmert
schon
die Wahrheit,
wenn er was erzählen
kann?

Miss Gonzo im Gespräch mit Tom Kummer

Wir müssen uns Thompson als einen glücklichen Menschen vorstellen

Es ist Montagabend und ich sitze alleine mit einem Glas Rotwein am Tresen einer Berliner Eckkneipe. Wer montagabends alleine mit einem Glas Rotwein an einem Tresen sitzt, ist entweder das Sinnbild manifestierter postmoderner Entkopplung oder hat ein konkretes Anliegen. Bei mir ist letzteres der Fall. Ich warte auf Tom Kummer, um mit ihm über Hunter S. Thompson zu sprechen.

Etwa zehn Minuten vergehen, bis sich die Kneipentür öffnet und ein entspannt lächelnder Kummer hereinkommt. Sein sondierender Blick durchstreift wenige Sekunden den Raum, bevor er zielsicher und mit offensiv vor sich hergetragenem Charme mich und den Tresen ansteuert. Auf einen kurzen Small Talk über die Dauerbaustelle Berlin und Schienenersatzverkehr folgt ein langes Gespräch über Thompson, Journalismus und den täglichen Kampf gegen den Gipfel.

Was war denn dein erster Kontakt zu Thompson?

Das kann ich dir gar nicht so genau sagen. Ich bin im Winter 1983 aus dem extrem beschaulichen Berner Länggassquartier, in dem es immer nach Schokolade roch, nach Berlin geflohen. Das klingt jetzt vielleicht ein bisschen dramatisch, *geflohen*, aber doch, das kann man schon so sagen. Hier in Berlin bin ich in eine Fabriketage gezogen, in der da, wo eigentlich eine Heizung sein sollte, ein Loch in der Wand klaffte. Arschkalt war das im Winter. Auf jeden Fall gingen da viele Künstler, Schriftsteller, Musiker, Journalisten – solche Leute eben – ein und aus. Wir haben nächtelang geredet, getrunken, Musik gehört – da hat es dann nicht mehr nach Schokolade, sondern nach Gras gerochen *[lacht]*. Meist ging es um postmoderne Themen, ohne dass wir genau wussten, was das bedeutete. Das Verhältnis von Realität und Simulation, darüber hatte ich schon Jahre zuvor in der Burgbibliothek bei Jean-

Francois Lyotard zum ersten Mal gelesen. Also die Neudefinition von Realität. Realität als Show. Solche Sachen. Da kam man um Thompson eigentlich gar nicht drum herum. Das war jetzt nicht so, dass ich ein besonders Erweckungserlebnis mit ihm gehabt hätte.

Du hast dir also nicht gedacht: Endlich ist da mal einer, der diesen verlogenen, verstaubten Journalismus aufmischt und den Leuten die Augen öffnet – das will ich auch machen?

[lacht] Nach dem Motto: Erst habe ich in langen verzweifelten Nächten den Staus quo des Journalismus analysiert, ihn anschließend für prekär befunden und nach einer Thompson-Erscheinung beschlossen, auf dessen Pfaden den Journalismus zu retten? Nein, mal im Ernst: In meinem Leben ist es eigentlich schon immer so gewesen, dass ich erst mal loslaufe und gar nicht weiß, wohin die Reise geht. Und dann führt eins zum anderen. Es gibt viele Menschen, die haben immer ganz genau irgendein Ziel vor Augen. Aber wenn man kein Ziel hat, dann schaut man eben rechts und links, was da so am Wegesrand passiert. Und so war es bei mir auch mit dem Journalismus. Ich wollte nicht unbedingt Journalist werden. Das hat sich so ergeben. Ich hab ja nicht mal ein Volontariat gemacht.

Das ist heute unvorstellbar.

Den Eindruck hab ich auch, dass ich in so einer Zeit erwachsen geworden bin, in der viel mehr möglich war. Heute ist alles so determiniert.

Aber zurück zu Thompson. Du zählst ihn zu deinen Vorbildern. Warum? Welche Rolle spielt er für dich?

Als ich in der *Tempo*-Redaktion angefangen habe, hatte ich ja keine großartige journalistische Vorerfahrung. Aber ich habe speditiv gemerkt: Das ist genau meine Idee von Journalismus. Ich mochte, wie die Kollegen da dachten. Ich mochte, wie sie an Dinge rangegangen sind. Sie vertraten die Meinung, dass sich der deutsche Journalismus längst hinter eine fade, scheinbare Objektivität zurückgezogen hätte, die jedes Leben unter Fakten begräbt. Das leuchtete mir ein. Leute, die Mitte der Achtziger Jahre so über Journalismus redeten, hatten sich längst vom Spiegel verabschiedet und lasen fast ausschließlich amerikanische oder englischsprachige Publikationen: *The New Yorker*, *Esquire*, *The Independent* und ganz besonders *Vanity Fair*. Also muss man vielleicht sagen: Die *Tempo*-Redaktion war mein Vorbild und über der hing der Geist Thompsons. Diesen Mainstream-Journalismus zu unterwandern, die gängigen Formen zu durchbrechen, das hab ich durch *Tempo* in die Wiege gelegt bekommen. Und Thompson, oder besser: der New Journalism, hat da schon eine Vorreiterrolle gespielt. In Thompson sahen wir eine Art Verbündeten. Recherche als neue Erfahrung. Unruhe in die Welt bringen. Masken aufsetzen, die Lügner entlarven. Du musst auch mal sehen: Die Älteren in der Redaktion wie Helge Timmerberg zum Beispiel, das war diese Nachkriegsgeneration, die ein extremes Misstrauen gegenüber Obrigkeiten hatte, für die waren Begriffe wie *Wahrheit* oder *Objektivität* keine ernstzunehmenden operativen Größen. Da musste alles hinterfragt und aufgebrochen, jedes nur mögliche Rad neu erfunden werden. Da fiel die Idee des New Jounalism natürlich auf äußerst fruchtbaren Boden. Diese skeptische Allwissenheit, die an allem zweifelt, außer an sich selbst, das fanden wir total verlogen.

Thompson ist ja noch wesentlich extremer als ein sagen wir mal Tom Wolfe, Truman Capote oder Gay Talese in seiner radikalen Subjektivität, im Verwischen der Grenze zwischen Fakten und Fiktion. Damit holt er den Leser aus dieser passiven Rolle des reinen Rezipienten und macht ihn mündig, weil er seinen eigenen Verstand nutzen muss, um zu beurteilen, was Facts sind und was Fiction ist. Der Leser wird dadurch gezwungen zu hinterfragen.

Eben, wer unumstößliche Fakten lesen will, der soll Betriebsanleitungen lesen. Das spannende am Journalismus – zumindest für mich – ist, dass man mit dieser festgefahrenen Form, mit dieser Objektivitätserwartung des Lesers spielen kann. Das halten manche vielleicht für ein gemeines Spiel. Aber es gibt viele Leser, die sich genau das wünschen. Und darum finde ich diese nicht definierte Position des erzählenden Journalisten nicht nur spannend, sondern auch wichtig. Fiktive Elemente sind ein geeignetes Mittel, die Leute zu verwirren. Das ist ja letzthin auch das, was Thompson macht: Verwirrung stiften. Das war und ist auch heute noch überhaupt die beste Antwort auf den ganzen Schwindel.

Allerdings war die Verwirrung oder eben Vermischung bei Thompson und Konsorten immer offensichtlich. Während es bei deinen Interviews, um da mal kurz drauf zu kommen, ja keinerlei Hinweise auf die fiktiven Elemente gab.

Na, aber die Idee dahinter ist doch dieselbe: althergebrachte Formen und Gattungen aufzubrechen. Ich finde, dass man gerade auch eine journalistische Gattung wie das Interview immer wieder hinterfragen und in letzter Konsequenz zerstören muss: Das Interview als Form auf der einen Seite und die Objektivitätserwartung daran auf der anderen. Vor beidem darf man nicht zu viel Respekt haben. Vielleicht kann man sagen, Thompson hat diese Zerstörung ziemlich unmittelbar in seinen Texten vollzogen, hat sie quasi von innen heraus gesprengt, werkimmanent, wie man so schön sagt, und hat mit dieser Detonation bestimmte Sachverhalte oder Verhaltensweisen freigelegt, die er kritisieren wollte. Da ging es auf jeden Fall immer um etwas sehr Konkretes. Was ich gemacht habe, war vielleicht die konsequente postmoderne Fortsetzung dessen: Ich habe die Gattung Interview als solche zerstört und zwar von außen, indem ich sie völlig ad absurdum geführt habe. Der Akt der Zerstörung ist zwar abstrakter als bei Thompson, die Folgen sind aber wesentlich konkreter, weil dem ein weiter gefasster Werkbegriff zu Grunde liegt, bei dem auch der Leser als kreativ am Text Mitwirkender, so nennt das Bachtin, in Mitleidenschaft gezogen wird.

Nur dass die Leser oder auch die Redakteure gar nicht mitbekommen hätten, dass da überhaupt irgendwas detoniert, wenn du nicht aufgeflogen wärst.

Was heißt hier nicht mitbekommen? Das war so eine Art mephistophelischer Pakt: *kannst du mich schmeichelnd je belügen.* Man wollte es nicht mitbekommen. Ich habe die nicht gefragt: Kommt schon, Leute, seid ihr bekifft oder was ist los, warum druckt ihr das? Und die haben mich nicht gefragt: Komm schon, Kummer, das haben die dir doch nicht ernsthaft erzählt.

Und außerdem: Die Magazine haben meine Interviews mit Kusshand genommen, weil sie wussten, dass ich ihre Auflagen in die Höhe treibe. Die Promis haben in meinen Interviews immer wesentlich besser, sympathischer und schlauer ausgesehen, als sie sich in Interviews gaben. Und die Leser, in deren Leben offensichtlich so wenig passiert, dass sie sich für intime Details aus den Leben anderer interessieren, die sie eigentlich gar nichts angehen, haben genau die Show geliefert bekommen, die sie wollten. Die hatten doch auch alle was davon, da haben doch alle Seiten von profitiert. Wer was anderes behauptet, kann mir mal in die Schuhe blasen.

Man darf auch nicht vergessen, dass wir hier von einem knallharten Markt reden. Einem Illusions-Markt, auf dem es eben Verkäufer, Käufer und Lieferanten gibt. Und was wird von einem Interview-Lieferanten anderes erwartet, als Brisanz zu erzeugen? Was ist Glamour-Journalismus? Nichts anderes als die Perfektion eines postmodernen Zaubers, der unserer eigenen authentischen Erfahrung vorgeschaltet ist. Die sogenannte Wirklichkeit hat völlig an Relevanz verloren, weil sie nicht mehr unterscheidbar ist von diesem medial polierten Bilderschatz. Und da sind wir wieder bei Thompson und der Durchmischung von Realität und Fiktion. Nur eben eine Ebene höher. Und dass die Sprengkraft immer dem Moment ihres Zerplatzens und nicht der Illusion selbst innewohnt, ist nun auch nicht neu.

Und um noch mal die Brücke zu Thompson zu schlagen: Für mich war es schon ein bisschen *Fear and Loathing in Las Vegas*-mäßig: Man hat außer einem schnellen Auto, ein paar Kreditkarten und einem Kofferraum voll mit Drogen nichts vorzuweisen und schaut, wie weit man damit im Land der unbegrenzten Möglichkeiten kommt, wie viele Luxussuiten und Edelcasinos man mit diesen bescheidenen Mitteln verwüsten kann.

Bleiben wir bei *Fear and Loathing*-Bildern: Was würdest du sagen war der Punkt, an dem sich die Welle brach und zurückrollte? Ab wann war klar, dass sich Gonzo-Journalismus nicht als journalistische Gattung etablieren lassen würde?

Eine abgemilderte Form dessen hat ja schon überlebt. Ich-Journalismus oder ähnlich gruselige Begriffe kursieren ja auch derzeit wieder. Aber eben nicht in dieser exzessiven, angriffigen und bedingungslosen Form, in der wir ihn betrieben haben, das stimmt schon. Das ist doch alles sehr gemäßigt, was davon übrig geblieben ist. Ich vermute, das hat was mit dem historischen Kontext zu tun. Das war einfach ein anderer Spirit in den Siebziger- und Achtzigerjahren. Ich kann dir das auch nicht so genau erklären. Man darf aber auch nicht vergessen, dass wir hier von einem relativ kleinen Teil der Gesellschaft sprechen, der da versucht hat, Freiräume in den moralischen und ideologischen Beton zu sprengen, der in den Fünfzigern und Sechzigern noch überall drübergegossen war. Gut, ein paar haben das mit dem Sprengen vielleicht etwas zu wörtlich genommen. Das kann schon auch dazu beigetragen haben, dass Nonkonformismus plötzlich nicht mehr so en vogue war. Aber wenn ich mir heute manchmal Jugendliche oder junge Erwachsene angucke, dann denk ich mir schon: Dafür sind eure Großeltern ganz bestimmt nicht auf die Straße gegangen. Die sind alle so straight. Da schwappt eine mentale Retrowelle über die einst unter den Pflastersteinen freigelegten Strände. Da geht mir der Knopf auf.

Und für den Journalismus bedeutet das was?

Ich glaube, dass heutzutage so viel auf Menschen einströmt, es gibt viel mehr Zeitungen, es gibt unzählige Fernsehsender und dann ist da noch das Internet – da prasselt eine Fülle an Informationen auf die Menschen nieder, das kann einen manchmal erschlagen. Die Menge der Informationen ist nicht mehr erfassbar und die meisten sind Schiffbrüchige in einem Informationsozean, die einfach ersaufen würden, wenn da nicht jemand mit einem zwar unterkomplexen, aber klaren Weltbild vorbeikäme, an dem man sich rettungsringmäßig festhalten kann.

Und auf Seiten der Journalisten?

Für die meisten sind ihre Artikel doch nur noch Anhängsel von einträglicheren Geschäften, die sie unter dem Deckmantel des Journalismus betreiben. Es gibt diese Leute in allen Bereichen der Berichterstattung, und sie sind längst in der Mehrzahl. Zum Glück nicht alle, aber viele sind korrumpierte Handlanger von Interessenverbänden hinter den Masken unabhängiger Berichterstatter.

Tragisch …

Nur von außen betrachtet. Denn den meisten ist diese Maschine, in der sie da feststecken, gar nicht bewusst. Camus sagt das so schön in seinem *Mythos des Sisyphos*: Tragisch ist es nur in den wenigen Augenblicken, in denen sie sich dessen bewusst werden. Thompson dagegen könnte man wirklich mit Sisyphos vergleichen, dem ohnmächtigen und rebellischen Prolet der Götter, der das ganze Ausmaß seiner unseligen Lage kannte. Und das können junge Journalisten vielleicht tatsächlich von Thompson lernen: sich der eigenen Lage, der Lage des Journalismus bewusst werden. Sich von dem Selbstbild des Advokaten einer objektiven Wirklichkeit, die es nun mal nicht gibt, verabschieden. Was ist wahr und was falsch? Was gut und was böse? Selbst wenn wir glauben etwas klar zu erkennen, können wir furchtbar falsch liegen. Wir glauben zu wissen, wer wir sind, aber liegen voll daneben. Die Dinge stimmen immer nur im eigenen Gedankengebäude. Diese Einsicht fehlt den meisten Journalisten leider. Und der Mut für etwas zu brennen, statt mittelmäßige Auftragsarbeiten im Sinne derer abzuliefern, die ihnen ihr Wohneigentum finanzieren. Der Kampf gegen Gipfel vermag ein Menschenherz auszufüllen. *[Lacht]* Wir müssen uns Thompson also als einen glücklichen Menschen vorstellen.

Susann Klossek
Das Ende der Fahnenstange

Je schlechter heute ein Blatt, desto größer sein Abonnentenkreis. Einst war die Presse wirklich der Vorkämpfer für die geistigen Interessen in Politik, Kunst und Wissenschaft. Der Bildner, Lehrer und geistige Erzieher des großen Publikums. Sie stritt für Ideen und versuchte die große Menge zu diesen Ideen emporzuheben. Allmählich aber begann die Gewohnheit der bezahlten Anzeigen ...

Bei dieser Einleitung handelt es sich nicht, wie man annehmen könnte, um den Anfang eines soeben entstehenden Textes aus heutiger Sicht auf die Presse, sondern um den Anfang eines Leitartikels aus der Wochenschrift für Politik, Literatur und Kunst *Die Aktion* vom 29. Januar 1913, herausgegeben von Franz Pfemfert. Dass es mit dem Journalismus bergab geht, ist also keine Neuerscheinung des 21. Jahrhunderts. Spätestens dann nämlich, als sich Verlage und Redakteure in den schnöden Dienst des abonnierenden Publikums und dessen Geschmack und somit auch in jenen der Anzeigenkunden begaben, wurde das Zeitungmachen zu einem gewöhnlichen und durch und durch heuchlerischen Geldgeschäft. Wer heute behauptet, einzig und allein der Wahrheit verpflichtet zu sein, hat damit schon seine erste Lüge vom Stapel gelassen.

Ein Journalist von Ehre, so sollte man meinen, würde sich lieber eine Hand abhacken lassen, als das Gegenteil von dem zu sagen, was er denkt oder sogar nicht auszusprechen, was er denkt. Das Geschäft mit abgehackten Händen läuft schlecht, soviel ist klar. Arschkriechen hingegen ist schwer in Mode gekommen. Dem hatte sich Hunter S. Thompson, der »Begründer« des Gonzo-Journalismus, bis zu seinem spektakulären Abgang im Februar 2005 immer erfolgreich widersetzt. Auch wenn er mehr aus subjektiver, anstatt objektiver Sicht über die Welt berichtete und mitunter übers Ziel hinausschoss, so steckte in seinen Artikeln mehr Wahrheit und Stil als in den meisten gottverdammten Ergüssen heutiger Vertreter der gemeinen Journaille. Journalist – eine ungeschützte Berufsbezeichnung übrigens, mit der sich jeder Möchtegernschreiber und Hobbyrechercheur schmücken kann, selbst der Blogger von nebenan, der keinen gerade Satz zustande bringt und dessen Content aus schlecht zusammengefügten Copy-Paste-Fragmenten besteht.

Zwar entspricht die Arbeitsweise des Gonzo-Journalismus nicht den Anforderungen an Journalisten, wie sie zum Beispiel der deutsche Pressekodex vorgibt, doch ist eine Vermischung realer, autobiographischer und wenn's sein muss auch fiktiver Erlebnisse immer noch besser als der gleichgeschaltete Einheitsbrei der heutigen Medien. Lieber ein paar Thompson-Stilelemente wie Sarkasmus, Polemik, Schimpfwörter und Humor als ein lieblos hingerotztes Gesülze, das dem Inserenten Honig ums Maul schmiert und den Leser fehlleitet oder zu Tode langweilt.

Bei gewissen Magazinen und Zeitungen ziehen heute nur noch Parteien im Hintergrund die Fäden, wie beispielsweise bei der Schweizer *Weltwoche*, die man mittlerweile gut und gern den verlängerten Arm der nationalkonservativen SVP nennen kann. In anderen Ländern wie Italien oder Russland kontrolliert gleich ein einzelner Typ, der mehrheitlich mit dem Geschlechtsteil denkt oder ein größenwahnsinniger Freund der Raubtierjagd ist, ganze Medienlandschaften. Beide geblendet durch Allmächtigkeitsphantasien. Ganz zu schweigen von irgendwelchen volksverdummenden Propagandablättchen von Zentralkomitees der Kommunistischen Partei wie etwa die *Granma* in Kuba, die *Rodong Sinmun* in Nordkorea und praktisch die gesamte Presse in China, im Iran, im Sudan und Saudi Arabien oder gewisse Schmierblätter US-amerikanischer Puritaner und konservativer Populisten, um nur einige Bespiele zu nennen. Und ja, auch im Land der unbegrenzten Möglichkeiten ist nichts so begrenzt wie die eigene Presse: Jede Menge bei den amerikanischen Medien angestellte Redakteure waren oder sind Mitarbeiter der CIA – auch in sogenannten renommierten Blättern wie der *Times* oder der *Newsweek*, schrieb Pulitzer-Prize-Gewinner und Reporter der *Washington Post* Carl Bernstein bereits Ende der 1970er Jahre im *Rolling Stone*. Zusammen mit Bob Woodward deckte er die

Hintergründe der Watergate-Affäre auf. Und Ex-CIA-Direktor William Egan Colby sagte vor seinem Tod: »The CIA controlled every major media asset in the USA.« Er kam übrigens unter mysteriösen Umständen bei einem Bootsunfall ums Leben. Im Zuge dessen, was mit der NSA-Affäre ans Tageslicht geschwappt ist, ist nicht davon auszugehen, dass es heute um die Unabhängigkeit der Presse viel besser bestellt ist.

Die Zeiten von Watergate sind eindeutig vorbei. Heute wird die Wahrheit zugunsten von Vertuschungs- und Kriegsszenarien, Shareholdern, Wirtschaftsbossen, Parteien, Interessenvertretern und im Namen des Wettbewerbs bis zur Unkenntlichkeit gedehnt. Inhalt und Sprache bleiben dabei auf der Strecke. Eine freie Presse sieht anders aus und Gonzo ist schon lange tot. Hätte er seine Asche nicht mit einer Rakete in den Himmel von Colorado katapultieren lassen, Thompson würde sich im Grabe umdrehen.

Eric Ahrens im Gespräch mit Florian Günther
Eine Welt ohne Pornohefte wäre nicht erstrebenswert

Ich treffe Florian Günther im Eberty-Treff, einer kleinen, speckigen Kneipe in der Nähe der Friedrichshainer Wohnung des DreckSack-Herausgebers. Hier wird noch, oder wieder, aus der Flasche getrunken; die anwesenden und nur zum Teil betrunkenen Gäste kennen ihn offensichtlich gut, und er könnte ebenso zu jedem einzelnen von ihnen eine kleine Geschichte zum Besten geben. Aber er hat nicht viel Zeit, sieht ständig auf die Uhr: »Der Wagen muss in die Werkstatt, bei der Post liegt ein Paket – wahrscheinlich mit Socken, die ich bei Ebay ersteigert habe – für mich, und danach bin ich mit dem Penzel verabredet, um den nächsten DreckSack zu planen, der eine Sondernummer zu Fausers 70sten werden soll. Also lass es uns kurz machen, ja?« Er trinkt einen Schluck. Wir machen es kurz.

Worin besteht für dich der Unterschied zwischen Journalismus und Literatur?
Darüber denke ich nicht nach. Für mich ist eigentlich alles Geschriebene Literatur; Reportagen, Briefe, Romane, Speisekarten, Kassenbons oder Strafzettel – selbst Namen an Klinkelbrettern können literarisch sein; Werbeslogans, Gebrauchsanweisungen, alles Mögliche …

Und was genau ist für dich gute Literatur? Muss sie eine gewisse Bedeutung oder Tiefe besitzen? Muss sie in einer bestimmten Art geschrieben sein? Kannst du das definieren?
Die einzige Definition, die mir da spontan einfällt, ist die von Voltaire …

… sie darf nicht langweilen?
Genau!

Glaubst du an einen ehrlichen bzw. aufrichtigen Journalismus?

[Verzieht das Gedicht, als hätte ihm einer ins Bier gespuckt] Ich bin ja im Osten aufgewachsen, wie du weißt, da hat man von klein auf gelernt, nicht alles für bare Münze zu nehmen, was in der Zeitung steht oder in der Glotze verbreitet wird. Und das ist ja heute nicht anders. Woran ich glaube, wenn überhaupt, sind Individuen, Autoren, die sich einen letzten Rest an Anstand und Selbstachtung bewahrt haben. Und die gibt es in den unterschiedlichsten Redaktionen, quer durch die Bank – noch. Denn was wir heute als freie Presse bezeichnen, ist ja nichts anderes, als die Freiheit einiger weniger Ultrareicher, ihre Meinung in den Zeitungen veröffentlicht zu sehen.

Woher beziehst du deine täglichen Informationen?

Aus dem Gemüseladen unten an der Ecke. *[Lacht]*

Was ist mit Büchern?

Auch gut ... Auch das Internet. Jeder so wie er kann ... Das Problem heute ist ja nicht, dass alle lügen. Sondern dass diejenigen, die sich noch trauen die Dinge beim Namen zu nennen, immer mehr an den Rand gedrängt werden. Und dass das Übermaß an Informationen genau das Gegenteil von Aufklärung bewirken soll: Kümmere dich nicht. Ist alles viel zu kompliziert. Musst du nicht weiter drüber nachdenken.

Von Hunter S. Thompson sagte man, er sei unter den Schriftstellern der beste Journalist und unter den Journalisten der beste Schriftsteller ...

Das erinnert mich an den einen oder anderen DDR-Schriftsteller. Deren Bücher wurden eigentlich wie Zeitungen gelesen ...

Inwiefern?

Literatur, so wie ich sie verstehe, hat nur am Rande mit dem zu tun, was wir gemeinhin als Wahrheit bezeichnen. Dennoch waren Autoren wie Christa Wolf, Volker Braun, Christoph Hein usw.

gerade deshalb Institutionen, weil die Leute in deren Büchern das zwischen den Zeilen zu finden hofften oder glaubten, was die Zeitungen nicht sagen durften – was die natürlich auch wieder in Schwierigkeiten brachte. Die Leute dürsteten nach Wahrheit. Und suchten sie da, wo sie eigentlich nicht hingehört …

Und heute …
Heute sucht niemand mehr nach Wahrheit. Und was mich immer weniger verblüfft – man braucht ja so seine Zeit für alles – ist, dass die Konsumenten der derzeitigen »unabhängigen« Käserblätter das gar nicht mehr anders erwarten. Sieh dir den Zuspruch an, den die Merkel erfährt. Das hat auch etwas damit zu tun, dass die Leute gar nicht wollen, dass man ihnen mit unbequemen Fakten kommt. Da schlummert ganz tief in deren Innern noch immer die Sehnsucht nach dem Kaiser oder Führer oder Übervater, der's schon richten wird, während man gemütlich durch die Autowaschanlage fährt.

Hat diese Erkenntnis auch Bedeutung für dich als Autor, bzw. den DreckSack?
Ja, denn wir entlassen niemanden aus seiner Verantwortung. Und ich will mal stark hoffen, dass jemand, der eine Zeitung aufschlägt, die sich DreckSack nennt, nicht erwartet, mit intellektuellen Wattebällchen beworfen zu werden. Nein. Wir bevorzugen Leute, die Klartext reden oder lesen wollen. Auch wenn's dann hier und da mal an der richtigen Grammatik hapert. Wer saubere, fehlerfreie Sachen lesen will, muss sich an die üblichen Literatenblätter halten. Wir interessieren uns für den Dreck, den Müll, mit dem die sich nicht die Hände schmutzig machen wollen. – Und ob du's glaubst oder nicht: Wir haben sogar Spaß daran! *[Lacht]*

Was ist der Unterschied zwischen einem Literatenblättchen, wie du es nennst, und einer Literaturzeitschrift wie dem DreckSack?
Die Leser sind der Unterschied.

Bedienst du ein bestimmtes Lesepublikum oder nach welchen Kriterien suchst du die Texte für den DreckSack aus?

Wie relevant ist das, was der Autor zu erzählen hat? Versteckt er sich hinter Wortspielereien oder brennt ihm was auf der Seele? Hat er was zu sagen oder will er nur die Seiten füllen, um seiner Nachbarin zu imponieren? Der Urvater des DreckSack ist übrigens der Dichter, Organist und Knastologe Schubart, dessen Deutsche Chronik sowohl Schriftsteller wie Schiller und Hölderlin mit Begeisterung lasen, als auch ganz einfache Leute, soweit sie des Lesens mächtig waren; den anderen las man sie in der Kneipe oder auf dem Marktplatz vor. Denn Schubart, der auch ein unmäßiger Säufer und Krakeeler war, hat nicht nur zeitgemäß und tagesaktuell geschrieben, sondern auch und vor allem einfach. Und zwar nicht im Sinne von plump und dämlich, sondern im Sinne von Verknappung, Verdichtung und Klarheit. Wer sich daran orientiert, ist jederzeit willkommen.

In der Kürze liegt die Würze sozusagen …

Ja, aber es geht in erster Linie um Klarheit …

Hältst du dich deshalb auch mit deiner Schreibe so strikt an Gedichte, anstatt Romane zu schreiben?

Ich halte mich da an gar nichts, außer meine Faulheit. Denn um Gedichte zu schreiben, braucht es nun mal nicht viel mehr als etwas Papier und einen abgekauten Bleistiftstummel. Das gefällt mir. Und das reicht mir, neben meinen verlegerischen Tätigkeiten, als Ausdrucksmittel.

Ist der DreckSack eigentlich eine politische Zeitschrift?

Nein. Aber er ist eine Zeitschrift, die politisch ist.

Wie wichtig ist dir das Thema Politik in deinen eigenen Gedichten?

Mich interessieren die Folgen von Politik, nicht sie selbst oder ihre tumben Darsteller, für die ich nur Verachtung übrig habe. Ich glaube es war Kurt Vonnegut, der über die amerikanischen

Verhältnisse gesagt hat, es ginge nicht um rechts oder links, sondern nur um Sieger oder Verlierer. Und im Parlament säßen nur die Sieger. Darüber hinaus hat das, was man im Zorn schreibt, keinerlei Bestand.

Trotzdem: Was Thompson mit dem amerikanischen Traum machte, machst du in deinen Texten auch ganz gerne mit der damaligen Euphorie über den Fall der DDR. Du nimmst ihm diesen verklärten Glanz.

Freude ist kein poetisches Gefühl, sagt Cioran.

Das heißt, du würdest nicht schreiben, wenn die Welt nicht so im Arsch wäre?

Wenn die Welt nicht so im Arsch wäre, bräuchten wir gar keine Literatur.

Wäre das erstrebenswert?

So erstrebenswert wie eine Welt ohne Pornohefte, würde ich sagen. *[Lacht und blickt wieder auf die Uhr]*

Noch eine Frage: Miriam Spies vom gONZoverlag hatte mich ja gebeten, dieses kurze Interview als Beitrag für ihr Hunter S. Thompson-Buch mit dir zu führen. Was fällt dir spontan zu diesem Schriftsteller ein?

Alles was ich heute vermisse, wenn ich doch mal versehentlich eine Zeitung aufschlage: Mumm, Humor, Charakter und Selbstmord.

Danke für das Gespräch.

Grüß die Chefin von mir!

Konstantin Wecker

Bomben, die nie geworfen wurden

»Wie wird die Welt regiert und in den Krieg geführt? Diplomaten belügen Journalisten und glauben es, wenn sie's lesen.«

Karl Kraus, der die Manipulation der Massen in den Zeiten des Ersten Weltkrieges durchschaute und wie kein anderer messerscharf analysierte, verachtete die meisten Journalisten. Er verabscheute den »Journalismus und die intellektuelle Korruption, die von ihm ausgeht, mit ganzer Seelenkraft.«

Ich hielt das lange für übertrieben, zumal ich hervorragende und unbestechliche JournalistInnen kenne und schätze. Mittlerweile befallen mich Zweifel an meiner Loyalität. Klar, es gibt sie noch, diese aufrechten Vertreter ihres Fachs. Aber wo dürfen sie noch schreiben?

Die Propagandamaschine läuft bereits und es ist erschreckend, wie ein Großteil der Zunft einem Plan zu folgen scheint, der trotz des Widerspruchs der meisten Leser die Wirklichkeit im Sinne einflussreicher Geldgeber gestaltet.

»Als einer der Pioniere der Medienkritik hatte Karl Kraus erkannt, dass die Medien die Wirklichkeit nicht abbilden, sondern erzeugen, dass Meinungen und Stimmungen nicht einfach entstehen, sondern gemacht werden«, schreiben Mathias Bröckers und Paul Schreyer in ihrem lesenswerten Buch: »Wir sind die Guten« und sie zitieren noch einmal einen der wichtigsten Sätze von Karl Kraus: »Ich habe erlebt, wie Krieg gemacht wird, wie Bomben, die nie geworfen wurden, nur dadurch, dass sie gemeldet wurden, zum Platzen kommen.«

Bomben, die nie geworfen wurden, können platzen, wenn sie gemeldet werden – das sollte als Mahn-Schild auf jedem Schreibtisch in den Redaktionsräumen der Zeitungen und Fernsehstudios prangen! Warum, glaubt ihr, hören wir nichts mehr von diesem Flugzeug, das laut BILD ja Putin persönlich vom Himmel geholt hat?

Ich habe keine Ahnung, wie ihr auch, ich kann keine Flugschreiber auswerten, bin kein Fachmann und war nicht vor Ort –

aber immerhin kann ich eins und eins zusammenzählen. Wem nutzte diese Tragödie am meisten? Und warum wird nun nicht mehr darüber berichtet? Und wenn es nun bewiesen wäre, dass es die pro-russischen Separatisten gewesen waren – was für ein Geschrei hätte das gegeben? Bestimmte Zeitungen würden in ihren Kästen auf der Straße zu kokeln beginnen vor lauter selbstgerechter Empörung.

Und ich möchte noch eine ganz persönliche Erfahrung hinzufügen: Ich habe in den letzten fast sechs Jahrzehnten, in denen ich mich bewusst mit Nachrichten und Zeitungen beschäftige, nicht annähernd eine derartige Propagandaschlacht erlebt. Es erschreckt mich wenn ich sehe, wie manche Leitmedien mit zum Teil sehr klugen Leserkommentaren überschüttet werden und sich penetrant weigern, ihre Leser ernst zu nehmen. Was ist da passiert? Es ist sicher auch dem Internet zu verdanken, dass die Leser zu einem großen Teil gebildeter sind, als die Reporter. Aber in diesem Fall ist es einfach auch nur der gesunde Menschenverstand, der uns, wie es zum Teil aussieht, aberzogen werden soll.

Wie macht man ein friedliebendes Volk kriegslüstern?

Durch Propaganda, durch Erfindungen, durch Lügen, durch die Erschaffung eines Feindes.

Man schimpft mich Putinversteher?

Ja, gerne, das bin ich.

Aber wer so gern mit Schimpfworten um sich schlägt, sollte sich halt auch in der Semantik etwas auskennen.

Ein Versteher ist kein Liebhaber, kein Bewunderer, kein Fan, kein Verehrer. Es kann auch ein Volltrottel sein, den man versteht. Ein *Versteher* versucht zu VERSTEHEN! Nicht mehr, nicht weniger. Wie kann so ein Wort ein Schimpfwort werden?

Und am Ende dieser kleinen Glosse soll Egon Bahr zu Wort kommen, einer der Architekten der Ostverträge Willy Brandts. Ein Mann, den die SPD, wie es aussieht, völlig vergessen hat. Dabei kann ihm keiner der heutigen Mitläufer das Wasser reichen. »In der internationalen Politik geht es nie um Demokratie oder Menschenrechte. Es geht um Interessen von Staaten. Merken Sie sich das, egal was man Ihnen im Geschichtsunterricht erzählt.«

Andrea Mohr
Eigentlich nur Gedankenfetzen

Wollt ihr den totalen Krieg? Nein, antworten der Rebell und der Anarchist gleich laut und vehement. Ihr werdet ihn wollen, sobald alle so glücklich sind, dass es nichts mehr zu rebellieren gibt, noch Gründe, uns auszurotten. Ihr werdet zu unseren Gunsten auf die Freiheit eurer Meinung verzichten, denn euch wird Angst überfallen. Und wir werden euch die Angst nehmen, wenn ihr uns anhimmelt, anfleht und zu uns aufblickt. Denn in euch allen steckt ein Kind und jedes Kind will das eine: glücklich sein. Dafür verzichtet es auf seine eigene Meinung, denn um des lieben Harmoniebestrebens willen werdet ihr alle aufgeben und JA schreien. Auf dass nie mehr ein böses Wort falle!

Nein! EIGENTLICH war ich bei Markus Lanz eingeladen, um über meine Zeit als Drogen-Schmugglerin und die Zeit im Knast zu erzählen, über die ich in meinem Buch *Pixie* geschrieben habe. Eigentlich ist *Markus Lanz* eine Live-Talkshow im ZDF, einem Sender der öffentlich-rechtlichen Anstalten, die nach gewissen, nennen wir sie *Rahmenbedingungen* fungieren müssen, die wiederum unserer Demokratie Genüge tun müssen, sprich: der Meinungs- und Pressefreiheit absolut hohe Priorität einräumen – eigentlich.

Ich kam mittags pünktlich in Hamburg an, wo mich ein Chauffeur abholte, um mich ins ZDF-Studio zu bringen. Na, bis abends haben wir ja noch eine Menge Zeit, dachte ich und überhaupt war vor einer Woche einer der Redakteure von Lanz bei mir in Neustadt gewesen, hatte alles vorab besprochen, mich eingewiesen, mir einige Fragen gestellt, um einige Tage vor dem heutigen Live-Termin anzurufen und mir zu sagen, diese und jene Fragen könne man mir doch nicht stellen, da man eben öffentlich-rechtlich sei. Keine Angst Frau Mohr, Ihre Meinung dürfen Sie immer sagen, um die geht's uns ja eigentlich, aus diesem Grund haben wir ja Sie und nicht irgendwen anders eingeladen.

Nun, das kam mir irgendwie bekannt vor ... ach genau, von der Redakteurin des Magazins *Die Freundin*, die eines Tages in Neustadt vor mir stand, mich interviewte, um in der Redaktion in München angekommen an Amnesie leidend einen Text, das Interview, niederzuschreiben, bei dessen Lesen ich mich fragte, wo ich mich zu der Zeit des Interviews aufgehalten hatte. Irritiert las ich, was ich angeblich alles geantwortet hatte und überlegte kopfschüttelnd, konnte mich an diese meine Antworten aber beim besten Willen nicht erinnern. Vielleicht lag da eine Verwechslung vor und sie hatte mir aus Versehen das Interview von jemand anderem geschickt? Scheinbar nicht, denn als die Redakteurin wieder anrief, wollte sie von mir die Absegnung, eben eine Freigabe genau dieses Interviews. Sie müsse sich aus rechtlichen Gründen von Seiten des Magazins versichern, dass ich damit einverstanden sei. Komisch, dachte ich, dann hätte sie doch nur meine Antworten abtippen müssen. In der nächsten halben Stunde versuchte sie mir überzeugend einzureden, dass das eigentlich schon meine Antworten seien, dass sie sie nur lesergerecht umformuliert habe. Sie wisse schließlich, was und vor allem wie diese es gerne lesen wollen. Und mal ehrlich, eigentlich, Frau Mohr, meinten Sie es doch genauso. NEIN! So meinte ich es nicht. Mal langsam gute Frau, die Sie mir eigentlich ganz sympathisch erschienen, aber so geht es nicht! Meine Meinung ist immer noch meine und die kenne ich zufällig und tatsächlich ganz genau, in dem Punkt war ich schon immer etwas unbequem, fand schon meine Mama. Genau wie mit meiner Mama, fanden auch die eigentlich sympathische Redakteurin und ich keine zufriedenstellende Einigung. Da der Text gedruckt werden musste, war er gespickt mit nichtssagenden Phrasen.

Wie würde es bei Lanz wohl enden? Aber das war ja eine Live-Sendung, da konnte meiner Meinung nichts passieren, dachte ich naiv. Also: Eigentlich war es live, doch tatsächlich wurde die Sendung um 17 Uhr voraufgezeichnet. Doch da sich etwa vierzig Menschen im Studio befanden, durfte man es öffentlich-rechtlich *live* nennen. Hinterher hatten die guten Leute im Schnitt der Redaktion alle Hände voll zu tun, danach wussten auch jene, warum sie einen Gehaltsscheck bekamen, denn vermutlich wird bei einer

Live-Sendung eher wenig bis nichts gestrichen. Die hatten mich noch nie zu Gast. Um 23 Uhr musste die Sendung aus der Röhre kommen – öffentlich-rechtlich gerecht geschnippelt. Aus meinen eigentlichen zwanzig Minuten Redezeit wurden tatsächliche dreizehn und ein netter, echt süßer Markus Lanz entschuldigte sich, betonte, er selbst sei ja eigentlich ganz anderer Meinung, aber die vertrete er hier im Studio nicht, sondern die des ZDF, die bezahlen ihn ja schließlich und die wollen nichts ausstrahlen, was mit der Legalisierung von Drogen auch nur im Entferntesten zu tun habe. Deshalb wusste er schon, als wir uns nach der Voraufzeichnung bei einem Häppchen Lachs amüsierten, dass aus der Sendung unser kleiner, harmloser Plausch zu dem Thema Drogen in voller Länge herausgeschnitten werden würde – Zeit zu sondieren hatte man nicht. Ich fragte mich nur, warum er das Thema überhaupt angeschnitten hatte, da doch eigentlich meine Meinung dazu hinlänglich bekannt war. Und dann appellierte er auch noch an mein Mitgefühl, als er meinte, ich wolle doch sicher nicht, dass er seinen tollen Moderatoren-Job aufs Spiel setze, wenn ich darauf bestünde … Tatsächlich gab man mir ein Glas Sekt, denn eine Chance, an dem Geschnipsel etwas zu ändern, bestand eben nur eigentlich.

Und eigentlich dürfte ich all das niemandem erzählen, was ich sogar vertraglich unterschrieben habe. Aber das habe ich ja eigentlich auch nicht gemacht, ich habe nur eine kleine Anekdote über eigentliche Meinungsfreiheit niedergeschrieben. Da dürften doch vor allem öffentlich-rechtliche Sender wie das ZDF eigentlich nichts dagegen haben.

Die Interviews mit der netten Redakteurin der *Freundin*, wie so viele, die ihm folgten, unterschieden sich tatsächlich wenig von der Live-Sendung des ZDF, Unterrubrik Lanz Studio.

EIGENTLICH – ein merkwürdiges Wort. Doch lernte sogar ich bei Markus Lanz etwas, nämlich die Bedeutung jenes merkwürdigen Wörtchens ganz genau zu verstehen. Mein Schluss: Wenn eine Person mir gegenüber das Wörtchen benutzt, kann ich getrost abschalten und muss nur auf das Wort ABER warten, denn erst darauf folgt die für mich relevante Information.

Jetzt bin sogar ich völlig durcheinander. Aber eins habe ich bei meiner Konfrontation mit diesem Journalismus der Eigentlichkeiten noch verstanden, was zuvor nur eine vage Ahnung war: Meine Gründe, Mainstream-Talkshows eigentlich abzulehnen, genau wie es Hunter tat, und auch seine Gründe haben sich mir gänzlich erschlossen. Oder wenn schon nicht ablehnen, dann doch zumindest Hunter nacheifern und beim nächsten Mal einige obskure Forderungen stellen wie eine Flasche Tequila und dass es mir der Moderator besorgen muss. Ein Krömer wäre eventuell ein würdiger Nachfolger für Lanz, oder?

Apropos Hunter, Obskuritäten, Medien und einen Blasen: Wenn ich schon mal meine Meinung sagen darf und die auch noch gedruckt wird, dann möchte ich noch sagen, dass ich nicht viele Vorbilder habe, außer den Teufel, Buddha, den Dalai Lama, den Mann im Mond. Doch ich finde es Schade, dass Hunter mir nicht mehr im Mondschein begegnen kann, dass ich ihn in dieser Runde Leben nicht kennenlernen konnte, denn mit ihm hätte ich gerne mal von Herzenslust gestritten und gesoffen. Ein Vorbild ist er für mich, nicht nur doch vor allem, weil er so schonungslos provozierend lebte. Hunter hatte mit niemandem einen Vertrag, er kannte kein Wenn und Aber, und vor allem kein *eigentlich*. Menschen wie Hunter machen mir Mut, einem meiner wenigen Motti zu folgen: Nicht aussprechen bedeutet nie gewesen.

Hadayatullah Hübsch
Fiktion

Wenn es denn wahr wäre,
Was Pop-Eye, Micky Maus und
All die Comic-Helden
Mit ihren Gesichtern und Hand-
Bewegungen verraten,
Wenn das, was die Zeitungen schrei-
Ben mehr wäre als das,
Was wir zwischen den Zeilen lesen,
Wir blieben in unserer Kiste
Hocken, höchstens mal ein Blick
Durch ein Astloch,
Merkten nicht, wie wir da zusammen-
Gekauert gespenstisch werden,
Würden die Fesseln nicht spüren,
Die uns die Wärter verpassten,
So aber blieben wir hängen
In den Spinnennetzen der Außenwelt;
Gut also, dass
Wir nicht alles glauben müssen,
Was sie da verzapfen,
Weil bei Good Day Sunshine
Das Funzellicht der Halogenlampen
Eingefangen wird von
Der blendenden Helligkeit des
Sterns, der uns treffen mag
Wie ein Blitz mit seinem Leuchten,
Dass wir zu Wachhunden werden
Inmitten der Schlafenden,
Die nicht wissen,
Was Liebe bewirken kann.

Eric Ahrens (*1986), geboren und lebend in Berlin. Seine Texte werden in Zeitschriften und Anthologien veröffentlicht und regelmäßig auf Lesungen in Bars und Cafés vorgetragen.
www.nonewmessagesberlin.wordpress.com

Als *Beatpoeten* sind Carlos und Egge seit 2006 musizierend und lesend unterwegs. Der eine moderiert sonst Kinderfeste und rettet den Journalismus, der andere erklärt im ZDF, warum Bratwürste Bundestagswahlen entscheiden.
www.beatpoeten.wordpress.com

Max Beckmann (*1982) floh 2002 nach Berlin, Schauspielstudium, diverse unterbezahlte Jobs, Philosophiestudium, Ausbildung zum Fremdsprachenkorrespondenten, 2007 Übersiedlung nach Leipzig. Dort Studium der Translation (englisch und spanisch). Veröffentlichungen in Anthologien und der 2012 mitgegründeten Literaturzeitschrift *FETTLIEBE* unter dem Pseudonym Kardinal Freundlich, das gleichzeitig für Facebook genutzt wird. Ansonsten kaum digitale Fußspuren.

Klaus Bittermann (*1952) wuchs in der fränkischen Kleinod- und Bratwurstmetropole Kulmbach auf, wurde der Schule verwiesen, wollte aber sowieso weg, wanderte nach Nürnberg aus und kam vom Regen in die Traufe. Abgebrochenes Philosophie-, Soziologie- und Politologie-Studium in Erlangen. Seit 1981 in Berlin, trieb sich zunächst in der Hausbesetzerbewegung herum, verlegte sich später auf den Verlag und aufs Schreiben. Betrieb den »Club der letzten Gerechten«, in den er in möglichst unregelmäßigen Abständen Autoren und Freunde zum Vortrag bat. Herausgeber von inzwischen über 30 Anthologien und Beiträger für selbige und schreibt jede Woche *Die Blutgrätsche*.
www.bittermann.edition-tiamat.de

Steve Blame (*1959), heute Buch- und Drehbuchautor und Entwickler von TV-Formaten, war sieben Jahre lang Chefredakteur und Moderator der *MTV* News. Anschließend war er als Programmdirektor maßgeblich am Aufbau des deutschen Musik-

senders *VIVA2* beteiligt. Auch als Kolumnist für *MSN* und *Spiegel Online* hat er sich einen Namen gemacht. Sein erstes Buch, *Getting Lost is Part of the Journey*, kam 2010 in den deutschen Buchhandel.
Im gONZoverlag erschienen: *Zwischen Rotwein, Filetsteak und Popstar-Neurosen. Ein Dinner mit Steve Blame und der Frage, wie Popstars die dunkelsten Momente ihres Lebens in ihre größten Erfolge verwandeln.*
www.steveblame.com

Hermann Borgerding (*1963), Urgestein und »Veteran« der Social-Beat-Szene, veröffentlichte in den 80ern/90ern unzählige Gedichte in Eigenpublikation, Anthologien und Fanzines. Letzte Veröffentlichungen: *Mein Mittelfinger dem Krebs* (Gedichte) (2010), *Ausgehöhlt – Im Krebsstrudel* (Roman) (2011), *Extraball – prosaische Lyrik* (2013), *Auf Papier gebloggt* (2014); Mitherausgeber der *MAULhURE*.
www.hermannborgerding.blogspot.de
www.hermann-borgerding.de

Mara Braun (*1978), aufgewachsen im hessischen Odenwald mit einem Abstecher nach Mississippi, seit 1998 in Mainz. Auf das Studium der Publizistik & Filmwissenschaft folgten ein Zeitungsvolontariat und einige Jahre Lokal- und Kinderzeitung. Seit 2013 freiberufliche Journalistin und Autorin. Bücherwurm, Fußballbegeisterte, Hobbyboxerin, Familienmensch, Überzeugungstäterin. Zuletzt erschien *111 Gründe, an die große Liebe zu glauben* (Schwarzkopf & Schwarzkopf).
www.marabraun.de

Marvin Chlada (*1970), Kulturwissenschaftler, Autor und Musiker, Pendler zwischen Schwaben, Kalabrien und Ruhrgebiet, wo er u. a. im Umfeld des *Fliegenden Koffers* agiert, einem Kartell Duisburger Schriftsteller und Künstler, die *irgendwie* mit dem satirischen Undergroundmagazin *DER METZGER* was zu tun haben.
www.chlada.de

Stanley Deschle (*1982), Dipl. Soz., »Ich will, dass meine Gedichte berühren, verstören, Fragen offen lassen. Um die morgige Welt zu verbessern, zeige man die Dürftigkeit der heutigen. Wenn der Patient schreit, ist man auf den Herd gestoßen; wenn die Schwangere sagt, sie sterbe, ist das Kind bald geboren.«

Kersten Flenter (*1966) »Ich lebe in Deutschland, aber viele sagen ich sehe jünger aus«, so der Hanoveraner Kersten Flenter. Über 1000 Auftritte im In- und Ausland und 23 Einzeltitel dokumentieren sein literarisches Leben unterwegs.
Im gONZoverlag erschienen: *Bevor Du mich schön trinkst. Zeitgemäße Tresenlieder.*
www.flenter.de

Till Frommann (*1978) hat Philosophie studiert und macht jetzt irgendwas mit Medien.
www.tillfrommann.de

Peter Frömmig (*1946), fand in Köln zu Literatur, Kunst, Theater und eine Anstellung als Zeichner bei der Bundespost. Folgte 1968 der Einladung zu einer Theaterwerkstatt in Salzburg. Blieb da bis 1975 als Mitarbeiter des Österreichischen Rundfunks, Abteilung Literatur und Hörspiel. Übersiedelte in die USA, wo er sechs Jahre blieb, zur bildenden Kunst wechselte. Nach einer Zwischenstation in Wien und Arbeit als Illustrator für Magazine startete er 1981 einen Neubeginn in Freiburg. Verlagerte den Schwerpunkt wieder auf das Schreiben und veröffentlichte einige Erzähl- und Gedichtbände. Heute lebt er als Schriftsteller und bildender Künstler in Marbach am Neckar.
Im gONZoverlag erschienen: *Am Leben sein. Gedichte und Collagen.*

Stefan Gaffory (*1973) schlug sich mit verschiedenen Jobs durch, u.a. als Altenpfleger, Hilfsarbeiter und Bestatter. Nach einem mehrmonatigen Aufenthalt in Berlin lebt und arbeitet er nun wieder in Karlsruhe, wo er auch unter dem Pseudonym *King Bronkowitz* beim freien Radio *QUERFUNK* tätig ist. Zudem begeistert er

eine wachsende Lesergemeinde mit seinem kritischen Blog *Die neun Leben des King Bronkowitz*. Außerdem schreibt er seit geraumer Zeit Kolumnen und Kritiken für das *OX* Fanzine.
Im gONZoverlag erschienen: *Kreisklassenhölle*; *Der Katzenkönig* (illustriert von Daniel Prohart); demnächst: *Wehe, du schreibst nichts über die Nits*
www.king-bronkowitz.blogspot.de

Florian Günther (*1963), in Ostberlin geboren, lebt als Dichter, Fotograf und Grafiker in Berlin. Er ist Herausgeber des *DreckSack – Lesbare Zeitschrift für Literatur*.
www.edition-luekk-noesens.de

Pablo Haller (*1989) ist in Luzern lebender Altenpfleger, Kulturjournalist, Verleger und Poet.
Im gONZoverlag erschienen: *Südwestwärts 1&2*; *Leda*
www.hallerconnection.com

Patrick Hegglin (*1991) betätigt sich unter anderem als Autor, freier Journalist und Co-Leiter des Verlags »Der Kollaboratör«. Vom Honorar für seinen ersten grösseren Artikel kaufte er sich alles von HST, was die lokalen Buchhandlungen zu bieten hatten. Er lebt in Luzern.
www.derkollaborator.com

Hadayatullah Hübsch (1946 – 2011) war Schriftsteller, Dichter und Journalist, Imam Jummah der Nuur Moschee Frankfurt, Übersetzer, Redakteur, Mitglied des Ethikausschusses des Landes Hessen und ehemaliger Pressesprecher der Ahmadiyya Muslim Jamaat Deutschland.
Er schrieb u.a. für *Die Welt*, *taz* und die *FAZ* und veröffentlichte mehr als 100 Bücher. Er war Mitbegründer des linksalternativen *Club Voltaire* in Frankfurt und eröffnete den ersten alternativen Buchladen in Deutschland, den *Heidi Loves You*-Shop.
Im gONZoverlag erschienen: *Marock'n'Roll*; *Beatmanna*; *Schau zurück in Liebe*; *Eis bricht leis* (gemeinsam mit Florian Vetsch).
www.hadayatullah.de

Marco Kerler (*1985): 2007 erschien sein Debüt *Damn Poetry*. 2010 folgte sein Chapbook *NotGroschen*. Weitere Texte von ihm sind in diversen Anthologien und Magazinen veröffentlicht. 2011 erhielt er beim Förderpreis für junge Ulmer Künstler in der Sparte Literatur die Anerkennung der Stadt Ulm.
www.marcokerler.de

Susann Klossek (*1966) studierte in Leipzig Germanistik und Slawistik – ein Studium, das bekanntlich zu nichts führt. Im Zuge der Wende verschlug es sie nach Zürich, von wo aus sie acht Jahre lang Rohöldestillationsanlagen nach Russland verkaufte. Später wechselte sie in den Journalismus und baut seither in ihre Reportagen gern gonzoeske Elemente ein. Bisher sind 7 Bücher (Reisereportagen, Gedichte, Shortstories, Zeichnungen) von ihr erschienen. Derzeit versucht sie auf der Theater- und Comedybühne Fuß zu fassen. Klossek bereiste mehr als 50 Länder, ihr Fazit: Der Mensch ist ein Auslaufmodell.
Im gONZOverlag erschienen: *Der letzte große Bluff – 51 Kurze*.
Demnächst: *Pferde wetten nicht auf Menschen*
www.nichtsundwiedernichts.blogspot.com

Benedikt Maria Kramer (*1979) arbeitet als Barmann und Autor in Augsburg; verschiedene Studiengänge – alle abgebrochen. Zwischen 2002 und 2007 Regie bei Kurz und Langfilmen. Veröffentlichungen in diversen Literaturmagazinen. 2013 Straßenfeger des Jahres. Seit 2009 steht er zusammen mit Florian Schanz als »Das Ding & Alfredo Garcia« auf der Bühne.
www.superbastard.de

Andrea Mohr (*1963) verbrachte viele Jahre ihres Lebens mit Reisen als Hostess, Fotomodel, Schauspielerin und Striptease-Tänzerin. 1999 wurde sie in Melbourne zu acht Jahren Haft verurteilt wegen internationaler Verschwörung und Einfuhr großer Mengen Kokain im Werte von mehreren Millionen Dollar. Fünf davon saß sie ab. Zurück in Deutschland schrieb sie ihrer Autobiographie: *Pixie. Vom Drogen-Jetset in den Frauenknast.*, die ein Bestseller wurde. Heute lebt sie als Schriftstellerin in Neustadt

an der Weinstraße.
Im gONZoverlag erschienen: *Madame Chérie: Ex-Knacki. Escort-Dame. Schriftstellerin.*
www.andreamohr.de

Marcus Mohr (*1981) vergeht in Kölle am Rhing, arbeitet auf Teilzeit in einem Wohnheim für Behinderte und bildet sich unheimlich viel darauf ein, Mitherausgeber des UndergroundLiteraturZine *Straßenfeger* zu sein.

Jan Off (*1967) Das Verhältnis zwischen Jan Off und Hunter S. Thompson war von gegenseitiger Abneigung geprägt. Hunter hatte Offs Mutter wohl mal als »janusköpfige Dirne mit Hang zur Schnulze« bezeichnet.
Gefragt, warum er dennoch an der vorliegenden Anthologie mitgewirkt habe, lautete Offs Antwort: »In diesem Fall trete ich gerne nach.«
Letzte Einzelveröffentlichung: *Happy Endstadium* (Ventil Verlag, Mainz)
www.jan-off.org

Matthias Penzel (*1966) schrieb mit Ambros Waibel die Jörg Fauser-Biografie, viel beachtet auch *Objekte im Rückspiegel ...* und der Rock'n'Roll-Roman *TraumHaft*. Seit 1987 schreibt er für Zeitschriften, vor allem über Heavy Metal und Rennautos.

Alexander Pfeiffer (*1971) studierte Germanistik bzw. Komparatistik in Mainz. Er arbeitet als freier Autor, Herausgeber, Literatur-Veranstalter, Moderator und Leiter von Schreibwerkstätten. Von 2007 – 2014 war er hessischer Landesvorsitzender des Verbands deutscher Schriftsteller, von 2009 bis 2012 für DAS SYNDIKAT Jurysekretär des Friedrich-Glauser-Preises in der Sparte Debüt.
Neben zwei Bänden mit Kurzgeschichten und einem Gedichtband veröffentlichte er die Wiesbadener Krimitrilogie *Im Bauch der Stadt* (2005), *So wie durchs Feuer hindurch* (2006) und *Das Ende vom Lied* (2008). Von 2010 – 2012 gab er die Anthologierei-

he *KrimiKommunale* heraus. Für den Kurzkrimi *Auf deine Lider senk ich Schlummer* erhielt er 2014 den Friedrich-Glauser-Preis.
www.alexanderpfeiffer.de

Werner Pieper (*1948), Autor, Verleger, Psychonaut und MedienXperimentator. Er schrieb und gab Bücher heraus über Zucker, Musik und Zensur, Kriegerdenkmäler, Ernährung und Bewusstsein, Nazis on Speed (sowie viele, viele weitere). Er verlegte und raubdruckte Bücher von Timothy Leary, Albert Hofmann, John C. Lilly, Terence McKenna, Helen Keller, Nicholas Albery, Günter Amendt, Ronald Steckel, Wolfgang Neuss, Mohammed Mrabet (sowie viele, viele weitere).
Demnächst im gONZOverlag: *Krause Haare, krauser Sinn*
www.gruenekraft.com

Jürgen Ploog (*1935) lebt in Frankfurt und Florida und war 33 Jahre Linienpilot bei der Lufthansa. Zusammen mit Jörg Fauser und Carl Weissner Mitbegründer der legendären Literaturzeitschrift *Gasolin 23*, Freund und Wegbegleiter William S. Burroughs und Vaterfigur des deutschsprachigen literarischen Untergrunds.
www.ploog.com

Robsie Richter (*1964) (über)lebt, arbeitet und schreibt seit 1984 in Hanau. Bisher neun Einzelveröffentlichungen und unzählige Beiträge in Anthologien und Little Mags. Herausgeber des legendären Fanzines für Hardcore-Poesie und Metal-Lyrik *Kopfzerschmettern*, Betreiber eines Kleinstverlages. Auch musikalisch tätig, u. a. als Gitarrist und Sänger der Garagen- und Punkkapellen *The Pirates of Venus* und *Jonny hates Rock* sowie als Punkrockliedermacher unter dem Pseudonym Roky Lugosi.
www.kopfzerschmettern.de

Max Schober (*1981) ist dünn, trägt eine Brille und ist stolz auf sein griffiges Haar. Das *Kaktuseis* schrieb er an einem kalten Abend nach der Leipziger Buchmesse in einem leeren, alten Zimmer ohne Tür. Ansonsten steht er mitten im Leben, geht einer respektablen Erwerbsarbeit nach und tanzt mit Frau und Sohn zu *Relax Baby Be Cool* von Serge Gainsbourg. Man kann ihm Emails schreiben an sipefendim@googlemail.com

Atman Schopenhauer
(*1962)
Geburtsort: Frankfurt/Oder Berlin
Adresse: Mag:+5,36 Spekt.K Rekt: +13h43'3,7" Dekl:+3°32'17"
www.bunteskanzler.de
www.facebook.com/atmanschopenhauer.de

Hollow Skai (*1954) lebt in Hamburg und veröffentlichte u.a. Biografien und Bücher über Punk, Rio Reiser, die Rote Gourmet Fraktion, die Toten Hosen und *Sex, Love & Rock'n'Roll*. 1980 gründete er das Neue-Welle-Label *No Fun Records*. Von 1986 bis 1989 war er Chefredakteur des Stadtmagazins *Schädelspalter*, von 1989 bis 1994 Pop-Redakteur beim *stern*. 1998 wurde er mit dem Orden Verdienter Held der Die Ärzte ausgezeichnet; *Alles nur geträumt*, sein Buch über die Neue Deutsche Welle, wurde 2010 von der Association for Recorded Sound Collections für einen Award for Excellence in Historical Recorded Sound nominiert.
www.skaichannel.de

Lutz Steinbrück (*1972) lebt und arbeitet als Autor und Musiker in Berlin. Veröffentlichte zwei Gedichtbände (*Fluchtpunkt:Perspektiven*, Lunardi 2008; *Blickdicht*, J. Frank 2011) und musiziert in der Band neustadt (www.neustadt.berlin).
www.literaturport.de/Lutz.Steinbrueck

Eva Szulkowski (*1988) weiß immer noch nicht, was sie mit ihrem Leben anfangen soll. In der Zwischenzeit studiert sie Filmwissenschaft, bloggt als *Spelunkenjenny*, bastelt an Romanen und Drehbüchern und korrigiert Texte über Geflügelzuchtvereine.
www.spelunkenjenny.wordpress.com

Simona Turini (*1981) wurde früh gezwungen, etwas Anständiges zu lernen. Seitdem bemüht sie sich um die Bewahrung ihrer

geistigen Gesundheit, indem sie wirre Texte zwischen Stephen King, Neil Gaiman und Abdul Alhazred verfasst, die sie nun auch endlich der Öffentlichkeit vorstellen darf. Sie lebt und arbeitet im schönen Wiesbaden.
www.simonaturini.com

Florian Vetsch (*1960) lebt in St. Gallen. Veröffentlichte Poesie, Tagebücher, Essays, Anthologien. Übersetzte Jack Black, Paul Bowles, Ira Cohen, Lawrence Ferlinghetti, Mohammed Mrabet u.a.m. Zuletzt erschienen sein amerikanisches Tagebuch *Im Ledig House – Ein Frühling in New York* (Books Ex Oriente, München 2012) und der mit Claire Plassard verfasste Gedichtzyklus *Steinwürfe ins Lichtaug* (Moloko Print, Pretzien 2014).
Im gONZoverlag erschienen: *Eis bricht leis* (gemeinsam mit Hadayatullah Hübsch)

Konstantin Wecker (*1947) ist Liedermacher, Schriftsteller, Schauspieler und Komponist. Zahlreiche LPs, CDs und Tourneen, zuletzt »Wut und Zärtlichkeit« (Studio- und Live CD beim eigenen Musiklabel Sturm & Klang) und *40 Jahre Wahnsinn* (Tournee ab Herbst 2014). Prosa- und Lyrikveröffentlichungen, zuletzt *Mönch und Krieger* (Gütersloher Verlag 2014).
www.wecker.de
www.hinter-den-schlagzeilen.de

du bist nicht irgendwer. lies nicht irgendwas.

www.gONZOverlag-shop.de

STEVE BLAME
Zwischen Rotwein, Filetsteak und Popstar-Neurosen
Ein Dinner mit Steve Blame und der Frage, wie Popstars die dunkelsten Momente ihres Lebens in ihre größten Erfolge verwandeln
220 Seiten
ISBN: 978-3-944564-02-9
12,95 €
gONZOverlag

Das Setting: Ein Dinner in einem kleinen Restaurant in der Kölner Innenstadt. Der Gastgeber: Steve Blame (ehemaliger MTV News Moderator und VIVA2 Mitgründer). Die Gäste: Dr. Guido Dossche (Psychoanalytiker und Musiker) und Sebastian Gronbach (Anthroposoph und Autor). Der Anlass: Eine Diskussion über Popstars, Neurosen und den Zusammenhang zwischen beidem.

Um genau diesem Zusammenhang auf den Grund zu gehen, treffen sich an jenem Abend besagte drei Herren zu einer kulinarischen Therapiesitzung. Zwischen Käseplatten, Filetsteak und ewig vergessenen Pommes diskutieren Dossche, Gronbach und Blame auf extrem unterhaltsame Weise über Psychosen als Erfolgsrezept, darüber, welche Rolle Schmerz in der Popkultur spielt, ob Kreativität therapierbar ist, was Popstars mit kleinen Kindern gemeinsam haben und ob Sex immer physisch sein muss. Blame erzählt über seine Treffen mit Stars wie Frank Zappa, Stevie Wonder, David Bowie, Elton John, Boy George oder Dave Gahan und liefert allerlei fundiertes Hintergrundwissen zu ihren Biographien. Dossche seziert diese Ausführungen ebenso scharfsinnig wie zynisch und Gronbach klopft die Popkultur auf den Umstand ab, ob Schmerz ihr unverzichtbarer Motor ist. Der Alkohol tut sein Übriges und der einzige, der am Ende in jeder Hinsicht maßlos überfordert ist, ist der Kellner.

TRINI TRIMPOP
mit KATJA VADERS
Exzess All Areas
424 Seiten
ISBN: 978-3-9812237-9-8
16,95 €
gONZoverlag

Ein Nummer Eins DJ, dem auf der Suche nach der totalen Ekstase jedes Mittel recht ist: Sex, Drogen, Dinosaurier-Pornos, frisch gepresster Orangensaft. Ein abgehalfterter, kettenrauchender Musikjournalist, der sich selbst beweisen will, dass sein Leben trotz Scheidung und Herzinfarkt noch nicht gelaufen ist. Eine gemeinsame Reise nach Ibiza. Auftrag: eine Story über den DJ und Ibizas legendäre Techno-Szene für ein Lifestyle-Magazin. Erschwerende Faktoren: wohlüberdosierte Mengen an Koffein, Gin Tonic, Tavor, Party und Exzess. Dabei ergänzen sich der hypernervöse Journalist und der hemmungslos gechillte DJ wie Apollon und Dionysos. Sich aneinander festhaltend stolpern sie mit ihren je ganz eigenen Psychosen durch Ibiza. Das ist der Stoff, aus dem gONZo-Storys sind.

OFFENSIVE FRÜHJAHR FÜNFUNDZWANZIG
Was tun, wenn´s klemmt
Strategien gegen die Bewegungsstarre
72 Seiten
ISBN: 978-3-944564-01-2
6,00 €
gONZoverlag

Seit mehr als 30 Jahren krabbelt der wechselnde Personenzusammenhang, der sich »autonom« nennt, mit einer Zähigkeit im gesellschaftlichen Abseits herum, die den Verdacht aufkommen lässt, es stünde nichts anderes als die schiere Absicht dahinter.

Diese Verkrustungen aufzubrechen, um den Ideen, die unter ihnen zu ersticken drohen, neue Atemluft zuzuführen, ist der hehre Anspruch dieses Pamphlets. Denn wer in der radikalen Linken mehr sieht als einen heruntergewirtschafteten Freizeittreff für verschnarchte Gewohnheitstrinker, der muss ihr einfach in den Arsch treten.

Die extrem preiswerten Bändchen der Reihe sind zwischen zwölf und sechzehn Seiten stark, geheftet und haben das Format von Postkarten – Kleinodien der Counterculture.
WoZ (15.01.2015)

KERSTEN FLENTER
Bevor Du mich schön trinkst
Zeitgemäße Tresenlieder
Verstreute Gedichte III
16 Seiten
ISBN: 978-3-944564-08-1
3,00 €
gONZoverlag

Elf Songs für Nachtschwärmer, Tresenhocker und Globetrotter, besonders geeignet bei emotionalen Schieflagen aller Art und somit für jede literarische Reiseapotheke unverzichtbar. Verzehrhinweis: Auch nüchtern genießbar.

»Komm, heb' dein Glas und trockne die Tränen
In uns wohnt ein freundlicher Irrsinn
Und trink auf die Zeit und die Angst und das Sehnen
Lang ist der Weg des Tresens zum Kinn«

PABLO HALLER
Leda
Verstreute Gedichte IV
16 Seiten
ISBN: 978-3-944564-08-1
3,00 €
gONZoverlag

Der Band, der als Liebesgeschichte, eindringliches Aperçu zweier Lebensschicksale, und in Zeiten prominenter ausländerpolitischer Debatten auch als hochaktuelle politische Lyrik gelesen werden kann, besticht durch eine faszinierend feinsinnig Dichtkunst, die die Leserseele durchrüttet und nachhaltig zu verzaubern weiß.
041 – Das Kulturmagazin (Ausgabe 1 / 2015)